*Friedrich Wichtl*

# Weltfreimaurerei, Weltrevolution, Weltrepublik

*Eine Untersuchung über Ursprung und Endziele des Weltkrieges*

EHV
HISTORY

*Friedrich Wichtl*

**Weltfreimaurerei, Weltrevolution, Weltrepublik**

*Eine Untersuchung über Ursprung und Endziele des Weltkrieges*

*ISBN/EAN: 9783955641771*

*Auflage: 1*

*Erscheinungsjahr: 2013*

*Erscheinungsort: Bremen, Deutschland*

EHV
HISTORY

# Weltfreimaurerei Weltrevolution Weltrepublik

Eine Untersuchung über Ursprung und Endziele des Weltkrieges

Von Dr. Friedrich Wichtl
Nationalrat

20. bis 22. Tausend

---

J. F. Lehmanns Verlag, München
1919

Für Österreich:
Dr. Wichtls Selbstverlag

Kommissionsverlag:
Rudolf Lechner & Sohn, Wien 1,
Seilerstätte 5.

Druck von Dr. F. P. Datterer & Cie. (Arthur Sellier) München-Freising.

# Inhaltsverzeichnis.

## I. Teil.


Seite

I. Einführung und Überblick . . . . . . . . . . . . . . 1
II. Der Eintritt in den Freimaurer-Orden . . . . . . . . . . 11
III. Freimaurerische Einrichtungen, Gebräuche und Sinnbilder . . . . 20
IV. Johannismaurerei — Andreasmaurerei (Blaue und rote Logen, niedere Grade, Hochgrade) . . . . . . . . . . . . . . . 25
V. Maurerische Bekleidung, Abzeichen, Erkennungszeichen, Hilfszeichen . 32


## II. Teil.


VI. Freimaurerei und Christentum . . . . . . . . . . . . 37
VII. Freimaurerei und Judentum . . . . . . . . . . . . . 49
VIII. Die Rolle der Juden in der Freimaurerei . . . . . . . . 53
IX. Freimaurerei, Wohltätigkeit und Politik . . . . . . . . . 66


## III. Teil.


X. Die revolutionäre Freimaurerei, insbesondere in Frankreich . . . 81
XI. Die revolutionäre Freimaurerei in Italien . . . . . . . . . 90
XII. Die revolutionäre Freimaurerei in Spanien und Portugal . . . . 95
XIII. Die revolutionäre Freimaurerei in der Türkei . . . . . . . . 100
XIV. Die revolutionäre Freimaurerei in Serbien . . . . . . . . 104
XV. Die revolutionäre Freimaurerei in Österreich . . . . . . . 113
XVI. Die revolutionäre Freimaurerei in Ungarn . . . . . . . . 125
XVII. Die revolutionäre Freimaurerei in Rußland . . . . . . . 130
XVIII. Die revolutionäre Freimaurerei der Engländer . . . . . . . . 136
XIX. Die Freimaurerei in den nordischen Staaten . . . . . . . 146
XX. Die monarchisch-republikanische Freimaurerei in Deutschland . . . 149


## IV. Teil.


XXI. Durch die Weltrevolution zur freimaurerischen Weltrepublik . . . 158
XXII. Freimaurerei und Weltkrieg . . . . . . . . . . . . . 166
XXIII. Das freimaurerische Friedensprogramm Wilsons . . . . . . . . 183
XXIV. Schlußwort . . . . . . . . . . . . . . . . . . . 186
Namen- und Sachverzeichnis . . . . . . . . . . . . . . 190

# I.

## Einführung und Überblick.

Im Prozesse gegen die Mörder des österreichischen Thronfolgerpaares wurde überzeugend dargetan, daß nicht nur der Plan der Ermordung von der Freimaurergroßloge „Grand Orient de France" in Paris seinen Ausgang genommen hat, sondern daß auch ein Teil der Mörder selbst Freimaurer waren. Weiters wurde festgestellt, daß die Geldmittel, von denen die Attentäter freilich nur den geringsten Teil erhielten, aus freimaurerischer Quelle stammten. Die Anschuldigung, daß Freimaurer an solch unerhörten Verbrechen tätigen Anteil nehmen, wird allerdings nicht zum ersten Male und durchaus nicht leichtfertig erhoben; sie ist überdies von so ungeheurer Tragweite, daß es notwendig erscheint, auf das Wesen, die Einrichtungen und Endziele des Freimaurerbundes näher einzugehen.

Die Freimaurer-Vereinigungen waren ursprünglich Zünfte der Maurer, Steinmetzen und Baumeister, Zünfte wie alle anderen, in denen die Meister die Geheimnisse der Baukunst auf Gesellen und Lehrlinge weiter übertrugen. Diese alte Werkmaurerei, deren Satzungen bis ins 13. und 14. Jahrhundert zurückreichen, blühte nicht nur in Deutschland, sondern auch in England und Schottland. Mit dem Niedergang der Baukunst verfiel auch die Werkmaurerei.

Da schlossen sich im Jahre 1717 vier alte Werkmaurerlogen in London und Westminster zu einer Großloge zusammen und wählten einen Großmeister; gleichzeitig kam es zu einer Neugestaltung in Kultus und Verfassung, wobei auch einige Gelehrte, Theologen usw. mitwirkten; den Namen Freimaurer, das Wappen der alten Masons (Maurer), das Siegel des Geheimnisses (Zeichen, Wort und Griff), behielt man bei, ebenso die mythische Urgeschichte, die im wesentlichen eine Geschichte der Baukunst ist. Die Satzungen wurden ausgestaltet und in der neuen Form in Druck gelegt (1723).

Die erste der „Alten Pflichten" schärft den Mitgliedern Gehorsam gegen das Sittengesetz und Duldsamkeit ein; doch sollen die Mitglieder — im Gegensatz zur früheren Zeit — nur mehr zu jener Religion verpflichtet sein, in der alle Menschen übereinstimmen, das heißt, sie sollen gute und treue Männer sein,

Männer von Ehre und Rechtschaffenheit, mögen sie sich durch Nationalität und Glaubensbekenntnis auch noch so sehr voneinander unterscheiden. Dadurch wird die „Maurerei der Mittelpunkt der Vereinigung und das Mittel, treue Freundschaft unter Personen zu stiften, die sonst in beständiger Entfernung voneinander hätten bleiben müssen".

Durch die Aufnahme von Personen, die mit der Maurerzunft nichts zu tun hatten, erfuhr die Freimaurerei eine bedeutsame Veränderung; sie wurde vergeistigt, an Stelle der alten Werkmaurerei trat die Geistesmaurerei („Spekulative Freimaurerei"). Aber auch die „Pflichten", die ursprünglich mit wenigen klaren Worten fest umschrieben waren, erlitten eine Veränderung und ließen infolge einer bewußt unklaren Fassung die verschiedensten Deutungen und Auslegungen zu. So kann man aus den neuen Satzungen ganz gut herauslesen, daß der Freimaurer unter gewissen Voraussetzungen das Recht hat, Empörungen und Revolutionen anzuzetteln; nur darf es der Sache der Freimaurerei selbst nicht zum Nachteil gereichen. Manche gingen bei dieser Auslegung so weit, unter Umständen sogar geradezu von einer „Pflicht" zur Empörung zu sprechen; so schrieb das Freimaurer-Organ „The Freemason's Chronicle" (London 1875, I., Seite 81) wörtlich Folgendes: „Wenn wir behaupten wollten, daß Freimaurer unter keinen Umständen gegen eine schlechte Regierung zu den Waffen greifen dürften, so würden wir sie in gewissen Fällen dazu verurteilen, ihre höchste und heiligste bürgerliche Pflicht zu verletzen. Die Empörung ist in gewissen Fällen eine heilige Pflicht!" Diese Auffassung steht durchaus nicht vereinzelt da, ja es könnten Dutzende von ähnlichen Stimmen aus den angesehensten Freimaurer-Zeitungen zum Beweise herangezogen werden.

Mit dem Eintritt zunftfremder Kreise nahm nun die Freimaurerei einen unerhört raschen Aufschwung und fand die weiteste Verbreitung. Der Errichtung der englischen Großloge folgte die der irischen (1730), dann die der schottischen (1736), die auf die alten schottischen Werkmaurerlogen zurückreicht. Die schnelle Ausbreitung dieser Geheimbünde, die, wie wir sehen werden, oft genug von ihrem „Rechte auf Empörung" Gebrauch gemacht haben, führte aus Gründen der staatlichen Sicherheit gar bald zu ihrer Unterdrückung. Kaum gegründet, wurden sie wegen Staatsgefährlichkeit verboten, so in Neapel (1731), Polen (1734), Holland (1735), Frankreich (1737), ebenso in Spanien usw. In Österreich ist die Gründung von Freimaurerlogen seit 1794 untersagt und wird als Geheimbündelei bestraft. Das hindert freilich nicht, daß auch bei uns eine nicht geringe Zahl von Logen besteht, so in Wien allein gegenwärtig nicht weniger als 13; allerdings müssen sie die eigentliche Logentätigkeit in Preßburg ausüben, denn der Polizei gegenüber bestehen sie bloß als humanitäre Vereine, die sich angeblich mit Politik nicht beschäftigen.

Was wird von einem, der das „Licht sucht", der also Freimaurer werden will, verlangt? — „Edle Gesinnung und selbstbewußte, auf die Erfüllung der menschlichen Bestimmung gerichtete Arbeit"; er soll ja mittätig sein an dem „kunstgerechten, gesellschaftlichen Bau, an der Vollendung der Menschheit". Wie diese schöngeistigen Forderungen in Wirklichkeit durchgeführt werden, soll später gezeigt werden.

Die Freimaurer gliedern sich in weltbürgerliche Gemeinden oder Logen. Diese Gemeinden sind zu Gemeinschaften oder Großlogen vereinigt und über die ganze Erde verbreitet. Die Frage, ob der Freimaurerbund ein Geheimbund sei oder nicht, ist sehr bestritten. Die Freimaurer selbst behaupten, sie seien keine geheime, sondern bloß eine geschlossene Gesellschaft; geheim seien nur die Erkennungszeichen und der Kultus. Der Freimaurer gelobt Verschwiegenheit; die hauptsächlichsten Freimaurerzeichen erinnern den Bruder beständig an die schweren Strafen, die er erleiden *will*, wenn er das Gelöbnis bricht. Diese Zeichen bedeuten: Halsabschneiden, Herzausreißen, Bauchaufschlitzen; ob sie gegenwärtig bloß sinnbildliche Bedeutung haben oder nicht, ist sachlich ohne Belang.

Die Mitglieder der Logen teilen sich in der Regel in drei Grade: Lehrlinge, Gesellen und Meister; diese Einteilung der Brüder stammt noch aus der Zeit der Werkmaurerei. Manche Großlogen aber besitzen Hochgrade mit 11 und 25 Graden und darüber; so umfaßt das weitverbreitete sogenannte *schottische* System 33 Grade. Daneben gibt es aber auch Großlogen mit 95 Graden, die sich die prunkhaftesten Titel und die Befugnisse von Oberbehörden beizulegen wußten. In deutschen Freimaurerkreisen sagt man entschuldigend, das seien eben schwindelhafte Einrichtungen, die nur von Betrügern stammen; Tatsache ist jedoch, daß diese Hochgradsysteme bestehen und arbeiten, Tatsache ist, daß sie zum großen Teil auch von den deutschen Logen anerkannt sind und sich eines außerordentlichen Ansehens erfreuen.

Die Freimaurer erkennen sich untereinander an bestimmten Zeichen, an gewissen Worten und an einem eigenartigen Händedruck. Für jeden Grad gibt es besondere Erkennungszeichen.

Befindet sich ein Freimaurer in Lebensgefahr oder sonst in höchster Not, so darf er das „Notzeichen" geben: jeder Bruder ist dann zur Hilfeleistung verpflichtet. Daß solche Notzeichen, namentlich auch während des Weltkrieges, eine große Rolle spielten, steht außer Zweifel. Gar mancher Bruder, dessen Haupt bereits in der Schlinge war, wurde solcherart durch das Dazwischentreten eines redlichen Bruders, der das Ohr der höchsten Stellen im Lande besaß, gerettet und dem Leben zurückgegeben.

Selbstverständlich gibt es auch in den Logen und Großlogen unendlich viele Streitigkeiten, die sich namentlich auf die Vorherrschaft beziehen. Man suchte sie auf Kongressen zu schlichten und nicht ohne Erfolg. Auch Weltkongresse zwecks Anbahnung einer Vereinigung sämtlicher Freimaurer der Welt wurden abgehalten; sie führten zur Schaffung eines allstaatlichen Büros, der Grundlage der angestrebten Weltgroßloge, von der noch die Rede sein wird.

Es dürfte angebracht sein, einen kurzen Überblick über die Zahl der tätigen Freimaurerlogen der ganzen Erde zu geben: im Deutschen Reich arbeiten gegenwärtig 8 Großlogen mit 554 Johannislogen und 5 unabhängige Logen; sie alle sind in einem Großlogenbund vereinigt. Die Zahl der deutschen Freimaurer beträgt gegenwärtig rund 62000. In Ungarn gibt es eine Großloge mit 102 Logen und 7500 Brüdern. In Großbritannien besteht die „Vereinigte Großloge von England" in London, der 3155 Logen angeschlossen sind. Die Zahl der Mitglieder betrug 1912 etwa 225000 Brüder, wobei die „schottischen" Hochgradler mitgerechnet sind. Als Großmeister steht gegenwärtig der Herzog von Connaugth an der Spitze, der Bruder Eduard VII.; dieser Herzog von Connaugth war, nebenbei bemerkt, von einem Teil der englischen und amerikanischen Tschechen dazu ausersehen, die Krone des künftigen tschechoslowakischen Staates zu tragen. In Schottland besteht die schottische Großloge in Edinbourg. Sie zählt gegenwärtig 830 Logen mit etwa 50000 Maurern. Die irische Großloge in Dublin vereinigt 510 Logen mit ungefähr 18000 Brüdern. In Frankreich sind dem „Grand Orient de France" 470 Logen angegliedert. Die Mitgliederzahl betrug im Jahre 1917 33000; sie hat sich in den letzten zehn Jahren vor Ausbruch des Weltkrieges nahezu verdoppelt. Daneben besteht noch die Großloge von Frankreich in Paris, die jedoch vom deutschen Großlogenbunde nicht anerkannt ist. Sie zählt gegenwärtig 153 Logen. Im Dezember 1913 wurde eine neue Großloge in Frankreich gegründet, die wesentlich nationalistisch und kriegshetzerisch wirkte.

Besondere Beachtung verdient der Großorient von Italien in Rom mit ungefähr 500 Logen, deren kriegshetzerisches Treiben heute nicht einmal mehr von den deutschen Freimaurern in Abrede gestellt wird. Weiters bestehen Großlogen in Holland, Belgien, Dänemark, Schweden und Norwegen; die Logen der letztgenannten zwei Staaten verlangen ausdrücklich christliches Bekenntnis der Logenbrüder; das gleiche ist der Fall bei einer Anzahl reichsdeutscher Logen. In der Schweiz arbeitet die Großloge „Alpina", deren früherer Großmeister Br .·. Quartier la Tente 33 .·. eine führende Rolle im Weltfreimaurertum spielt. In Portugal steht an der Spitze der dortigen Großloge Br .·. Magalhäes Lima 33 .·., der als einer der Hauptschuldigen an der portugiesischen Revolution vom Jahre 1910 bezeichnet wird. Großlogen bestehen ferner in Spanien, in Rußland, Polen und den meisten Balkanstaaten, so auch in Serbien, dessen „Suprême Conseil" (Oberster Rat) erst kurz vor Ausbruch des Weltkrieges die Anerkennung des deutschen Großlogenbundes erhielt. Besonders stark ist das Logenwesen in den Vereinigten Staaten von Nordamerika entwickelt, wo 5500 Logen unter 16 Großlogen arbeiten. Die Zahl der Freimaurer der Vereinigten Staaten wird verschieden angegeben, je nachdem man bloß die „gerechten und vollkommenen Logen", die von den deutschen Freimaurern als solche anerkannt sind, allein in Betracht zieht oder auch alle anderen hinzurechnet, die sich selbst als freimaurerische Verbindungen ausgeben. Daher schwanken die Schätzungen zwischen einer halben Million und eineinhalb Millionen.

Schon jetzt sei hervorgehoben, daß in den Vereinigten Staaten nahezu alles, was Namen, Rang und Ansehen besitzt, dem Freimaurerbunde angehört. Selbstverständlich auch Präsident Wilson, ebenso Roosevelt und Lansing. Aber auch in dem übrigen Amerika gibt es eine Unzahl von Großlogen und Logen, so in Brasilien, in Chile, in Paraguay, in den zentralamerikanischen Republiken Kostarika, Guatemala, San Salvador usw. Sogar Haïti hat seinen Großorient mit 64 Logen und 4000 Brüdern! Und die Negerrepublik Liberia in Afrika, die uns den Krieg erklärte, besitzt eine farbige Großloge, die bereits seit 1867 arbeitet. Ein ähnliches Bild weist Australien auf, wo 5 Großlogen bestehen, denen 739 Logen mit rund 50000 Mitgliedern angehören. Selbst in Japan ist das Freimaurerwesen verbreitet, nicht minder in China, wo Br .·. Sunyatsen als hervorragende Säule des Weltfreimaurertums arbeitet. Die Gesamtzahl der Freimaurerlogen der ganzen Erde kann mit etwa 23600 beziffert werden; ihnen gehören insgesamt 2172000 Freimaurer an. Bedenkt man nun, daß die Logenbrüder doch zumeist strebsame, leichtbewegliche, weltgewandte Leute sind, Journalisten und Kaufleute, Advokaten und Industrielle, zu denen sich noch viele Gelehrte, insbesondere aber zahllose Parlamentarier aller Länder der Erde gesellen, so kann man sich ungefähr einen Begriff davon machen, welch ungeheuren Einfluß diese fest organisierten Verbände auf die ihnen angehörenden oder doch nahestehenden Kreise ausüben. Dann kann man aber auch begreifen, welche Bedeutung den Freimaurern zuerkannt werden muß. Nicht ohne Grund erklärte schon im Jahre 1902 das englische Freimaurerblatt „The Freemason's Chronicle“ (S. 319): „Die Größe Britaniens ist das Werk der Freimaurerei!“ Denkt man weiter an die zahllosen gegenseitigen Beziehungen der Freimaurer, an ihr ständiges Streben, überall die Macht an sich zu reißen und die einflußreichsten Männer jedes Staatswesens sich einzugliedern oder sich wenigstens geneigt zu machen, so dämmert einem von selbst der Verdacht auf, diese Männer könnten wohl gar einen wesentlichen Anteil an dem Ausbruch des Weltkrieges haben; und dieser Verdacht findet neue Nahrung, wenn wir uns vor Augen halten, daß die führenden Geister der letzten beiden Jahrhunderte fast ausschließlich Freimaurer waren, die bestrebt und befähigt waren „Geschichte zu machen“. — Von Br .·. Voltaire angefangen, der die Geister in Bewegung setzte, über Br .·. Napoleon I. bis zu Br .·. Poincaré herauf; von Br .·. Benjamin Franklin, Bruder Jefferson, Br. .·. Washington und Bruder Lafayette bis zu Theodore Roosevelt und Wilson; von Mazzini und Garibaldi über Ettore Ferrari, Ernesto Nathan bis zu Bruder Sonnino, Salandra, Barzilai und d'Annunzio — eine einzige Kette! Nicht zu vergessen Br. .·. Eduard VII., der von sämtlichen Freimaurern der Welt als größter Freimaurer betrachtet und gepriesen wird.

Um zu wissen, ob dieser Verdacht begründet sei, ist es nötig, die politischen Ziele der Freimaurer an der Hand von Tatsachen einer kurzen Überprüfung zu unterziehen. Zunächst sei zugegeben, daß die deutschen Freimaurer ihrer überwiegenden Mehrheit nach mit Politik nichts zu schaffen haben, was sie auch unzählige Male in glaubwürdiger Weise beteuerten. Ganz anders die romanischen und angloamerikanischen Freimaurer. Bemerkenswert ist beispielsweise eine Äußerung Quartier la Tente's, eines der bedeutendsten Führer der Freimaurer überhaupt. Er gab auf dem zweiten internationalen Freimaurerkongreß in Paris (31. August bis 2. September 1900) ganz unumwunden zu, daß der Hauptzweck des von ihm gegründeten „Internationalen Freimaurerischen Büros“ (Neuenburg, Schweiz) der sei, eine Vereinigung der freimaurerischen Kräfte des ganzen Erdenrundes herbeizuführen; und zu welchem Zweck? Damit „die Freimaurer einen Stützpunkt erhielten, von dem aus sie die Welt aus ihren Angeln heben könnten“. Auch das Endziel setzte er den anwesenden Freimaurern, die aus allen Weltgegenden zusammengeströmt waren, mit kurzen, kräftigen Worten auseinander; es ist die „Errichtung der Weltrepublik“. Nun könnte man einwenden, das sei doch nur die Meinung eines Einzelnen, möge auch dieser Einzelne als Großmeister und Br. .·. des 33. Grades immerhin eine hervorragende Stellung im Freimaurerleben einnehmen. Dieser Einwand ist jedoch nicht stichhaltig, denn so wie Quartier la Tente denkt eben ein Großteil der führenden Logenmitglieder, namentlich in Frankreich, England, in der Schweiz, in Italien und in den Vereinigten Staaten. Vermutlich aber auch anderswo. Schon auf dem ersten internationalen Freimaurerkongreß in Paris (16. und 17. Juli 1889), der als Jahrhundertfeier dem Andenken der „glorreichen“ französischen Revolution von 1789 gewidmet war, wurde genau derselbe Gedanke zum Ausdruck gebracht: Das zu erstrebende Ziel sei die atheistische Weltrepublik. Br. .·. Frankolin, der vom Grand Orient de France zum Festredner bestellt war, sagte es rund heraus: „Der Tag wird kommen, an dem bei den Völkern, die weder ein 18. Jahrhundert, noch ein 1789 hatten, die Monarchien und die Religionen zusammenstürzen. Dieser Tag ist nicht mehr ferne. Das ist der Tag, den wir erwarten. . . .“ . . „Dieser Tag wird die allgemeine freimaurerische Völker- und Weltverbrüderung bringen.“ . . „Das ist das Zukunftsideal, das uns vorschwebt. Unsere Sache ist es, den Anbruch dieses Tages der allgemeinen Weltverbrüderung zu beschleunigen.“ (Vgl. Congrès maçonnique international du Centenaire 1789—1889, Paris, S. 147—149.) Für ungläubige Leser sei vorläufig noch ein drittes Beispiel angegeben, das aus der Zeit unmittelbar vor Ausbruch des Weltkrieges stammt; dies deshalb, damit man erkennt, wie derselbe Grundgedanke zu verschiedenen Zeiten bis auf die jüngste Gegenwart herauf die Geister beherrscht und allerorts zum Ausdruck gebracht wird. Vom 25. bis 27. Mai 1912 fand die „Internationale Freimaurerkonferenz“ in Luxemburg statt, bei der abermals als Hauptziel die Vereinigung aller Freimaurer der Welt bezeichnet wurde; dies sei unerläßliche Vorbedingung für die freimaurerische Weltrepublik, die dann auch einen wirklich gesicherten Weltfrieden zur Folge haben werde. (Amtlicher Bericht über die Luxemburger Konferenz, Neuenburg i. Schw. 1912, S. 12.) Gegenstand der Beratungen war zunächst die Ausgestaltung des „Internationalen Freimaurerischen Büros“ in Neuenburg zu einem Zentralausschuß, in welchen die Großlogen der verschiedenen Länder ihre Delegierten entsenden sollten. Wozu? Zu welchem Zwecke? Das sagt uns Bruder Hevesi, ein ungarischer Freimaurer, der in der Symbolischen Großloge von Ungarn eine bedeutsame Rolle spielt; Br .·. Hevesi wünscht den einheitlichen Weltbund der Freimaurer, damit er in den entscheidenden, weltbewegenden Fragen die ganze gewaltige Macht der Freimaurer in die Wagschale werfe, und zwar einheitlich, in der ganzen Welt, auf daß solcher Art die wichtigsten Tagesfragen in freimaurerischem Sinne, das heißt zugunsten der republikanischen Staatsform gelöst würden! Br .·. Hevesis Antrag wurde grundsätzlich gutgeheißen. Aber die Freimaurer sind vorsichtige Leute. Ein Beschluß kam daher nicht zustande, da hiebei „größte Vorsicht geboten“ sei. . . . Auch wurde betont, daß schon jetzt die Freimaurer allenthalben Außerordentliches leisteten; viele Bestrebungen gingen von ihnen aus, ohne daß die breite Öffentlichkeit eine blasse Ahnung davon hätte. (Dies wird verständlich, wenn man weiß, daß in den Parlamenten der ganzen Welt eine große Anzahl von Freimaurern Sitz und Stimme hat.)

Allein der freimaurerische Weltbund kam tatsächlich zustande. Zwei der tätigsten Freimaurer, der mehrfach genannte Br .·. Quartier la Tente, 33 .·., und der portugiesische Revolutionär Br .·. Magalhães Lima, 33 .·., nahmen die Gründung in die Hand; sie erfolgte ohne viel Aufsehen zu erregen, zumal eine scheinbar überaus harmlose Zusammenkunft hiezu benützt wurde: Der Esperantokongreß, der in Bern (Schweiz) vom 25. bis 31. August 1913 tagte; während man dort über Zamenhofs (Samenhofs) Weltsprache beriet, wurde gleichzeitig, nämlich am 30. August 1913, der freimaurerische „Weltbund“ gegründet und das Esperanto als dessen Weltsprache erklärt.

Zu gleicher Zeit tagte im Haag die VI. Internationale freimaurerische Konferenz (23. bis 25. August 1913). Schon die Einladung hiezu ist so bemerkenswert, daß sie in ihrem wesentlichen Teil hier wiedergegeben werden soll; es heißt darin nämlich wörtlich: „Im Laufe der letzten Jahre hat unser Ideal einer Verbindung zunächst der freimaurerischen Völker (Alliance des peuples d'abord maçonniques) . . . mehr und mehr die Herzen erobert“ . . . Wir betonen neuerdings unseren unbeugsamen

Willen, die freimaurerische Weltkette (la chaine maçonnique universelle), die bisher nur ein Sinnbild war, endlich in Wirklichkeit zu bilden"... „Die siegreiche Bewegung hat bereits viele Hindernisse beseitigt".... „Eine ganze Legion von rührigen Agitatoren macht hiefür Stimmung"....

Durch diese Beispiele, die beliebig vermehrt werden könnten, ist wohl das nächste Ziel der Freimaurer, nämlich die Schaffung eines einflußreichen, über die ganze Erde sich erstreckenden „Weltbundes der Freimaurer", hinlänglich klargestellt. Aber auch das Endziel, die Schaffung einer Weltrepublik, dürfte keinem Leser mehr zweifelhaft sein. Dazu war es selbstverständlich notwendig, die Massen des Volkes, insbesondere des deutschen Volkes, gegen die bisherigen „Autoritäten", gegen die „Herrscher", gegen die „Tyrannen" aufzustacheln und aufzuhetzen. Die Monarchien sollten verschwinden, die Völker sich geistig befreien, sich „emanzipieren", und die Herrschaft an sich reißen. Fragte sich nur, wer dann berufen sein sollte, im Namen des „souveränen" Volkes die Geschicke der Länder und der ganzen Menschheit in die Hand zu nehmen. Diese Frage hat jedoch den Freimaurern niemals viel Kopfzerbrechen verursacht. Wer denn sonst als die Freimaurer selbst? War es in Frankreich möglich gewesen, war es erst vor kurzem, nämlich im Jahre 1910, in Portugal glänzend gelungen, warum sollte es nicht auch in Deutschland und in Österreich möglich sein? Dann erst käme es zur „heiligen Allianz der bürgerlichen Demokratie", und der heißersehnte, dauernde „Weltfrieden" wäre für alle Zukunft gesichert!

Bei dieser Gelegenheit darf nicht übersehen werden, daß die Pazifisten, die Weltfriedensmänner, auf das engste mit dem „Grand Orient de France" zusammenhingen; es gehört zu den denkwürdigsten Erscheinungen aus der Zeit vor Ausbruch des Weltkrieges, daß die Freimaurerkongresse mit den Pazifistenkonferenzen nahezu untrennbar zusammenfallen, so z. B. die „Haager Friedenskonferenz" und der Freimaurerkongreß vom Jahre 1913. Die Hauptmacher sind zum guten Teil dieselben. Ob Prof. Lammasch oder der sehr bekannte Prof. Foerster bloß Pazifisten sind, die mit den Freimaurern nur in loser Verbindung stehen, oder ob sie, wie z. B. Br.·. A. H. Fried in Zürich, den Freimaurerlogen selbst angehören, ist schwer zu entscheiden. Sicherlich gehören sie nicht zu den eingeweihten Großmeistern, ganz bestimmt sind sie keine Brüder vom 33. Hochgrade, die ja allein die Führung inne haben und jene Entscheidungen treffen, welche den Gang der Weltgeschichte beeinflussen.

Noch auffallender, noch merkwürdiger ist jedoch folgende Tatsache: Während die Pazifisten in der kritischen Zeit von 1911 bis 1914 mit besonderem Eifer und überaus geräuschvoll für die Erhaltung des bedrohten Weltfriedens arbeiteten, waren andererseits die im politischen Leben maßgebenden Logenmitglieder, wie Br.·. Delcassé, Br.:. Poincaré, Br.·. Briand, Br.:. Millerand usw., emsig an der Arbeit, um mit gleichgesinnten englischen und russischen Staatsmännern unmittelbar auf den Weltkrieg hinzuarbeiten! Der unbefangene Beobachter, der mit leidenschaftsloser Beharrlichkeit die Fäden dieses feinen Gewebes zu entwirren sucht, findet dafür nur eine Erklärung: Es ist ein Spiel mit verteilten Rollen, ein doppeltes Spiel, wobei so mancher gutgläubige Pazifist gar nicht geahnt haben mag, wessen Geschäfte er im Grunde besorgt. Es ist dieselbe Politik mit doppeltem Boden, die bei uns Br.·. Kramarsch mit außerordentlichem Geschick und größtem Erfolg betrieben hat: Scheinbar loyal, in Wirklichkeit der ärgste Kriegshetzer gegen die Monarchie, den man sich denken kann. Der Pazifismus wurde auch nur uns dummen Deutschen gepredigt; wir sollten den Militarismus abschwören, unsere Autoritäten stürzen, unsere Herrscher entthronen und die Republik einführen. Vom russischen Imperialismus war dabei ebensowenig die Rede, wie von der britischen Weltherrschaft.

## II.

## Der Eintritt in den Freimaurer-Orden (-Bund).

Auf die Frage: Was ist die Freimaurerei? gibt uns der bekannte belgische Freimaurer Goblet d'Alviella vom 33. Hochgrad folgende Antwort: „Die Freimaurerei ist eine geheime Vereinigung, welche um freie und ehrenhafte Männer ein brüderliches Band schlingt, das stärker und höher ist, als alle Verschiedenheit des Berufes, der Partei, der Nationalität oder der Religion." Und der Großorient von Frankreich nennt als Zweck der Freimaurerei die Erforschung der Wahrheit, das Studium der Moral und die Ausübung der Solidarität. Die Freimaurerei, heißt es, arbeitet an der Veredlung und Vervollkommnung des Menschengeschlechtes. Sie ist ihrem Wesen nach tolerant, lehnt jedes Dogma ab und steht auf dem Standpunkt der absoluten Gewissensfreiheit. Ihr Wahlspruch ist Freiheit, Gleichheit, Brüderlichkeit. (Art. 1 der Konstitution). Ähnlich drücken sich die Satzungen der anderen Großoriente aus. (In einem späteren Aufsatz soll untersucht werden, ob und inwieweit diese edlen und menschenfreundlichen Grundsätze mit den Tatsachen übereinstimmen).

Die Entstehung der Freimaurerei ist in sagenhaftes Dunkel gehüllt. Es fehlte nicht an Versuchen, ihren Ursprung in möglichst frühe Zeiten zurückzuverlegen; man brachte sie mit dem Mithraskult, mit der tiefsinnigen Pythagoreischen Zahlenlehre, ja sogar mit Euklid, dem Vater der Mathematik, in Verbindung. Andere wieder sahen in den römischen Baukörperschaften (collegia fabrorum) ihre Vorläufer, wieder andere wollten in Hiram, dem angeblichen Erbauer des Tempels Salomons, den Begründer der Freimaurerei erblicken. Auch den Templerorden, der im 14. Jahrhundert aufgehoben worden war, betrachtete man vielfach als Ausgangspunkt der Freimaurerei und die „Große Landesloge von Schweden" sowie die mit ihr in Verbindung stehenden Großlogen leiten ihr Dasein unmittelbar vom Templerorden ab, wenn sie auch den Beweis hiefür bisher nicht erbringen konnten.

Wie aber ist der Name „Freimaurer" zu erklären? Heute steht außer Zweifel, daß die Freimaurer aus der alten Werkmaurerei hervorgegangen sind. Diese Zünfte von Steinmetzen, Bildhauern und Maurern durchwanderten mit ihren Baumeistern ganz Europa und blieben längere Zeit an jenen Orten haften, wo sie gerade Arbeit fanden. Sie hatten ihre eigenen Gebräuche und Sinnbilder, gewisse Erkennungszeichen und Kunstgeheimnisse. Freie Maurer wurden sie im Gegensatze zu den mindergebildeten, seßhaften Maurern genannt, welche bloß gewöhnliche Häuser, einfache Dorfkirchen usw. bauten, freie Maurer hießen sie im Mittelalter auch deshalb, weil sie freien Standes sein mußten, vielleicht auch, weil sie in Anerkennung ihrer kunstvollen Leistungen viele Freiheiten und Privilegien von Königen und Päpsten erhalten hatten. Die erste derartige Zunft oder Bauhütte (englisch lodge) wird in Frankreich bereits im Jahre 1258 zu Paris erwähnt, ja in England trat die erste Großloge sogar schon im Jahre 936 in York zusammen. Englische Könige waren es, die die Baukunst in wirksamster Weise förderten. So kam es, daß gar bald die Freimaurerei als „Königliche Kunst“ bezeichnet wurde, ein Ausdruck, den auch die modernen Freimaurer heute noch mit Vorliebe anzuwenden pflegen. Zahlreiche feste Schlösser, steinerne Brücken und gewaltige Kirchenbauten sind uns aus jenen Zeiten als Werke der damaligen Freimaurerei erhalten geblieben.

Mit dem Niedergang der Baukunst verschwinden anfangs des 17. Jahrhunderts auch die Genossenschaften der freien Werkmaurer in Europa, wozu die zahllosen Kriege wesentlich beigetragen haben. Nur in England erhielten sie sich und durch den Beitritt von vornehmen Laien kam neues Blut in die englischen Logen. „Bürger, Edelleute und Gelehrte nahmen an den allmonatlich stattfindenden Festen der Freimaurer regen Anteil, baten wohl auch um Aufnahme in die Genossenschaft und wurden zugelassen.“ „Da sie aber weder Steinmetzen, noch Maurer, noch Bildhauer waren, nahm man sie eben nur an, man machte sie zu fiktiven Maurern. Daher der Name „angenommene Maurer“, den heute, wo keine Kenntnis des Handwerks mehr gefordert wird, alle Freimaurer tragen.“ So versichert uns Br. Limousin, der 1908 in der französischen Zeitschrift „Acacia“ unter dem Decknamen Hiram eine kurzgefaßte Geschichte der Freimaurerei erschienen ließ.

Die Zahl der angenommenen Maurer wuchs immer mehr; viel trug dazu der Umstand bei, daß das anläßlich der Aufnahme veranstaltete Festessen von den „Suchenden“ bezahlt werden mußte; sie zahlten eben ihren Antrittsschmaus, wie dies in vielen Zünften üblich war und hatten auch sonst nicht geringe Beiträge, Aufnahmegebühren u. dgl. zu leisten. Das mag für die Logen Grund genug gewesen sein, zahlreiche neue Mitglieder zu werben, die sich teils durch die prunkvollen Gelage, teils wohl auch durch das Geheimnisvolle der „königlichen Kunst“ angezogen fühlten. Schließlich gab es in den Logen mehr „angenommene“ als wirkliche Maurer.

Im Jahre 1717 vollzog sich dann jene denkwürdige Umwandlung, durch welche die ursprüngliche Werkmaurerei zur Geistesmaurerei (spekulativen Freimaurerei) wurde. Vier englische Logen schlossen sich zu einer Großloge zusammen, gaben sich eine neue Verfassung und regelten die Gebräuche. Der Prediger Jakob Anderson schuf das „Konstitutionsbuch der freien und angenommenen Maurer“, das 1723 in Druck gelegt wurde und noch heute eine der wichtigsten Quellen der Freimaurerei bildet.

Auf die weitere geschichtliche Entwicklung soll vorläufig nicht näher eingegangen werden; es sei nur festgestellt, daß es die englische Freimaurerei ist, welche als Mutter der gegenwärtigen Freimaurerei angesehen werden muß.

Wer das „Licht sucht“, wer also Freimaurer werden will, muß eigenberechtigt sein und über eine gewisse höhere Bildung verfügen. Männliches Geschlecht ist heute in allen „gerechten und vollkommenen Logen“ Voraussetzung; früher — im 18. Jahrhundert — gab es auch zahlreiche Damenlogen, namentlich in Frankreich, aber auch in Deutschland. Reichtum und Wohlhabenheit wird zwar nicht ausdrücklich verlangt, doch wird Unbemittelten schon durch die nicht geringen Aufnahmegebühren und Jahresbeiträge der Eintritt sehr erschwert.

Der „Lichtsuchende“ bedarf zunächst der Fürsprache zweier „Meister“, die sich für ihn verbürgen. Wird seine Absicht der Loge bekannt, so werden über ihn genaue Erkundigungen eingezogen; fallen diese Vorerhebungen günstig aus, so bringt der Suchende sein Aufnahmegesuch ein, dem eine Darstellung seines Lebenslaufes beigeschlossen sein muß.

Das Logenleben — sagt Br.·. Schauberg — ist ein wahrer Lichtdienst, jede Loge ist ein Tempel des Lichtes. Das höchste Fest der Loge ist daher die Aufnahme eines Lichtsuchenden; die „Erteilung des Lichtes“ ist dabei die Hauptsache. Bevor es dazu kommt, muß jedoch der Suchende eine ganze Reihe von Schrecknissen überwinden. Man führt ihn in eine schwarze Kammer, die nur dürftig beleuchtet ist; in einer Ecke steht ein Totengerippe. Die dunkle Kammer ist ein Sinnbild des Mutterschoßes und zugleich des Grabes, eine Anspielung also auf jenes Dunkel, von dem wir vor der Geburt und nach dem Tode umringt sind. Der „vorbereitende Bruder" erscheint, spricht dem Suchenden freundlich zu und erklärt ihm, daß der Lichtsuchende dem neugeborenen Kinde gleiche, das nackt, arm und (geistig) blind in die Welt trete. Der Suchende muß sich daher der Kleider entledigen und alle Wertsachen abliefern. Früher wurde diese Vorschrift buchstäblich eingehalten, heute begnügt man sich mit der Ablegung der Oberkleider; der linke Fuß wird in eine Art Pantoffel gesteckt, was aber auch nicht mehr allgemein üblich ist. Der Zug der Zeit geht eben dahin, alles Theatralische, mit dem sich der Orden (Bund) umgeben hat, allmählich zu beseitigen. Wie es aber vor verhältnismäßig kurzer Zeit bei der Aufnahme zuging, darüber berichtet Br .·. Berillon in seiner „Geschichte der Loge Le Phenix": „Der Suchende wurde mit verbundenen Augen und gefesselten Händen in den obersten Stock des Logengebäudes geführt, wo er zunächst sein Testament diktieren mußte. Darauf wurden ihm auch die Füße gebunden. In diesem hilflosen Zustande ließ man ihn dann an einem Strick in einen tiefen Brunnen hinunter, aus dem man ihn erst herauszog, wenn sein Mut noch auf verschiedene Weise auf die Probe gestellt worden war". Auch heute sind in den französischen Logen die Aufnahmezeremonien immerhin recht merkwürdig. Br .·. Romeissen, der wiederholt Gelegenheit hatte, solchen Aufnahmen beizuwohnen, erzählt darüber in der freimaurerischen Zeitung „Herold" (1908) folgendes: „. . . Die Vorbereiter und Brüder waren in schwarze Kutten gekleidet und gingen, wie mir schien, mit verhülltem Gesicht zu dem Suchenden. Mit verbundenen Augen trat dieser ein, nahm auf einem Stuhl, dem Orient (Osten) gegenüber Platz, und nun begann ein langes Examen, in welchem sich der Stuhlmeister über seine politischen und religiösen Anschauungen orientieren wollte und ihn durch unendlich viele Fragen und Querfragen in die Enge zu treiben suchte; denn außer vollständiger Unbescholtenheit verlangt man noch von jedem Bruder — in Frankreich wenigstens —, daß er ein guter Republikaner und Freidenker sei. . . . Nach dieser Prüfung kamen die Wanderungen, (die sogenannten „Reisen"). Dabei wurden dem Lichtsuchenden alle möglichen Hindernisse in den Weg gelegt, so daß er bei Schritt und Tritt aneckte und stolperte. Dann mußte er ein in der Mitte unterstütztes Brett hinaufsteigen; als er über die Mitte kam, kippte das Brett um, so daß er dem Falle nahe gebracht wurde. Mittlerweile hatte sich der Stuhlmeister mit neuen Fragen gerüstet, so daß das Examen fortgesetzt werden konnte, welches viel Geist und Redegewandtheit bei den Lichtsuchenden voraussetzte. Wurde er für würdig befunden, so leistete er den Treuschwur, die Binde fiel von den Augen und alle Brüder richteten ihre Degen auf ihn, nicht um ihn zu bedrohen, sondern zum Zeichen der Aufnahme in ihren Bund und zum Gegenschwur, daß sie ihn schützen wollten bis zum letzten Augenblick.

Aber auch in deutschen Freimaurerkreisen herrschen nach übereinstimmenden Berichten Gebräuche, die dem Bunde kaum zum Vorteil gereichen können; sie werden auch von vielen Freimaurern ganz offen mißbilligt und getadelt. Br.·. Milim (offenbar ein Deckname), der 25 Jahre Freimaurer war, hat vor kurzem ein kleines Buch erscheinen lassen („Erfahrungen und Enttäuschungen eines alten Logenbruders", Leipzig 1913, 4. Auflage, Kommissionsverlag H. Keßler), das die „Schrecknisse" seiner Aufnahme in sarkastischer Weise schildert. Auch er lernte die schwarze Kammer mit dem Totengerippe kennen; davon hatte er schon früher gehört, hielt sie aber samt allen gruseligen Dingen, die damit zusammenhängen sollten, stets nur für einen schlechten Witz, weil er sich nicht gut vorstellen konnte, daß ernste Männer solchen Mummenscherz treiben würden. Auch ihm wurden zunächst die Augen verbunden, diese Binden waren mit zwei in die Augenhöhlen passenden kleinen Polstern versehen, so daß es durchaus unmöglich war, auch nur den geringsten Lichtschimmer zu sehen. Recht anschaulich beschreibt nun Br.·. Milim die lange Wanderung, bei welcher er, Arm in Arm mit einem zweiten Lichtsuchenden, von den dienenden Brüdern an der Hand geführt wurde, während der vorbereitende Bruder fortwährend Warnungsrufe ausstieß, wie z. B.: „Bücken Sie sich recht tief, hier liegt querüber ein Balken, unter dem Sie durchkriechen müssen; machen Sie einen recht großen Schritt, hier fließt ein Wasser, das Sie überschreiten müssen!" Dadurch sollten sie offenbar in eine recht gruselige Stimmung versetzt werden. Dann hieß es plötzlich: „Halt! — Wir stehen vor einer Tür, klopfen Sie an!" — In dem Augenblick, als sie dieser Weisung Folge leisteten, dröhnte ihnen ein mächtiger Schlag von innen entgegen: diesmal war der Zweck der Übung vollkommen erreicht, denn Br.·. Milim, wie sein Kamerad schreckten gehörig zusammen und prallten zurück.

Dann gab es ein Frage- und Antwortspiel, das Br.·. Milim geradezu als kindisch bezeichnet. Nach dieser Prüfung wurden dann die „Lichtsuchenden" in den Tempel eingelassen, wo ihnen die klangvollen Töne eines Harmoniums und schöner Männergesang tief zu Herzen drangen. Daran aber schlossen sich abermals „Reisen“ unangenehmster Art. „Man führte uns“ — sagt Br.·. Milim — „durch Feuer und Wasser, das heißt, plötzlich zischten Blitze vor uns auf, die mir die Barthaare sengten, oder man spritzte uns kaltes Wasser ins Gesicht und zwar so unvermittelt, daß wir, die Geblendeten, jedesmal zurückprallten. Das schien den sehenden Brüdern viel Spaß zu bereiten, denn jedesmal kam es mir vor, als ob ich hier und da leises Kichern vernehmen würde. Endlich wurden wir vor dem Throne des hochehrwürdigsten Meisters vom Stuhl aufgestellt. Das wurde uns dadurch mitgeteilt, daß Br.·. P. zu uns sagte: „Verneigen Sie sich, hier hat derjenige seinen Sitz, der diese ehrwürdige Loge leitet.“ Dann mußten sie ein Gelöbnis ablegen, alles, was sie noch hören und sehen würden, als Geheimnis zu wahren oder jetzt noch zurückzutreten.

Was hat nun dieser Mummenscherz eigentlich zu bedeuten? Br.·. Henne am Rhyn, ein sehr geachteter, freimaurerischer Schriftsteller, der sich gelegentlich recht scharfe Worte über die Auswüchse und Verirrungen der Freimaurerei erlaubt, gibt uns hiefür folgende Erklärung: Der Eintritt in den „Tempel“ (Loge) bedeutet den Eintritt in das Leben. Das Leben ist eine mannigfach bewegte Reise, auf der man sich oft verirren kann. Wie der Mensch auf der Lebensreise vielfach geprüft wird, so muß auch der Lichtsuchende seine Standhaftigkeit beweisen. Dies geschieht nun durch die drei Reisen, die in jedem Grade unter sicherer Führung unternommen werden. Im Lehrlingsgrad sind es die Elemente, die der Suchende zu berühren hat, Feuer, Wasser und Erde. Der tiefere Sinn aber sei: Der Aufzunehmende hat das Licht gesucht und ist in verzehrendes Feuer geraten. Oft werden strebende Menschen von dem wilden Feuer der Leidenschaften versengt und gehen darin unter. Durch weise Vorsicht ist jedoch das Feuer zu bändigen und in einen wohltätigen Wärmespender umzuwandeln. Im Wasser erlischt die zügellose Flamme; aber das Wasser der kühlen Selbstsucht erstickt auch die heilige Glut der Begeisterung für Menschenwohl. Die weise Besonnenheit drängt jedoch die kalten Wogen der Gleichgültigkeit für das Ideal zurück und gestattet den Fluten nur ihre wohltätige Wirkung zum besten der Gesundheit und Reinlichkeit auch im Seelenleben. In den Staub der Erde versinken Reichtum, Pracht und Schönheit; aber der fruchtbringende Schoß der Mutter Erde bringt das Samenkorn, das in sie versenkt wird, zur herrlichen Blüte und wohlschmeckenden Frucht.

Wie man also sieht, arbeitet die Freimaurerei, und ganz besonders die deutsche, mit vielen Bildern und Gleichnissen.

Daß die Freimaurer ihre Gebräuche nicht in die Öffentlichkeit gezerrt wissen wollen, ist nach dem Mitgeteilten erklärlich. „Kein Mensch — sagt Br.·. Wilhelm Ohr,[1]) ein ausgezeichneter freimaurerischer Schriftsteller, gut deutsch gesinnt und von edelster Menschlichkeit erfüllt — kein Mensch würde durch diese Veröffentlichung erfahren, was dieses Gebrauchtum eigentlich zu bieten vermag. Es ist seinem Wesen nach nicht mitteilbar, weil es nur erlebt, nicht aber beschrieben oder erzählt werden kann.“ Wenn nun dessenungeachtet von einem Nichtfreimaurer, einem „Profanen“, der Versuch gemacht wird, in die Geheimnisse jener verschlossenen Welt einzudringen, so geschieht dies weder aus Neugierde, noch um die Freimaurerei lächerlich zu machen und schon gar nicht aus dem Grunde, um vielleicht Aufsehen zu erregen. Der Zweck dieser Schrift läßt sich vielmehr auch vom freimaurerischen Standpunkt aus rechtfertigen, denn der Wunsch nach Wahrheit, nach Licht und Aufklärung, das Streben nach voller Erkenntnis, deckt sich durchaus mit den erklärten Endzielen der Freimaurerei selbst; daß sich dieses Streben diesmal anscheinend gegen die Freimaurerei richtet, ist an sich gleichgültig. Übrigens sind die Gebräuche der Loge — sagt Dr. Otto Henne am Rhyn — nur insoferne geheim zu halten, als es sich um mutwillige, zwecklose oder gar böswillige Äußerungen handelt. „Zu wissenschaftlichen und sonstigen ernsten Zwecken dürfen und sollen sie besprochen werden; was, wie dies, zur menschlichen Kultur gehört, kann und darf kein Geheimnis bleiben. Die Wissenschaft kennt diesen Begriff nicht.“

Das klingt nun freilich ganz anders als jener fürchterliche Eid, den der Aufzunehmende in der „Großen Landesloge von Schweden“ abzulegen hat, — jener inhaltsschwere Eid, der so langatmig ist, daß er hier nur auszugsweise wiedergegeben werden kann. In diesem Eid verpflichtet sich nämlich der Lichtsuchende zur unbedingten Verschwiegenheit. Er muß auf das heilige Evangelium schwören, niemals von der Freimaurerei zu sprechen oder sich als Freimaurer zu bekennen, außer vor wirklichen Brrn. einer rechten und gesetzlichen Loge; er muß schwören, niemals in eine andere geheime Gesellschaft einzutreten, außer mit Erlaubnis seiner Oberen; er muß schwören, allen

[1]) Dr. Wilhelm Ohr, Privatdozent, gestorben im Felde 23. August 1916.

Befehlen und Geboten seiner Ordensoberen mit Ergebenheit und Gehorsam nachzukommen usw. Zum Schlusse aber heißt es wörtlich: „Im Falle ich aber im geringsten Maße dieses mein Gelübde brechen sollte, so will ich, daß mein Hals abgeschnitten, mein Herz, meine Zunge und meine Eingeweide herausgerissen und alles in den Abgrund des Meeres geworfen werde; daß mein Körper verbrannt und seine Asche in die Luft umhergestreut werde, damit nichts von mir und meinem Andenken unter den Menschen und freien Mitbrüdern übrig bleibe." (Abgedruckt in der freimaurerischen Zeitung „Latomia", 1869, S. 46ff.) Der ungeheure Unterschied beider Auffassungen liegt sonnenklar zutage; und man fragt sich vergeblich, was ein derart fürchterlicher Eid für einen Zweck verfolgt, wenn es sich um eine Gesellschaft handelt, die angeblich bloß der Erforschung der Wahrheit und der Veredelung des Menschengeschlechts dienen soll! Auch der freimaurerischen Zeitung „Latomia" verschlägt dieser Eid und die ganzen Satzungen der „Großen schwedischen Landesloge" fast die Rede, ja sie verlangt rund heraus die Ausrottung einer Gesellschaft, die einen Staat im Staate bilden will! Doch verweilen wir einen Augenblick noch bei diesem Eide selbst und hören wir, was die Große Landesloge von Schweden im 7. Artikel ihrer Grundverfassung über das freimaurerische Verbrechen des Eidbruches näher ausführt. „Bricht ein Bruder" — heißt es dort — „den Verschwiegenheitseid, den er dem Orden bei seinem ersten Eintritt geleistet, indem er entweder fremden Unkundigen oder Brüdern niederer Grade etwas von demjenigen offenbart, was ihm im Orden anvertraut worden, auf welche Art es auch sei, so werde er schuldig und rechtsfällig das Urteil erleiden, dem er bei Leistung jenes Eides sich selbst unterworfen, und er werde den unbekannten und heimlichen Vollstreckern jenes Urteiles überantwortet; unsicher sei er vor ihren rächenden Händen in allen den Orten des Erdballs, woselbst sich rechtschaffene und echte freie und angenommene Brüder befinden und ihre Arbeiten führen. . . ."

Damit ist zugleich die oft aufgeworfene Frage beantwortet, ob der Freimaurer bei seiner Aufnahme einen Eid, oder ein bloßes Gelöbnis abzulegen hat: Dies richtet sich eben nach der betreffenden freimaurerischen Lehrart; nach dem schwedischen System, das auch die „Große Landesloge der Freimaurer in Deutschland" eingeführt hat, wird ein Eid gefordert, in den Logen anderer Systeme genügt ein eidesstattliches Gelöbnis, ein Gelübde.

An die Ablegung des Eides oder Gelübdes schließt sich dann die feierliche Aufnahme mit Bruderkuß oder Handschlag, worauf die Erteilung des Lichtes erfolgt: Das volle Licht erhellt den Logensaal, der Aufgenommene sieht sich mit den übrigen Brüdern verbunden, deren Gesang mit Musikbegleitung ihn als Bruder begrüßt; man nennt ihm Namen und Bedeutung der drei Säulen der Loge (Weisheit, Stärke und Schönheit), desgleichen ihre Lichter, Zieraten und Werkzeuge, es werden ihm Zeichen, Wort und Griff des ersten Grades mitgeteilt, er lernt die Art des Anklopfens kennen und erhält die maurerische Kleidung (den Schurz), Abzeichen und Handschuhe; damit ist die feierliche Handlung zu Ende. Der Aufgenommene ist nun der äußeren Form nach Freimaurer, während ihm der tiefere Sinn und die eigentlichen Lehren der Loge vorläufig noch fremd sind und die letzten Ziele, wie gleich bemerkt werden soll, dem Durchschnittsmaurer auch zeitlebens fremd bleiben, selbst wenn er jahrelang als Meister vom Stuhl eine Loge leitet. Hat es doch gekrönte Häupter gegeben, die zeitlebens von den Hochgraden nichts erfahren haben, und von so manchen königlichen Maurern wissen wir, daß sie in das eigentliche „Geheimnis" des Ordens nie eindringen konnten. So erklärt es auch, daß zahllose freimaurerische Schriftsteller, Meister vom Stuhle ihrer eigenen Logen, uns im besten Glauben immer wieder versichern, daß außer der tieferen Bedeutung der freimaurerischen Sinnbilder kein Geheimnis bestehe. Dies scheint jedoch völlig unglaubwürdig, wenn wir uns die furchtbaren Eide vergegenwärtigen, wie sie beispielsweise in der „Großen Landesloge von Schweden" abgelegt werden müssen; eine solche Versicherung widerspricht überdies den erwiesenen Tatsachen, wie später gezeigt werden soll.

III.

## Freimaurerische Einrichtungen, Gebräuche und Sinnbilder.

Die Einrichtungen, Gebräuche und Sinnbilder (Symbole) der Freimaurerei genauer kennen zu lernen, hat für denjenigen, der nicht dem Orden angehört, wenig Zweck. Es soll daher auch nur in ganz kurzen Sätzen über all das gesprochen werden, worüber eine ungemein reichhaltige freimaurerische Geheimliteratur besteht und Aufschlüsse gibt.

Der Versammlungsort der Brüder heißt Loge, auch Bauhütte, Werkstätte oder Logenhaus. Das Eindringen Unbefugter soll vermieden werden, die Loge muß daher gehörig gedeckt, das heißt gesichert sein. Dies besorgt ein wachthabender Bruder oder „Ziegeldecker“, der die Eintretenden auf ihr Recht dazu prüft und sie nur einläßt, wenn alles in Ordnung ist. Die Loge, richtiger der Logensaal, hat keine Fenster, oder sie sind verdeckt. Die Räume sind demnach dunkel, damit das Licht, das eine geistige Erleuchtung bedeuten soll, zugleich auch die natürliche Finsternis überwinde.

Die Freimaurer der ganzen Welt nennen sich Brüder. Im schriftlichen Verkehr erkennen sich Brüder durch den Gebrauch von drei Punkten (.·.), die sie den Anfangsbuchstaben freimaurerischer Ausdrücke beizusetzen pflegen. Daher werden sie von ihren Gegnern spöttisch die „Dreipunktebrüder“ genannt. Die Dreizahl spielt auch sonst im maurerischen Leben eine gewisse Rolle, so beim Gruß, beim Händeklatschen, namentlich aber bei den Symbolen.

Die Logentätigkeit der Brüder heißt „Arbeit“. Die Arbeitslogen dienen z. B. der Aufnahme und Beförderung von Brüdern; der Hergang dabei wird von den Freimaurern selbst als ungemein fesselnd und erhebend geschildert.

Dem Andenken eines Bruders, der „in den ewigen Orient eingegangen ist“, gilt die Trauerloge. Diese beginnt — nach Br.·. Schauberg — mit einem Gericht über den Toten und erst, wenn er der Ehre einer Trauerloge für würdig erachtet wurde, folgt die eigentliche Totenfeier, bestehend aus drei Teilen, der Trauerrede, dem Anzünden der Lampe vor dem symbolischen Sarkophage des Verewigtem und dem Schmücken mit Blumen durch alle anwesenden Brüder, wobei sie dreimal in drei Zügen und Umgängen den Sarg umschreiten; zum Schlusse der Feierlichkeit wird die Bruderkette gebildet und der Bruderkuß gewechselt. (Die Bruderkette besteht darin, daß jeder Maurer die rechte Hand auf die Schulter seines Vormannes legt; nach Henne am Rhyn sind bei der Bruderkette die Hände sämtlicher anwesender Brr. vereinigt, wodurch die Zusammengehörigkeit aller versinnbildlicht wird.)

Symbole oder Sinnbilder gibt es in der Freimaurerei eine überaus große Anzahl; sie sind das Bindemittel aller jener, welche sich zu dieser Geistesrichtung bekennen. Die großen und ewigen Wahrheiten, welche das Menschentum beherrschen, will die Freimaurerei eben nicht in Worte fassen und mitteilen, ihr Bestreben geht vielmehr darauf aus, zunächst empfängliche Gemüter zu b i l d e n. Die Sinnbilder, namentlich die des Lehrlingsgrades, dienen demnach dem Zwecke der Läuterung und Klärung. Die Symbole, sagt Br.·. J. L. Beyer von der Großen Landesloge in Sachsen, sollen die Brüder lehren, das Menschentum recht zu erfassen, über die Grundlagen des Daseins unbeirrt von allen ererbten und anerzogenen Vorurteilen klar zu werden und daraus die entsprechenden Pflichten abzuleiten. Auch den Freimaurern selbst erscheint demnach die Freimaurerei als verschleiertes Bild. Die Brüder sollen e r l e b e n und e m p f i n d e n; die deutsche Freimaurerei wendet sich daher, wenigstens in den unteren drei Graden, ausschließlich an das G e m ü t, nicht an den Verstand. Demgemäß hat alles symbolische Bedeutung, ihre „Lichter“ sowohl (Gottheit, Gewissen, Menschheit), wie die Gestirne (Sonne, Mond und Erde), dann die Ideen (Weisheit, Stärke, Schönheit) und selbstverständlich auch die Werkzeuge (Hammer, Winkelmaß und Zirkel). Von den Lichtern bedeutet das ü b e r uns — nach Henne am Rhyn — die Gottheit, das Licht i n uns das Gewissen, das Licht u m uns die Menschheit. Der Hammer ist ihnen das Sinnbild der Macht, das Winkelmaß versinnbildlicht das G e w i s s e n und der Zirkel die denkende Umwelt.

Allein die Bedeutung dieser Symbole wechselt und wenn man mit Worten streiten wollte, wäre es leicht, die Freimaurerei ins Lächerliche zu ziehen; so z. B. wenn ein anderer Freimaurer kurzerhand erklärt, das Winkelmaß bedeutet Gott, der Zirkel die Welt. Und wenn es gar anderswo heißt: Der Zirkel regelt unser Verhältnis zu den Brüdern und zu der Welt außer uns, so sind das dem Laien, der „seine Füße nicht in den rechten Winkel stellt“, Worte, die ihm unverständlich bleiben müssen, aber doch eines tieferen Sinnes nicht entbehren. So sprechen die Freimaurer von einem „Maßstab der Wahrheit“, von einem „Winkelmaß des Rechtes“, von dem „Zirkel der Pflicht“; und die Spitze dieses Zirkels soll der echte Maurer stets auf der Stelle seines Herzens fühlen.

Höchst geheimnisvoll klingt z. B. auch der Satz, daß sich der Meister zwischen Winkelmaß und Zirkel findet. Wer aber in das symbolische Wesen der Freimaurerei eingedrungen ist, wird nicht bestreiten können, daß diesem Worte ein schöner Sinn innewohnt, wenn auch die entsprechende Frage des Meisterkatechismus auf den ersten Blick geradezu töricht anmuten mag.[1])

Symbolische Bedeutung haben ferner die drei Säulen, der Teppich, der flammende Stern, der oft als Pentagramm, oft auch als Stern Davids erscheint. Im flammenden Sterne wieder hat der Buchstabe G seine besondere und mehrfache Bedeutung; er soll auf Gott hinweisen, dann wieder bedeutet er „Gnosis“ (Erkenntnis) und endlich soll er Geometrie, die Grundlage der königlichen Kunst, versinnbilden.

Symbolische Bedeutung wohnt auch den Nebenwerkzeugen der Maurer inne, dem Senkblei, der Wasserwage, der Kelle, dem Maßstab und dem Meißel. Wenn freilich die Freimaurerei die Bibel zu den großen Lichtern rechnet,[2]) während sie Sonne und Mond nebst dem Meister vom Stuhl zu den kleinen Lichtern zählt, so ist dies wohl eine Symbolik, die nicht mit Unrecht den Spott so manchen Bruders, der seine Füße in den rechten Winkel stellt, herausgefordert hat.

Im Meistergrade spielt die Idealgestalt Hirams die Hauptrolle. Hiram oder Adonhiram war der Sage nach Erbauer des Tempel Salomons. Anderson nennt ihn den „vollkommensten

[1]) „Was findet man oberhalb und unterhalb des Sarges vorgestellt?“ — „Ein Winkelmaß und einen Zirkel.“ — „Wozu?“ — „Zu einem Denkzeichen für den Meister.“ — „Wenn ein Meister verloren wird, wo fände man ihn wieder?“ — „Zwischen Winkelmaß und Zirkel.“ — „Was will das sagen?“ — „Daß er allezeit bereit ist, freiwillig auf den guten Weg zurückzukehren, falls er sich unglücklicherweise verirrt hat“.

Das derzeitige Meisterfragebuch der „Großen Landesloge von Deutschland“ enthält ähnliche Fragen und Antworten.

[2]) Die Fragen 17 und 18 des Lehrlingskatechismus lauten:

17. „Welches sind die drei großen Lichter der Freimaurerei?“ — „Bibel, Winkelmaß und Zirkel.“

18. „Wie erklären Sie solches?“ — „Die Bibel ordnet und richtet unseren Glauben, das Winkelmaß unsere Handlungen, der Zirkel bestimmt unser Verhältnis gegen alle Menschen, insbesondere gegen unsere Brüder.“

Maurer“ und sein Werk das erhabenste und kostbarste Gebäude der damaligen Zeit. Hiram wurde angeblich von drei pflichtvergessenen Gesellen erschlagen, weil er sich weigerte, sie in die dem Meister vorbehaltenen Geheimnisse einzuweihen. Er gilt den Freimaurern als Vorbild treuester Pflichterfüllung.

Zu den wesentlichen Sinnbildern des dritten Grades gehört der Sarg mit Totenschädel und Knochen. Die Gebräuche sind bei den einzelnen Großlogen allerdings verschieden; uns kommt es jedoch nicht darauf an zu wissen, daß bei der Loge „Zu den drei Weltkugeln“ die Wachsleiche eines alten Mannes im Sarge liegen muß, oder daß die Brüder über den eigenen Sarg zu schreiten haben, oder endlich, daß bei der Großen Landesloge von Deutschland ein Sarg auf schwarzem Teppich mit silbernen Tränen aufgebahrt ist, uns läßt es gleichgültig, daß dabei bei der einen Großloge das Winkelmaß am Fußende (im Osten) und der Zirkel zu Häupten (im Westen) angebracht sind, bei anderen dagegen die umgekehrte Ordnung gilt usw., wir wollen uns lediglich merken, daß das Sargsymbol in allen Logen einen wesentlichen Bestandteil freimaurerischer Lehren und Gebräuche bildet. „Der Freimaurer beginnt seine Laufbahn in der schwarzen Kammer und beendet sie ebenda als Meister.“ „Der Meistergrad der Johannislogen zeigt den Freimaurern den Menschen in seiner tiefsten Erniedrigung.“ Er soll die unbestreitbare Wahrheit lehren, daß schließlich alles menschliche Wissen, Streben und Wirken eitel und hinfällig sei. „Um dies zu lehren — sagt Br.·. Otto Hieber von der Großen Landesloge von Deutschland — wählt der Orden das Bild des Todes, von dessen Schauern die Meisterloge erfüllt ist: „aber — fügt er an anderer Stelle erklärend hinzu — das eigentliche Mysterium des Meistergrades besteht in der Aufgabe, den Tod mit dem Leben zu versöhnen.“

Das Symbol des Lehrlingsgrades ist der rohe oder rauhe Stein. Der rauhe Stein muß erst bearbeitet, behauen werden, um bei dem Bau verwendet werden zu können. Der Lehrling selbst, der in den Freimaurerorden eingetreten ist, ist für die Loge der rauhe Stein; der Lehrling muß daher zuerst seine Rauheiten und Mängel, seine Fehler und Leidenschaften erkennen und sein ganzes Streben soll auf Selbsterkenntnis gerichtet sein.

Das Sinnbild des Gesellengrades ist der kubische Stein. Als behauener oder kubischer Stein soll er dann dem Menschheitstempel eingefügt werden. Selbstbeherrschung ist demnach das Ziel, das der Geselle anzustreben hat; Selbstbeherrschung und Unterordnung gegenüber dem Meister, der die behauenen Steine nach seinem Willen durch die Gesellen zusammenfügen läßt. Mit dem Gesellengrad beginnt somit erst die Ausübung der Maurerarbeit.

„Der Meister aber muß den Plan entwerfen, dessen Ausführung überwachen und den Arbeitern den Lohn zahlen."

Die geheimen Erkennungszeichen und Worte sollen hier nicht weiter berührt werden. Für den Nicht-Freimaurer hat es auch wenig Sinn, die 5 P. d. M., das alte M. W., das neue M. W. und gewisse geheime Ausdrücke kennen zu lernen. Ebensowenig braucht die ohnedies erst viel später erfundene Hiramssage hier näher erklärt zu werden.

IV.

## Johannismaurerei — Andreasmaurerei.

### (Blaue und rote Logen, niedere Grade, Hochgrade.)

Die drei Grade, Lehrling, Geselle und Meister sind gegenwärtig allen blauen oder Johannislogen eigentümlich. Das war nicht immer der Fall. Das Konstitutionsbuch der englischen Großloge von 1723 kennt den Meistergrad überhaupt noch nicht. Es heißt dort ausdrücklich: „Der erfahrenste Geselle soll zum Meister oder Aufseher ernannt werden.“ Damals wurde kein Bruder, so erfahren er auch war, Meistermaurer genannt, bis er zum Meister einer Loge erwählt worden war. Erst im Jahre 1725 kam der Meistertitel in Gebrauch, bis dahin war eben Meistermaurer nur der Meister vom Stuhl.

Einer Erklärung bedarf der Ausdruck „blaue“ oder „Johannislogen“: Von blauen Logen, beziehungsweise Graden, spricht man unter Beziehung auf die himmelblaue Farbe der Abzeichen der Freimaurer; Johannismaurerei heißt sie nach dem Schutzheiligen der alten Steinmetzen; eben deshalb wurde offenbar auch die Gründung der neuen Geistesmaurerei am St. Johannistage (24. Juni 1717) vorgenommen. Wenn von symbolischen Logen, beziehungsweise Großlogen die Rede ist, so sind damit die Grade, Logen und Großlogen der Johannismaurerei gemeint, und zwar mit Rücksicht auf die zahlreichen, in ihr gebräuchlichen Sinnbilder, von denen einige früher Erwähnung fanden.

Den Gegensatz dazu bildet die rote oder Andreasmaurerei, die ihren Namen von der roten Farbe der Abzeichen, beziehungsweise vom heiligen Andreas herleitet, der als erster von Johannes dem Täufer zu Jesus übergetreten sein soll. Die roten Grade werden auch kurz als Hochgrade bezeichnet, weil sie eine den Meistern unbekannte, höhere Kenntnis der Freimaurerei bieten wollen. Sie lassen die drei alten Grade nur als Vorschule gelten, sind aber je nach dem einzelnen System verschieden eingerichtet. „Langsam, aber stetig drückte man die

Johannislogen abwärts, damit sie nur als Schemel für die Hochgrade dienen sollen", sagt die sehr geachtete freimaurerische Zeitschrift „Latomia" (1869, Band 28 S. 22). „Die Johannislogen sind zum Zahlen und Schweigen da" — läßt sich ein anderer Bruder darüber aus. „Die unteren Brüder sind der kontribuierende Teil, die oberen der genießende Teil" — hieß es schon im 18. Jahrhundert auf dem Wilhelmsbader-Kongreß (1782).

Woher stammen nun die Hochgrade? Den Anfang dürfte der Grad vom Royal Arch (Grad vom königlichen Gewölbe) gemacht haben, der sich nach 1740 in Frankreich bildete und sich eine gewisse Oberhoheit über die entarteten niederen Grade anmaßte. Dann entstanden die buntscheckigen schottischen Grade, die aber mit Schottland erwiesenermaßen gar nichts zu tun haben, sondern französischen Ursprungs sind. Die Schaffung des „Ritter Kadosch-Grad", der die Rache der Templer darstellt, fällt in das Jahr 1743. Vermutlich ist der Ausdruck „schottischer Meister" (maître écossais) auf eine unbeabsichtigte Verwechslung mit maître acassais, das auf die Akazie, den heiligen Baum der Freimaurer, hinweisen würde, zurückzuführen. Dann entstanden in rascher Folge immer neue Grade, bis man die Zahl 25 erreichte. Aber auch dabei blieb man nicht stehen und nach französisch-schottischem System, das die größte Verbreitung über die ganze Erde gefunden hat, bestehen noch gegenwärtig 33 Grade. An Lehrling, Gesellen und Meister reiht sich dann als vierter Grad der „Geheime Meister", es folgt der „Vollkommene Meister" (5. Grad), dann, um nur einige hervorzuheben, der „Erhabene Auserwählte" (11. Grad), der „Großmeister-Architekt" (12. Grad), der „Royal-Arch"-Grad (Grad vom königlichen Gewölbe, derzeit der 13. Grad), dann der „Große schottische Ritter" (14. Grad), der „Ritter vom Osten" (15. Grad), der „Großfürst von Jerusalem (16. Grad), der „Ritter vom Westen" (17. Grad), der „Souveräne Fürst von Jerusalem" (18. Grad), der „Große Oberpriester (19. Grad), der „Preußische Ritter" (21. Grad; „er verhandelt nur bei Vollmond ohne anderes Licht, und zwar über — die Zerstörung von Jerusalem"), ferner der „Fürst von Libanon" (22. Grad), der „Fürst des Tabernakels" (23. Grad), der „Ritter der ehernen Schlange" (25. Grad), der „Fürst der Gnade" (26. Grad; er verhandelt über die Bünde Gottes mit den Juden und Christen!), dann der „Souveräne Großkommandant des Tempels (27. Grad), der „Ritter der Sonne" (der Betrachtungen über die Wohltaten Gottes anstellt, 28. Grad), ferner der „St. Andreas-Ritter" (29. Grad), der „Ritter Kadosch" (30. Grad; er stellt die Rache der Tempelritter wegen des an ihrem Großmeister Molay vollzogenen Todesurteiles dar und gilt noch heute als Rachegrad der Freimaurer); endlich folgt der „Groß-Inquisitor-Kommandeur" (31. Grad), der „Erhabene Fürst des königlichen Geheimnisses (32. Grad) und der „Souveräne General-Groß-Inspektor" (33. Grad).

Diese prunkvollen Titel mögen auf den unbefangenen Laien lächerlich wirken; brave deutsche Freimaurer haben sich oft genug über diesen „Schwindel" entrüstet und ihn mit der Lauge ihres Spottes übergossen — es nützte nichts, die Grade mit den hoheitsvollen Namen bestehen und werden angewendet, wie das ganze System, das an der Spitze der Großlogen (oder Großoriente) von Frankreich, Italien, Spanien, Portugal und der mittel- und südamerikanischen Großoriente marschiert, das aber überdies auch in England, Schottland, Irland, Belgien, Ungarn und in Nordamerika neben den Großlogen und Großorienten besteht.

Dr. Otto Henne am Rhyn meint allerdings, daß die meisten dieser Grade keinerlei Daseinsberechtigung haben und will nur den 18. und 30. Grad gelten lassen, weil sie allein mit wirklichen Gebräuchen verbunden seien. Aber Henne am Rhyn ist eben nur ein „Meister vom Stuhl", er gehört den unwissenden blauen Logen an, die mit ihrem rührenden Kinderblick in die Welt schauen und von dem, was um sie vorgeht, anscheinend wirklich keine blasse Ahnung haben. Er wundert sich zwar sehr darüber, daß der Kongreß des schottischen Ritus in Lausanne (1875) von den pomphaften Titeln auch nicht ein Jota gestrichen habe, er versichert uns aber in einem Atem, daß „in Wahrheit" gar nicht 33 Grade, sondern bloß fünf oder höchstens sieben bestünden. Die Franzosen freilich wissen es besser, warum sie ihre 33 Grade beibehalten haben und hüllen sich als kluge Leute in Nacht und Schweigen.

Die schottische Lehrart wird übrigens durch zwei andere Gründungen französischen Ursprungs übertroffen, die ebenfalls bis auf den heutigen Tag bestehen: Den freimaurerischen Ritus von Misraim (hebräischer Name für Ägypten) und den ganz ähnlichen Ritus von Memphis. Der erstgenannte orientalische Orden wurde von dem jüdischen Armeelieferanten Michel Bedarride und seinen zwei Brüdern gegründet; die Sage von seinem Alter ist zu lächerlich, um erwähnt zu werden. Die Lehren werden in 4 Serien, 17 Klassen und 90 Graden mit äußerst hochtrabenden Titeln „mitgeteilt". Selbstverständlich nur gegen bar; nach dem Preis darf man sich natürlich nicht erkundigen. Dafür besitzt aber dieser Orden neben seinem sichtbaren Oberhaupt, dem „souveränen Fürsten“, noch einen unbekannten, unsichtbaren Großmeister. Im Jahre 1898 arbeiteten zehn Logen nach dieser Lehrart.

Der ganz ähnliche Ritus von Memphis, der sich ebenfalls Freimaurer-Orden nennt und natürlich ebenfalls „uralten“ Ursprungs ist, wurde in Wirklichkeit von einem gewissen Samuel Honis, der auch kein Christ gewesen sein dürfte, aus Kairo nach Frankreich gebracht. Samuel Honis verteilte seine Geheimnisse in 7 Klassen mit 95 Graden, deren oberster „Souveränes Sanktuarium“ genannt wurde. Die Lehre des Ordens ist ein Wandelgang durch alle Mysterien und Geheimbünde der Geschichte. Später schränkte er seine Grade auf 33 ein, erhielt daraufhin vom französischen Großorient die Anerkennung und fand sogar in Deutschland Eingang und Anhänger.

Nun kann man freilich sagen, das sind bloße Schwindelgründungen, um Geld zu reißen, sie verdienen daher keine weitere Beachtung. Aber gibt es denn nicht andere, hochgeachtete Freimaurer-Orden, deren geschichtlicher Entwicklungsgang ebenfalls dunkle Punkte in Menge aufzuweisen hat? Wie steht es denn beispielsweise mit dem schwedischen System? Begründet wurde es vom Kanzleirat Karl Friedrich Ekleff, der auf Grund eines Freibriefes unbekannter Herkunft 1756 in Stockholm ein Kapitel errichtete, das er als „Vikar Salomos“ leitete. Später verkaufte er seine „Rechte“ dem König von Schweden und seit dieser Zeit ist der jeweilige König von Schweden Großmeister und der Kronprinz Landesgroßmeister.

Das schwedische System wurde von dem Feldarzt Ellenberger, der durch Adoption den Namen v. Zinnendorf annahm, auch in Deutschland eingeführt (1766) und besteht mit einigen Abweichungen in der von Zinnendorf gegründeten „Großen Landesloge von Deutschland“ auch heute noch. Das Protektorat bekleidete seit 1860 der König von Preußen, später der Kronprinz Friedrich Wilhelm (Kaiser Friedrich III.), der es jedoch niederlegte, als die Ordensleitung sein Verlangen nach genauer Prüfung der geschichtlichen Ansprüche mit abweisendem Widerstand beantwortete und alle Reformvorschläge kalt lächelnd zurückwies. Bloß die Templerfabel, nämlich die Lehre, daß die Freimaurer sich von den Tempelrittern herleiteten, ließ man fallen (1880), sonst nichts.

Doch kehren wir, ohne uns mit der „Großen Landesloge von Deutschland“ näher zu beschäftigen, zum schwedischen System als solchem zurück. Betrachten wir es genauer: Es ist in drei Abteilungen gegliedert, nämlich:

I. in die arbeitenden St. Johannislogen mit den drei Graden: 1. Lehrling, 2. Geselle und 3. Meister;

II. in die leuchtenden Andreas- oder Schottenlogen mit ebenfalls drei Graden: 4. Andreas-Lehrling, 5. Andreas-Geselle, 6. Andreas-Meister; daran schließen sich

III. die erleuchteten und wirkenden Stewardslogen mit weiteren vier Graden: 7. die hocherleuchteten Stewardsbrüder, 8. der „Höchstleuchtende Salomonsvertraute", 9. der „Erleuchtete Vertraute der St. Johannisloge", 10. der „Hocherleuchtete Vertraute der St. Andreas-Loge, Ritter des Purpurbandes". Daran reiht sich noch der 11. Grad mit dem „Höchsterleuchteten Kommandeur mit dem roten Kreuz"; er nennt sich „Vicarius Salomonis", denn der weise König Salomo wird als Stifter und erster Großmeister des Ordens angesehen. Mit diesen elf Graden ist es aber nicht abgetan. An der Spitze der schwedischen Maurerei steht vielmehr ein nur dem Ordensmeister bekannter „Oberer". Die großmeisterliche Würde ist in seinem Geschlechte erblich. Der weltliche Name und Aufenthalt des Oberen ist für alle Ordensbrüder mit Ausnahme der Ordensmeister ein Geheimnis. So heißt es im dritten Kapitel (§ 3) der Freimaurerkonstitution der „Großen Landesloge von Schweden" wörtlich (nach der Übersetzung der „Latomia"): „Die Welt, in neun (jetzt zehn) Provinzen geteilt, wird durch einen Großmeister oder Salomo regiert, der von Vater auf Sohn zu Regierung erwählt wurde, um die Arbeiter den guten Weg zu leiten. Er ist den Maurern bekannt und unbekannt! Dieser Salomo läßt jede Provinz durch einen Vikar regieren, den er ernennt oder durch die Brüder der Provinz ernennen läßt. Dieser regiert die Provinz" usw. Die „Latomia" (28. Jahrgang, 1869, S. 18) knüpft daran die Frage: „Wer ist dieser Salomo? Wo ist sein Sitz? Wenn die Fundamentalkonstitution die Wahrheit redet und keine Märchen erzählt, so ist König Salomo sogar Stifter des ganzen Bundes und hat bestimmt, daß die großmeisterliche Würde in seinem Geschlechte bleiben soll. Die gewiß nicht antisemitische „Latomia" knüpft daran die Befürchtung, daß nicht ein christlicher Fürst, sondern ein wahrhafter Israelit dieser unbekannte Obere sein könnte. ... (Dabei trägt sie aber selbst auf der Titelseite den sechseckigen Stern Davids!)

Zu bemerken wäre, daß in der Freimaurerei überhaupt nicht immer das sichtbare Oberhaupt zugleich auch das wirkliche Oberhaupt ist. Wir wissen dies aus dem Munde englischer, französischer und amerikanischer Freimaurer. In der Verfassung der schwedischen Großloge findet diese Behauptung eben nur ihre einwandfreie Bestätigung. Treten Fürsten der Loge bei, so wird ihnen der Bestand von Hochgraden entweder verheimlicht oder, wenn dies nicht möglich ist, gibt man ihnen bloß scheinbar Hochgrade und erfindet ein besonderes Ritual dafür, aus dem alles ausgemerzt wird, was etwa ihren Verdacht erregen könnte. So wurde z. B. dem Br .·. Friedrich II., König von Preußen, das Bestehen von Hochgraden ängstlich verheimlicht, eine Tatsache, die uns der freimaurerische Geschichtsschreiber Louis Blanc berichtet. (Brouwers L'Action de la Francmaçonnerie, 1892, S. 17). Und daß Fürsten und Könige, wenn sie je an der Spitze der Loge standen, durchaus nicht „wissende Brüder" zu sein brauchten, geht aus unzähligen Belegen hervor.

Doch kehren wir zu den niederen Graden zurück. Die blauen Grade oder die Johannismaurerei ist an sich vielleicht ungefährlich, ja, sie wirkt in manchen Beziehungen wohltätig, wenigstens in Deutschland; sie unterhält eine große Anzahl von Stiftungen, treibt im allgemeinen keine Politik und kann, soweit sie nicht von Hochgraden abhängig ist, gewiß als gemeinnützige Anstalt betrachtet werden. Aber die blauen Grade sind — wie Br .·. A. Pike sagt — „eben nur der Vorhof und die Vorhalle des Tempels. Ein Teil der Symbole wird dort allerdings dem Lichtsuchenden erklärt. Er wird jedoch absichtlich durch falsche Auslegungen irregeführt. Es wird nicht beabsichtigt, daß er verstehe, es wird vielmehr beabsichtigt, daß er sich einbilde, er verstehe. Die wahre Auslegung ist den wirklich Eingeweihten, den Fürsten der Maurerei vorbehalten ..." (Morals and Dogma, S. 819.) Daraus geht wohl mit Klarheit hervor, daß die Freimaurer in ihrer überwiegenden Mehrheit keine blasse Ahnung davon besitzen, zu welcher Rolle sie mißbraucht werden.

Von den Arbeiten der maurerischen Werkstätten höherer Grade verlautet in der Tat nirgends etwas; sogar ihre Mitgliederlisten werden ängstlich geheim gehalten, und zwar nicht bloß gegenüber den „Profanen", sondern auch gegenüber den Brüdern niederer Grade. Das wurde sogar dem Br .·. Dr. Julius Goldenberg zu bunt und er beklagte sich bitter „über den unkontrollierbaren Einfluß der Hochgrade, die eine unsichtbare, unverantwortliche Macht darstellen". Goldenberg, ein bekannter Wiener Freimaurer, der mehrere Schriften veröffentlichte, gibt unumwunden zu, daß die Wirksamkeit der Hochgrade über die allgemein maurerischen Zwecke hinausgehe und beschwert sich darüber, daß die ersten drei Grade stets im unklaren gehalten oder gar getäuscht werden, während man von ihnen blinden Gehorsam verlange. Mit Recht sagt Goldenberg, daß solche Zustände freier Männer unwürdig seien. Was Br .·. Goldenberg über die ungarische Hochgradmaurerei sagt, trifft buchstäblich zu. Offenbar wußte er damals noch nicht, daß es zu den Aufgaben der Hochgrade gehört, auf die unteren Grade jeden erdenklichen Einfluß auszuüben und insbesondere Politik zu treiben; selbstverständlich nicht etwa bloße Kirchturmpolitik, sondern Staatspolitik, ja geradezu Weltpolitik. Deutlich genug sagt dies ein italischer Hochgradmaurer: „Die Johannisloge ist notwendig als Vorstufe der Hochgrade. . . . Der Schwerpunkt unserer Arbeiten liegt in den Hochgraden. Dort machen wir den Fortschritt, die Politik und die Weltgeschichte. . ." („Freimaurerzeitung" vom 9. Mai 1874.)

Die Hochgrade waren auch von jeher die Seele aller monarchiefeindlichen Bestrebungen. Nicht unabsichtlich, nicht ohne Zweck haben sich daher die verschiedenen Hochgradsysteme schon im 18. Jahrhundert die klangvollsten Namen wie „Souveräne Maurerfürsten" oder „Kaiser des Ostens und Westens" beigelegt, Titel, die damals außerhalb der Freimaurer nicht besonders ernst genommen wurden, aber doch schon die eigentlichen Endziele der freimaurerischen Hochgradbestrebungen deutlich genug verrieten. Heute sind die Throne gestürzt, die Monarchen vertrieben und die „Freimaurerfürsten" wagen sich allmählich aus dem dreifachen Nebel, der sie umhüllt, ans helle Tageslicht hervor

V.

## Maurerische Bekleidung, Abzeichen, Erkennungszeichen, Hilfszeichen.

Bei den „Arbeiten" in der Loge legen die Freimaurer über ihren gewöhnlichen Anzug den Schurz an, den man schlechthin die „maurerische Bekleidung" nennt. Dieser Maurerschurz, der schon 1723 bezeugt ist, stammt von den Steinmetzen her, und bildet also an sich schon einen Beweis für den wahren Ursprung der Freimaurerei. Er besteht aus weißem Lammsleder — seine weiße Farbe wie sein Stoff bedeuten die Unschuld, mit welcher der Mensch ins Leben tritt — die blaue Verzierung nimmt mit den Graden an Umfang zu und soll die zunehmende Treue gegen den Bund und seine Grundlehren versinnbildlichen. Farbe und Umrandung wechseln jedoch; Logenbeamte tragen nach einigen Freimaurersystemen grünen Schurz. Die Farbe des Meisters ist blau und gold.

Der belgische Großorient schreibt für seine Würdenträger einen himmelblauen Schurz mit einem Rande aus echtem Metall vor.

Bei den Hochgraden wird die blaue Randfarbe durch die rote ersetzt, der Schurz selbst wird in pomphafter Weise mit Bildern geziert und so zu einer Art maurerischer Bildergalerie.

Zur Bekleidung gehören ferner auch die Bänder, an denen die metallenen Beamtenabzeichen (Bijou) und Logenzeichen getragen werden; sie sind oft durch Goldstickereien und Bilder verziert; so trägt z. B. der belgische Großmeister auf seinem Bande eine Sonne, der zugeteilte Großmeister einen Pelikan usw.

Früher war es allgemein üblich, bei den Logenarbeiten und sogar bei den Tafellogen den Hut aufzubehalten; dieser Brauch wird jedoch derzeit nur mehr vereinzelt geübt. Dagegen gehören auch heute noch die weißen Handschuhe zur maurerischen Bekleidung. Der Neuaufgenommene erhält außer seinen eigenen auch noch ein paar weißer Frauenhandschuhe für seine Gattin oder Braut; es soll dies ein Zeichen sein, daß die Loge die Ehe hochhält.

Zur vollen Ausrüstung der Maurer gewisser Grade gehört ferner der Degen (Schwert) und der Hammer. Das Tragen eines

Degens war ursprünglich in den Logen unbekannt und dürfte erst durch die „angenommenen Maurer", soweit sie Edelleute waren, eingeführt worden sein.

Jene freimaurerischen Lehrarten, welche Hochgrade kennen, wie das schottische System, das schwedische System, selbstverständlich also auch die „Große Landesloge von Deutschland", halten an dem Degen fest; desgleichen auch einige unabhängige Logen. Der Degen spielt dort bei verschiedenen Anlässen eine gewisse Rolle, so z. B. bei der Aufnahme, beim Eid, beim Gesellenzug. („An der Spitze des Gesellenzuges schreitet der Bruder Aufseher dahin, den Ersten stützend und ihm mit der Degenspitze auf die Brust deutend, wo das Herz schlägt" — erklärt uns Br.·. Paul Mensdorf von der Loge „Minerva zu den drei Palmen" in Leipzig.)

Der Hammer als Zeichen der Macht kommt in der Freimaurerei nur den vorsitzenden Meistern zu, dem Meister vom Stuhl und den beiden Aufsehern.

Wenn man die Loge verläßt, werden Bijou und Schurz abgelegt. Äußerliche Erkennungszeichen lieben die Brr. Freimaurer im allgemeinen nicht. Eine kleine goldene Kelle an der Uhrkette, ein kleines Winkelmaß im Knopfloch wird da und dort vom abgetretenen Meister getragen. Die Brüder erkennen sich in der Regel an anderen Zeichen, am Händedruck (Griff), an bestimmten Worten, an der eigenartigen Stellung der Füße gegeneinander und endlich an gewissen Zeichen (Hals-, Brust-, Bauchzeichen, großes Not- und Hilfszeichen).

Das Halszeichen ist das Erkennungszeichen des Lehrlings, gilt aber allgemein als freimaurerisches Erkennungszeichen überhaupt. Wie es gemacht wird, soll hier nicht näher erörtert werden. Das „Halszeichen" weist zugleich auf die schwere Strafe hin — „Durchschneiden der Gurgel" — die den Maurer beim Bruch der Verschwiegenheitspflicht treffen soll. Für den Gesellen kommt das „Brustzeichen", für den Meister das „Stomachale" oder „Bauchzeichen" in Betracht. Das Brustzeichen bezieht sich auf das Herausreißen des Herzens, das Bauchzeichen will andeuten, daß der Meister seinen Leib selbst zum Unterpfand seiner Verschwiegenheit einsetzt.

Alle diese Handbewegungen verändern sich in gewissem Maße mit dem Übertritt in die oberen Grade. Auch der Händedruck ist in den verschiedenen Graden nicht genau derselbe. Das Erstaunungszeichen dagegen ist kein Erkennungszeichen, wird nur in der Loge selbst ausgeübt, und zwar von der Bruderkette bei der dramatischen Darstellung von Meister Hirams Tod. Näheres braucht hier nicht mitgeteilt zu werden. Was ferner die 5 P. d. v. M. Gr. anlangt, so sei nur erwähnt, daß dieser zusammengesetzte Griff bei der Einsetzung des Meisters seine Bedeutung hat, die man, um sie zu verstehen, entweder selbst erlebt oder doch mitempfunden und durchdacht haben muß.

Die Erkennungsworte endlich, die nahezu sämtlich aus dem Hebräischen stammen, sind entweder dauernder Natur oder Paßworte mit bloß zeitlicher Geltung. Solche Paßworte wurden schon 1746 eingeführt und galten für ein ganzes oder halbes Jahr. Die Semestralerkennungsworte werden vom Großmeister persönlich der Bruderkette ins Ohr geflüstert. Da sie aber nicht in allen Lehrarten (Systemen) gleich waren, führten sie zu zahllosen Verwirrungen und Mißverständnissen.

Für den Profanen, der nicht etwa wissenschaftliche Zwecke verfolgt, ist es vollkommen gleichgültig, wie diese Erkennungsworte heißen und welcher Sinn ihnen beigemessen wird. Er braucht auch weder das neue, noch das alte M. W. zu kennen, ihm kann es gleichgültig sein, was sich hinter „M. B.“, beziehungsweise J . . . . . verbirgt.

Bemerkenswert hingegen ist das große Not- und Hilfszeichen, das von Freimaurern im Zustande der Lebensgefahr gegeben wird. Es gehört eigentlich in den Meistergrad, wird aber seiner praktischen Bedeutung wegen schon den Lehrlingen mitgeteilt. In freimaurerischen Zeitschriften werden gelegentlich rührende Geschichten erzählt, wie so mancher Freimaurer sein Leben nur der Anwendung dieses Not- und Hilfszeichens zu verdanken habe, wie insbesondere im Kriege feindliche „Brüder“, nachdem sie sich erkannt hatten, in dem Gegner nicht mehr den Feind, sondern nur noch den Bruder sahen. Über einen derartigen Fall berichtet z. B. die freimaurerische Zeitung „Globe“ (Bd. 2 S. 496) folgendes: „Man sah auf den Schlachtfeldern Kämpfende sich ein Zeichen geben . . . die Waffen wegwerfen, und sich küssen; aus Feinden, die sie gewesen, wurden sie augenblicklich Freunde und Brüder, eingedenk der Eide, die sie geschworen hatten.“ Ein besonders klares Beispiel wurde auf dem maurerischen Kongreß in Nancy (Mai 1896) vorgebracht: Ein französisches Schiff wurde im Jahre 1801 während des Krieges von einem englischen Schiffe stark beschossen und konnte sich mangels entsprechender Armierung nicht wehren. Die französische Besatzung, eine Halbbrigade, war trotz der zahlenmäßigen Überlegenheit dem sicheren Untergange geweiht. Die französische Flagge wurde eingezogen, die englische Artillerie jedoch wütete weiter. Da stürzten sich die französischen Offiziere, die sämtlich das Licht erhalten hatten, auf den Vorderteil des Schiffes, setzten sich offen dem Feuer aus, gaben das freimaurerische Notzeichen und riefen um Hilfe. Und was die Menschlichkeit nicht zu erreichen vermochte, das bewirkte die Maurerei; unter den englischen Offizieren befanden sich ebenfalls Maurer, das Feuer wurde daraufhin sofort eingestellt und die Bedingungen der Übergabe vereinbart.

Solche Fälle haben sich zu wiederholten Malen zugetragen. „Unterscheidet in Kriegszeiten weder Nation noch Uniform; seht nur den Bruder und gedenkt eurer Eide!" — das ist die Lehre, die Br .·. Bouilly 1841 den Brüdern neuerlich einschärfte, eine Lehre, die auch im Kriege 1870—71 und sicher auch im Weltkriege wiederholt beherzigt wurde.

Aber das Notzeichen (signe de détresse) darf auch in anderen Notfällen angewendet werden. Gibt ein Freimaurer in seiner Bedrängnis das Notzeichen, so müssen alle anwesenden Brüder zu seiner Hilfe herbeieilen. Auf Nichtfreimaurer jedoch dehnen sich die brüderlichen Gefühle nicht aus; ihre Menschlichkeit erstreckt sich nur auf alle diejenigen, welche „die Füße in den rechten Winkel stellen". Mit Recht tadelt Br .·. Henne am Rhyn diese engherzige Auffassung und macht seiner inneren Empörung mit folgenden Worten Luft: „Derjenige, der auf das Not- und Hilfszeichen hin helfend eingreift, würde also in demselben Falle nichts tun, wenn dieser kein Maurer wäre, d. h. unter Umständen einen Menschen ruhig zugrunde gehen lassen! Soll das irgend etwas mit Humanität zu tun haben? Steht der verächtlich behandelte „Profane", der ohne Zeichen und Ausweis als Mensch hilft, nicht viel höher?" Henne am Rhyn hält das Not- und Hilfszeichen für eine Erfindung, die mit wahrer Menschlichkeit gar nichts zu tun hat und verlangt daher die Abschaffung dieser Einrichtung.

Sucht ein Freimaurer Annäherung, so stellt er, so wie beim Hilfszeichen, die Füße in den rechten Winkel und kein Meister, und wäre er auch ein gekröntes Haupt, würde daraufhin die Annäherung verweigern. Manch geheimnisvoller Vorfall, der sich anders nicht erklären läßt, namentlich auch in Begnadigungs- und Amnestiefragen, wird dadurch verständlich .....

Erkennungszeichen und Sinnbild sind für die Freimaurer auch die Zweige der Akazie. Die Akazie, eigentlich die Cassia, ist der den Freimaurern heilige Baum. Kleine Akazienzweige werden von den Brüdern auch als Abzeichen getragen; das war beispielsweise der Fall, als am 4. Juni 1908 zahlreiche Brr. an der Überführung der Leiche des Romanschriftstellers Br∴ Emil Zola in das Pantheon teilgenommen haben.

Auch an der Art des Anklopfens erkennen sich die Maurer, wobei die Meister anders klopfen als Lehrlinge und Gesellen. Auf die symbolische Bedeutung der drei (neun) Schläge, die wieder an die Hiramslegende anknüpfen, soll hier nicht näher eingegangen werden. Übrigens bestehen auch in dieser Hinsicht in den einzelnen Lehrarten große Verschiedenheiten.

Die Freimaurer haben auch, zum Teil wenigstens, ihre eigene Zeitrechnung; seit einem Beschlusse des Wilhelmsbader Kongresses von 1782 rechnen sie nämlich zu der Jahreszahl die Zahl 4000 hinzu; gegenwärtig schreiben sie also das Jahr 5919.

## VI.

# Freimaurerei und Christentum.

Nach den Satzungen der alten Werkmaurerzünfte war die erste Pflicht eines Freimaurers die: „Du sollst treu sein gegen Gott und gegen die heilige Kirche und keinem Irrtum und keiner Ketzerei Eingang verstatten.“

Im Konstitutionsbuch des Predigers Anderson dagegen (1723) ist diese Hauptpflicht des Freimaurers ganz anders ausgedrückt: der Maurer ist nur zu jener Religion verpflichtet, in der alle Menschen übereinstimmen; „und wenn er die (königliche) Kunst recht versteht, so wird er nie ein törichter Gottesleugner (stupid atheist) oder Wüstling (irreligious libertine) sein“. Dieser letzte Satz ist einigermaßen irreführend und hat auch tatsächlich viele Mißverständnisse hervorgerufen. Es gibt unzählige Freimaurer, welche mit Rücksicht auf jenen Satz auch heute noch annehmen, daß der Gottesglaube die Grundlage der Freimaurerei sei. Hatte doch sogar der 1. Artikel der Konstitution der französischen Freimaurerei, von der es am wenigsten zu erwarten wäre, bis zum Jahre 1877 folgenden Wortlaut: „Die Freimaurerei ... hat als Grundlage die Existenz Gottes und die Unsterblichkeit der Seele.“ Und Br.·. H. Normann, ein bekannter freimaurerischer Schriftsteller, versichert uns allen Ernstes, daß ein ausgesprochener „Atheist“ vergeblich um Aufnahme an den Türen des Tempels bitten würde. Anderer Meinung ist freilich Bruder Wilhelm Ohr: „Aus diesem Satz folgt nicht, daß man einen Mann, der Gott leugnet, nicht aufzunehmen vermöge. Schon mancher „Atheist“ ist in die Loge getreten und hat die Kunst mit Eifer gelernt und wenn er auch nicht den Glauben an einen persönlichen Gott gefunden hat, ein „stupid atheist“ kann keiner sein, der das Symbol des allmächtigen B. a. W. wirklich erfaßt und in seinen mannigfachen Andeutungen wiedererkannt hat. Findet sich in einer Loge ein solcher Mann, auf den die Ausdrücke „stupid atheist“ und „irreligious libertine“ Anwendung finden sollten, so ist dies eben kein Mann, der die Kunst recht versteht.“ [1])

---

[1]) Dr. Wilhelm Ohr, Der französische Geist und Freimaurerei. Leipzig 1913 S. 54.

Wie steht es nun in Wahrheit damit? Glauben die Freimaurer an Gott? Die Frage läßt sich nicht mit einem klaren Ja oder Nein beantworten; manches spricht dafür, vieles dagegen. Dem Gesellen wird zum Beispiel der „flammende Stern" gezeigt, in dessen Mitte der Buchstabe „G" erglänzt; und man sagt ihm, dieser geheimnisvolle Buchstabe bedeute Gott! Aber bei einer anderen Gelegenheit erfährt er wieder, der Buchstabe „G" bedeute gar nicht Gott, sondern — Geometrie. Und wieder ein anderesmal heißt es, dieses strahlende „G" weise auf Gnosis hin, auf die Erkenntnis, und habe überhaupt mehrfache symbolische Bedeutung.

Andererseits hat der französische „Grand Orient" am 10. September 1877 alles, was an das Dasein Gottes erinnert, aus seiner Verfassung ausgemerzt; italische Freimaurer taten dasselbe und erklärten wiederholt ganz offen, Gott sei als Herrscher abgesetzt. Und in der freimaurerischen Zeitschrift „Orient" (Budapest 1893 Nr. 10) wird Christus kurz bezeichnet als der „historisch berühmt gewordene Nazarener Zimmermann". Die deutschen Freimaurer gebrauchen nun zwar in ihren Ansprachen an Lehrlinge und Gesellen vielfach Wendungen, welche auf Gott hinzuweisen scheinen, und Sätze wie: „Ohn' Gottes Gunst, all' Baun umsunst" werden gerne hervorgeholt. Trotzdem kommt der unbefangene Beobachter zu dem Schlusse, daß es sich hierbei nur um Worte ohne Inhalt handelt. Der Ausdruck „Gott" wird übrigens tunlichst vermieden; viel lieber sprechen sie vom „Allerhöchsten Baumeister aller Welten", vom „Dreifach großen Baumeister des Weltalls" oder vom „Allmächtigen Baumeister der Welt" (A. B. d. W.).

Die Freimaurer erklären dies so: In frühesten Zeiten hatte jedes Volk, jeder Stamm seinen eigenen Gott; erst der Gott der Christen wurde zum Gott der Menschheit überhaupt, der keinen Unterschied der Völker kennt. Aber er ist bloß Gott der Erde, die er vor allen anderen Weltkörpern bevorzugt, was darin seinen höchsten Ausdruck findet, daß er ihr den eingeborenen Sohn als Erlöser sendet. Nach den ungeheueren Fortschritten der Astronomie seit Kopernikus sei diese Auffassung unhaltbar geworden; es gebe Millionen Sonnen mit wahrscheinlich undenkbar vielen Planeten, auf denen organisches Leben, bis zum Denken gesteigert, besteht, bestand und bestehen wird. Die Freimaurer glauben daher nicht an einen Gott der Erde, sondern an einen Baumeister des Weltalls.

Wie steht es nun mit der zweiten Grundlage der Freimaurerei, der Unsterblichkeit der Seele?

Br ∴ Dr. Henne am Rhyn, der immer spricht, wie er denkt, und stets bestrebt ist, alles auf die kürzeste Formel zu bringen, hat sich niemals über Einzelheiten des Unsterblichkeitsglaubens ausgesprochen, sondern die Ansichten über diesen Begriff den Brüdern freigegeben. (Symbolik der Freimaurerei, S. 125, Verlag Franz Wunder, Berlin 1907.) Br ∴ Hugo von Kupffer (Drei Weltkugeln), einer der geistvollsten Logenredner und Meister vom Stuhl der Loge „Zum flammenden Stern“, ist der Überzeugung, daß der *Tod nicht das absolute Ende sein könne*. (Aus einem Vortrag in der Loge „Zum flammenden Stern“, Orient, Berlin, am 23. Jänner 1912.) „Es ist eine Schlußfolgerung der Vernunft, die uns sagt, daß das Menschendasein mit all seinen Entwicklungsphasen und Erscheinungen geradezu etwas Sinnloses wäre, gäbe es nicht ein, wenn uns auch noch so rätselhaftes Etwas jenseits des Grabes ...“ Und an anderer Stelle: „... Unsterblichkeit, das ist der gewaltige Gedanke, der aus den hellen Strahlen des flammenden Sternes über dem Altar des Meistertempels in unsere Seelen wärmend hineinleuchten soll.“ Unsterblichkeit — meint Kupffer — sei auch der wesentliche Sinn der Hiramslegende. (Gemeint ist die Sage von Hiram, dem angeblichen Erbauer des Tempels Salomos, der von pflichtvergessenen Gesellen ermordet und dann zu neuem Leben erweckt wird.)

Auch Br ∴ Ernst Diestel von der „Großen Landesloge von Deutschland“ meint, daß der Geist, der in uns wohnt, uns auffordert, einen künftigen Zustand nach dem Tode anzunehmen. Aber Br ∴ Diestel ist seines Zeichens Hofgerichtsprediger und mag daher manchem nicht als vollwertiger Zeuge erscheinen. Die anderen aber, die man zitieren könnte, stehen zumeist schon im gegnerischen Lager. Dem Br ∴ Röver (von Royal York) „lebt der Verstorbene in seinen Taten fort, wenn längst sein irdisch Teil im Grabe ruht“, und Karl Trauner vom „Eklektischen Bund“, seines Zeichens Bankdirektor in Frankfurt am Main, stellt als unbestreitbare Tatsache fest, „daß ein großer Teil der Freimaurer, gute, echte und hervorragende Brüder, nicht ganz von dem Glauben an Gott und an die Unsterblichkeit erfüllt seien.“ In einer Ansprache bei einer Meisterbeförderung läßt er zwar die Frage der Unsterblichkeit offen und die kirchliche Deutung gelten, bringt aber im Grunde genommen nur Dinge vor, die gegen diese Auffassung sprechen. Und Br ∴ Andreas Blank (Großloge Bayreuth) weist die Maurer auf eine Unsterblichkeit hin, die sie sich selbst verdienen können, die kirchlichen Vorstellungen dagegen verwirft er: „Es gibt kein Erwachen zu einem neuen glücklicheren Leben!“

Bei manchen Logenschriftstellern wird daher auch die Freimaurerei dem Christentum scharf gegenübergestellt. So wendet sich Br.·. Friedrich Will, Privatgelehrter in Erlangen (Eklektiker) und Stuhlmeister der Loge „Zu den drei Zedern“, gegen jene Lebensauffassung, die in der Erde nur ein Jammertal sehen und das Leben diesseits nur als eine Vorstufe für ein unbekanntes Jenseits betrachten möchte. Die freimaurerische Lehre hingegen, sagt Br.·. Will, verlangt vom Einzelmenschen die höchste Ausbildung aller Gaben und Kräfte. Arbeit soll das Leben füllen und sie soll geleistet werden im Hinblick auf einen gemeinsamen großen Zweck. Ferner lehre die Freimaurerei, die Freuden des Lebens mit Mäßigkeit und Weisheit zu genießen; und die Befolgung dieser Lehre bringe eine gewisse Lebensfreudigkeit, einen freien, edlen Lebensgenuß mit sich, der über die Häßlichkeiten und schmerzvollen Ereignisse leichter hinwegkommen lasse ...

Das klingt soweit ganz schön und läßt sich hören. Es geht daraus hervor, daß die Freimaurerei eine Art Religion sein will, eine Humanitätsreligion, die sich gleich dem Christentum über die ganze Erde verbreiten soll. Damit ist naturgemäß Kampfstellung und Kampfansage verbunden. Treffend bemerkt daher Br.·. Carlos von Gagern, der in der Loge seinerzeit eine hervorragende Stellung eingenommen hat: „Religion und Freimaurerei sind kontradiktorische (unvereinbare) Begriffe.“ Und an einer anderen Stelle: „Mit jedem Ansturm gegen den Altar — und jeder Zweifel an den religiösen Dogmen ist ein solcher — wird von jenem ein Steinchen abgebröckelt und schließlich muß er ganz zusammenstürzen.“ Wenn demgegenüber Br.·. Milim, der fünfundzwanzig Jahre Freimaurer war, uns beteuert, die Freimaurer dächten nicht im entferntesten daran, irgend etwas gegen die Religion zu unternehmen, so ist zwar an seinem guten Glauben nicht zu zweifeln, aber doch festzustellen, daß Br.·. Milim nicht zu den Eingeweihten gehört. Er und viele Tausende seinesgleichen sind eben bloße Mitläufer, sie gehören zur misera contribuens plebs, wissen zwar manche Einzelheiten und gewisse Äußerlichkeiten, z. B. wie man das Halszeichen richtig macht, wie man klopft, wie man die Füße in den rechten Winkel stellt, aber der tiefere Sinn und Zweck der Maurerei ist ihnen zeitlebens unklar geblieben. Sehr bemerkenswert dagegen ist die Anschauung des Br.·. Hiram (Deckname für Br.·. Limousin von L'Acacia), der kurzerhand erklärt, die Freimaurerei sei die Gegenkirche, und zwar schon seit 1723, also fast seit ihrer Gründung. (L'Acacia, Mai 1908, Nr. 65.)

Daß sich die Freimaurerei dem Christentum, namentlich dem Katholizismus feindlich gegenüberstellt, ist das Selbstverständlichste von der Welt. Es ist ein Kampf um Sein oder Nichtsein für beide Teile, der Haß ist gegenseitig und nur die Form des Kampfes wechselt je nach Zeit, Ort und Stärke des Gegners.

In Deutschland ist dieser Kampf weniger sichtbar; erstens ist dort die Freimaurerei nahezu von allen Fesseln befreit, dann besitzt sie in ihren Reihen eine große Anzahl protestantischer Geistlicher, die in führender Stellung, als Stuhlmeister usw. tätig sind, endlich ist der Deutsche von ruhiger Gemütsart und sein Streben nach Selbstbestimmung und Geistesbefreiung ist durchaus verinnerlicht. Die Freimaurerei in Deutschland hat sicherlich einen stark religiösen Einschlag. Die freimaurerische Kunst soll nach Wilhelm Ohr — „das ganze Leben der menschlichen Seele von der Wiege bis zum Grabe mit allen Impulsen und Trieben umfassen, um in dieser Umfassung Wege zu höherer Sittlichkeit zu bieten und Menschen emporzuziehen, wie jede edle Kunst es tut; daher umfaßt sie selbstverständlich auch die Religion ... Die Religion ist überall drin in der Symbolik und wenn sie im Weltenbaumeistersymbol sozusagen eine besondere Betonung erfährt in einer Weise, die ans geistige Leben, und zwar an die Gottesidee streift, so ist das lediglich eine selbstverständliche Sache für den, der die maurerische Kunst recht versteht." Dagegen kann auch in Deutschland über den klaffenden Gegensatz zwischen Freimaurerei und Ultramontanismus nicht der geringste Zweifel bestehen. Sagt doch der freimaurerische „Herold" (5. Dezember 1909, Nr. 45) wörtlich: „Der Feind ist der Ultramontanismus, und seine Macht zu brechen, das ist ein Ziel, das des Schweißes aller Edlen wert ist."

Solche Stimmen stehen auch in Deutschland durchaus nicht vereinzelt da, in den romanischen Ländern hingegen wurde der Kampf geradezu mit äußerster Kraftanstrengung geführt. Allerdings nicht von jeher! In Frankreich war beispielsweise noch um die Mitte des 18. Jahrhunderts das römisch-katholische Glaubensbekenntnis unentbehrlich für die Aufnahme in die „Grand Loge de France". Das änderte sich aber sehr rasch unter der Aufklärungsarbeit der Enzyklopädisten; es sei hier nur Voltaire genannt, der bereits in jungen Jahren das Licht erhalten hatte und sich im hohen Alter neuerdings in eine Loge aufnehmen ließ.

Voltaires viel zitiertes Wort „Ecrasez l'infame" — vernichtet die Ruchlose (katholische Kirche) — zündete in weitesten Kreisen. Der Kampf entbrannte auf allen Linien, er richtete sich gegen Kirche und Papst, gegen Gott und die Religion. „Was zerstört werden muß, das ist das Werkzeug selbst, dessen sich der Klerus bedient, um die Massen zu betören . . ., das ist die Religion selbst . . ." sagte z. B. der Großmeister des belgischen Groß-Orients Br .·. Cocq auf dem Freimaurerkonkreß im Jahre 1900. „Der Kampf zwischen Kirche und Freimaurerei ist ein Kampf auf Leben und Tod, ohne Rast und Gnade" — erklärt „Bulletin de Travaux du Suprême Conseil de Belgique" (Nr. 51, S. 59).

Natürlich suchten sich die Päpste zu wehren. Papst Klemens XII. war der erste, der sich in der denkwürdigen Konstitution „In eminenti" vom Jahre 1738 in schärfster Weise gegen die Freimaurerei wandte. Er nennt sie Gesellschaften, in welchen Menschen jeder Religion und Sekte zu einem streng abgeschlossenen Bunde vereinigt sind; er betont, daß sie vorzugsweise im Geheimen wirken und endlich, daß sie durch schwere Eide mit furchtbaren Strafandrohungen zu unverbrüchlichem Stillschweigen verpflichtet seien; das sind übrigens Vorwürfe, denen man auch heute noch eine gewisse Berechtigung nicht absprechen kann. Andere Päpste folgten. Im 19. Jahrhundert waren es insbesondere Pius VII., Leo XII., Pius VIII., Gregor XVI., Pius IX. und Leo XIII., die sich in wiederholten Enzykliken gegen die geheimen Gesellschaften kehrten. Namentlich gegen die Freimaurer und die ihnen verwandten Carbonari schleuderten sie den großen Kirchenbann. Die italischen Freimaurer, die an der Schaffung des geeinten Italien einen sehr großen Anteil hatten — Mazzini, Garibaldi, ja nahezu sämtliche politischen Führer waren Logenbrüder — antworteten mit Spott und Hohn und forderten geradezu die Verbrennung des Papsttums (Rivista della Massoneria Italiana 1882, S. 89). Die Logen der ganzen Welt wurden zum Kampf gegen Papst und Kirche um Hilfe angegangen und der Großorient von Italien verlangte namentlich auch von den deutschen Großlogen eine gemeinsame Aktion gegen den Papst.[1]) Und merkwürdig! Während die deutschen Logen doch immer darauf hinweisen, daß ihre Tätigkeit mit Politik nicht das Geringste zu schaffen habe, weiß das italische Logenorgan zu berichten, daß im

[1]) Aus einem Rundschreiben des italischen Großorients an die deutschen Großlogen, abgedruckt in der „Bauhütte" 1887 S. 5.

Kampfe gegen den Papst eine vollständige Übereinstimmung mit den deutschen Großlogen erzielt worden sei. (Rivista della Massoneria Italiana, 1886, S. 159). Natürlich dürfen auch die ungarischen Brüder nicht fehlen, die ja stets in engster Verbindung mit dem Großorient von Italien standen; und es ist zweifellos ein hübsches Wort des ungarischen Großmeisters, das festgehalten werden soll, wenn er in einem Festgruße den italischen Brrn .·. den Wunsch übermittelt, der „große Baumeister aller Welten" möge ihnen im Kampfe gegen die Finsternis zu Hilfe eilen (1895)! Hübsch ist diese Wendung deshalb, weil das anerkannte „Haupt der Finsterlinge", der Papst, die Schätze des vatikanischen Archivs schon seit langem der freien wissenschaftlichen Forschung zugänglich gemacht hat, während sich die Großoriente der ganzen Welt in Nacht und Schweigen hüllen und jeden mit dem Tod bedrohen, der es wagt, auch nur einen Teil ihrer Geheimnisse ans Licht der Öffentlichkeit zu bringen. Haben nun die italischen Freimaurer Gott längst entthront und dafür ihren Garibaldi zu einem übermenschlichen Wesen, ja zum Nationalgott erhoben (Rivista Massoneria Italiana, 1889, S. 172) — denselben Garibaldi, den andere einen lächerlichen Maulhelden nannten, dessen militärische Fähigkeiten gleich Null gewesen seien — so gingen die französischen Logenbrüder noch einen Schritt weiter, sie entthronten sogar die „Allerhöchsten Baumeister aller Welten" selbst! So geschehen am 10. September im Jahre des Lichtes 5877 (1877). Die Formel „A la gloire du Grand Architecte de l'Univers", mit der alle Aktenstücke des „Grand-Orient de France" begannen, wurde gestrichen. Darob großes Entsetzen in der Freimaurerei der ganzen Welt! Die englische Großloge brach sofort alle Beziehungen zum „Grand-Orient" ab, desgleichen die von Schottland und Irland und mehrere amerikanische Großlogen. (Die deutschen Großlogen hatten dies nicht nötig, weil sie bereits im Jahre 1871 jede Verbindung mit dem Grand-Orient gelöst hatten, als nämlich während des deutsch-französischen Krieges zehn Pariser Logen die Kühnheit besaßen, Kaiser Wilhelm I. und den damaligen Kronprinzen vor ihr Gericht zu laden und überdies gegen sie einen Kopfpreis von einer Million Franken öffentlich auszuschreiben)!

Die Schweizer Großloge „Alpina" wird heute noch von zwanzig amerikanischen Großlogen nicht anerkannt, weil sie mit dem von England und Amerika nicht anerkannten französischen Großorient Beziehungen unterhält. Und die Großloge „Zu den drei Weltkugeln" in Berlin erklärte noch am 14. Mai 1905, daß sie mit der

„Grande Loge de France" nicht in nähere Beziehungen treten könne, weil diese, ebenso wie der „Grand-Orient de France", in ihrem Ritual „jede Andeutung des großen Baumeisters aller Welten sorgfältig vermeide und durch Anrufung der Vernunft, Gleichheit, Freiheit und Brüderlichkeit ersetze".

Das waren also, in groben Umrissen gezeichnet, die Folgen des Schrittes vom 10. September 1877. Es nützte dem „Grand-Orient" wenig, daß er immer aufs neue beteuerte, es sei ihm nur darum zu tun gewesen, „die Idee der Toleranz restlos zur Durchführung zu bringen"; gegen den Gottesglauben oder den Glauben an die Unsterblichkeit der Seele habe er durchaus nicht Front machen wollen. „Die französische Freimaurerei ist weder theistisch, noch atheistisch ... Sie hat als einzigen Grundsatz die vollkommene Achtung vor der Gewissensfreiheit". Derartige Stimmen verhallten jedoch ungehört.

Wilhelm Ohr ist nun freilich der Überzeugung, daß solche Äußerungen des „Grand-Orient" zwar ehrlich gemeint, aber trotzdem durchaus unrichtig seien: Die französische Freimaurerei sei „völlig politisiert und antiklerikal". Tatsache ist, daß Monarchisten ebensowenig aufgenommen werden, wie Leute, deren religiöse Überzeugung außer Zweifel steht; daher auch die zahllosen Fragen seitens der französischen Stuhlmeister, wenn es sich um die Aufnahme eines neuen Lichtsuchenden handelt; sie verlangen eben, sagt Br .:. Romeissen, daß man „ein guter Republikaner und Freidenker sei". Dafür liegen eine Anzahl von einwandfreien Beweisen vor, von denen zwei hier noch angeführt seien: An der Spitze des französischen Großorients steht der Ordensrat (Conseil de l'Ordre), der aus dreiunddreißig Mitgliedern besteht und die eigentliche Leitung innehat. Mitglied dieses Ordensrates kann nur derjenige sein, der sich verpflichtet, daß weder er selbst, noch seine Kinder die Gebräuche irgendeiner Religion befolgen werden.[1]) Auch die „Acacia" (Februar 1908, Nr. 62, S. 81—99) gibt zu, daß seit der dritten Republik (1871) die Freimaurerei und insbesondere der „Grand-Orient" offiziell eine antiklerikale Haltung einnehmen. „Die Freimaurerei ist heute ein offener Kampf mit der Kirche ... Aber welche Taktik sollen wir anwenden? Sollen wir die Katholischen töten (!), peinigen (!), einsperren (!), ihre Güter konfiszieren? Wir brächten es nicht über's Herz!" Bald darauf aber brachten es die Brüder doch über's Herz, wenigstens die Güter der Kirche zu konfiszieren. Aus all

---

[1]) Mitgeteilt in der freimaurerischen Zeitung „Orient", Budapest 1893.

diesen Beispielen ergibt sich wohl von selbst, daß der Wahlspruch der schottischen Hochgradmaurerei „Deus meumque jus" (Gott und mein Recht) heute nur mehr ein trügerisches Aushängeschild ist. Man will der profanen Welt Sand in die Augen streuen, und überdies den Bruch mit der englischen und amerikanischen Freimaurerei, die drei Viertel aller Freimaurer der Erde umfaßt, um jeden Preis vermeiden.

Selbstverständlich treiben die Freimaurer in den meisten Staaten auch Religionspolitik. Ein Beschluß der ungarischen Hochgradmaurerei vom 16. März 1890 lautet wörtlich: „Aufgabe der hohen Grade ist: Die wirksamste Verbreitung der freimaurerischen Grundsätze. Die Werkstätten der hohen Grade vollführen mit zentralisierter Kraft die geistige Leitung der Logen, sie streben dahin, daß in der profanen Welt solche Fragen erfolgreich gelöst werden und solchen Ideen Geltung verschafft wird, welche unter den gegebenen Verhältnissen den Sieg der Sache der Freimaurerei am meisten fördern." Zu diesen Ideen gehört z. B. die Einführung der Zivilehe, die den ungarischen Freimaurern nach jahrelanger Vorbereitung tatsächlich gelungen ist; zu diesen Ideen gehört ferner die Abschaffung des Religionsunterrichtes in den Schulen; sie wird von den ungarischen Freimaurern genau so gefordert, wie von ihren italischen Brüdern. „Kein Religionsunterricht! Gewissensfreiheit!" ruft Br .·. Ulisse Bacci vom 33. Grad aus (Rede vom Dezember 1906 in der Loge Rienzi, Orient von Rom) und: „Kein Religionsunterricht! Gewissensfreiheit!" hallte es in allen Logen Italiens wieder.

Als dann Br.·. Ernesto Nathan, 33. Grad, früher „durchlauchtigster Großmeister" des italischen Großorients, zur Verwunderung aller plötzlich Bürgermeister von Rom wurde (1908) war es sein erstes, in allen städtischen Lehranstalten den Religionsunterricht abzuschaffen (11. Juli 1908).

Man hat sich immer gewundert, daß es nicht einmal dem feinen Diplomaten, Papst Leo XIII., gelungen ist, eine Aussöhnung zwischen Königtum und Papsttum herbeizuführen. Die Schuld lag weder auf seiten des Königs, noch auf der des Papstes; es waren die Freimaurer, welche eine solche Versöhnung aufs schärfste bekämpften und tatsächlich auch verhinderten. Die Minister, insbesondere Depretis, der selbst Freimaurer des 33. Grades war, wurden entsprechend beeinflußt, an ihre Eide erinnert und zum Gehorsam geradezu gezwungen. Dem Nichteingeweihten mag dies übertrieben erscheinen; die landläufige Ansicht geht doch dahin, daß ein Minister bloß dem Könige und allenfalls der gesetzlichen

Vertretung des Volkes, also dem Parlamente, verantwortlich sei. Das ist jedoch nicht so in jenen Ländern, wo die Freimaurerei einen bedeutenden Anhang und Einfluß besitzt. Artikel 23 der „Allgemeinen Gesetze der Freimaurerei“ in Italien sagt ausdrücklich: „Jeder Freimaurer hat die Pflicht, ... wenn er öffentliche Ämter bekleidet, des Programms der Freimaurerei eingedenk zu sein.“ Tut er dies nicht, so begeht er eben ein schweres Vergehen. Auch das ist keine Übertreibung, sondern nackte Wahrheit; Artikel 97 derselben Gesetze führt nämlich unter den „schweren Vergehen“ als dritten Punkt besonders an: die Auflehnung in Handlungen oder Schriften gegen die Befehle und Dekrete des Großorients oder des Großmeisters!

Aber nicht bloß die Minister, das ganze Volk wurde durch die Logen bearbeitet und verhetzt, um eine Aussöhnung der beiden Gewalten zu verhindern. Zu welchem Zweck? Der Zweck geht mit vollster Deutlichkeit aus einem Aufsatz der oft zitierten freimaurerischen Zeitschrift „Rivista della Massoneria Italiana“ (1886, S. 133) hervor: „Das Volk“, heißt es dort, „muß heute verhindern, daß eine ungeheuerliche Versöhnung (zwischen Papst und König) dem Papsttum seine frühere Macht wieder zurückgebe...“

Es wird nun freilich manchen Leser geben, der mit dieser Art von Logentätigkeit durchaus einverstanden ist. Die Absicht des Verfassers geht aber nicht dahin, Kritik zu üben, sondern Tatsachen festzustellen und Zusammenhänge aufzudecken; dem Leser soll es überlassen bleiben, sich selbst sein Urteil zu bilden.

Weniger einverstanden aber wird man mit gewissen Entartungserscheinungen der Freimaurerei sein, die nicht etwa bloß in der überhitzten Phantasie eines Römlings bestehen, sondern schlechthin Tatsachen sind.

Daß die italischen Freimaurer Christus für sich in Anspruch nehmen, mag ja hingehen, desgleichen, daß sie ihn kurz den „Freimaurer von Nazareth“, den idealen Freimaurer, nennen und wenn die französische Freimaurerei Rufe ausstößt, wie z. B. den: „O du heilige Freimaurerei, du, durch dreifache Weihe geheiligte Freimaurerei!“ so mag man darin eine arge Geschmacksverirrung erblicken, die um so mehr zu mißbilligen ist, weil sie vom „Grand-Orient“ selbst ihren Ausgang nimmt (Bulletin du G. ·. O. ·. 1888 bis 1889, S. 574). Bedenklich ist es auch, wenn Br .:. Zacharia das Christentum „eine abscheuliche Lästerung auf das süße Antlitz Gottes“ nennt (Rivista della Massoneria Italiana 1890, S. 205); aber ein derartiger Ausspruch mag als Übertreibung eines Einzelnen gelten, die dem freimaurerischen Bund als solchem nicht zur

Last gelegt zu werden braucht. Was aber soll man sagen zur Verherrlichung — Satans — wie sie namentlich durch die italischen Freimaurer in ihrer Gesamtheit betrieben wird?? Es ist wirklich so; sie feiern Satan und stellen ihn als Sinnbild der Vernunft dem Christentum gegenüber. Wir finden in den freimaurerischen Schriften Stellen, welche von einem „Satan dem Großen" sprechen (vgl. z. B. Rivista della Massoneria Italiana, 1896, S. 157), Stellen, welche darauf hindeuten, daß die Freimaurer in Satan ihren wirklichen höchsten Chef und Abgott sehen, neben welchem Christus nur eine ganz untergeordnete Rolle spielt. Man mag darüber ungläubig lächeln; damit schafft man aber die Tatsache nicht aus der Welt, daß die italischen Freimaurer eine eigene Hymne an Satan besitzen, die sie bei feierlichen Gelegenheiten mit einer Begeisterung singen, die ihresgleichen sucht. Diese Satanshymne stammt von Br∴ Giosue Carducci; ihre beliebteste Strophe lautet:

„O Salute, o Satana
O Ribellione,
O forza vindice
della Ragione!"

(Sei gegrüßt Satanas, du Rebell, du rächende Kraft der Vernunft!) Mag sein, daß die italischen Freimaurer zu ihrer Satansverherrlichung nur durch ihren Gegensatz zu Kirche und Papsttum gedrängt worden sind; wenn die Vernunft, wenn die Ergebnisse freier Forschung und Wissenschaft als Teufelswerk verschrien werden, ist es naheliegend, daß diejenigen, welche sich für die Pächter der Vernunft und für die wahren Vertreter der Wissenschaft halten, diese Schmähung aufgreifen und mit teuflischer Bosheit den Teufel zu ihrem Gott erheben. Geschmacklos bleibt es trotzdem.

Die Satanshymne Carduccis ist eine unleugbare Tatsache; sie wurde beispielsweise am 27. August 1887 im „Teatro Umberto" in Rom gesungen, ebenso bei der Enthüllung des Garibaldi-Denkmals (1893). Aber die italischen Freimaurer begnügten sich damit keineswegs. Bei ihren Umzügen und Feierlichkeiten verwenden sie gelegentlich auch schwarze Banner mit dem Bilde Satans, so bei der Enthüllung des Mazzini-Denkmals (22. Juni 1882) und bei einem großen Umzug durch Genua und Vororte am 20. Dezember 1883; ja man äußerte die Absicht, im gegebenen Augenblicke das Satansbanner auf allen Kirchen Italiens und insbesondere auf dem Vatikan aufzupflanzen. Monsignore Delassus führt in seiner Schrift: „Le problème de l'heure présenté", 1. Band, 54. Kapitel, noch zahlreiche weitere Beispiele an und glaubt auch an die Abhaltung von freimaurerischen „Schwarzen Messen"; auf den Inhalt seiner Schrift kann hier nicht weiter eingegangen werden; so wurden übrigens nur jene Tatsachen daraus entnommen, die auch anderweitig bestätigt erscheinen.

Wie steht es nun mit der sittlichen Beschaffenheit jener Männer, die sich derartige Geschmacklosigkeiten erlauben? Daß der Ministerpräsident Br .·. Crispi in seiner Jugend Bomben fertigte, die den König Ferdinand II. von Neapel in Stücke reißen sollten, ist eine geschichtliche Wahrheit, die uns von Br .·. Mazzini selbst bestätigt wird. Das gehört jedoch in eine frühere Zeit. Ohne auf zahlreiche Einzelheiten, Bankskandale, Panaminos usw. einzugehen, sei hier bloß das Urteil eines der angesehensten italischen Freimaurer über seine Mitbrüder veröffentlicht, nämlich Auszüge aus Briefen des Br .·. Timoteo Riboli vom 33 .·. an den Br .·. Alb. Pike in Washington, den bekannten „Freimaurerpapst". Riboli sagt über die oberste italische Freimaurerbehörde: „Profane Interessen beherrschen diesen Großorient, . . . ich versichere Ihnen, es ist eine schwere Aufgabe, einfältige und unwissende Maurer zu regieren." (Official Bulletin, Charleston, 1884, Seite 669 und 674). Ein anderes Haupt der italischen Hochgradmaurer, Br .·. v. Milbitz, berichtet dem Vorsitzenden des höchsten Rates der 33 .·. (Br .·. Palmer in Boston), daß viele Mitglieder des Großorients Verbrechen auf dem Kerbholz haben, die durch den Strafrichter geahndet werden müßten. (Official Bulletin, Charleston, 1884, S. 249.)

Die italischen Br .·. scheinen sich also tatsächlich viele Mühe zu geben, Satan, ihrem obersten Herrn und Gebieter, alle Ehre zu machen: Salute, o Satana, O ribellione!

---

## VII.

# Freimaurerei und Judentum.

Ein Kenner der Freimaurerei sagt über sie kurz und bündig: Ihr Ursprung liegt in England, der Aufbau der Hochgrade erfolgte in Frankreich, ihre geistige Durchbildung in Deutschland, die Äußerlichkeiten jedoch entstammen großenteils dem Judentum.

Das ist richtig, aber bezüglich des letzten Punktes nur unvollständig.

Die Geistesmaurerei knüpft bekanntlich an den Tempelbau Salomons an und dieser weise König spielt in der Freimaurerei eine große Rolle. Nach schwedischer Lehrart wird König Salomon geradezu als Stifter und erster Großmeister des Ordens verehrt. (Kapital III, § 3 der Fundamental Konstitution.) Die großmeisterliche Würde soll in seinem Geschlechte verbleiben. Über dem ganzen Organismus steht ein nur dem Ordensmeister (Vicarius Salomonis) und dem Ordensrate bekannter Oberer, der den Brrn. aller anderen Grade unbekannt ist. An der Spitze der einzelnen Provinzen (Schweden, Norwegen, Dänemark und Deutschland) steht der weiseste Vicarius Salomonis als oberster Regent, dessen Befehle mit gleichem Gehorsam ausgeführt werden sollen, als wären sie von dem lebenden Salomo selbst ausgefertigt. (Kapital IV und V der Fundamental-Konstitution; abgedruckt in der freimaurerischen Zeitung „Latomia", 28. Jahrgang S. 26.) Auf Einzelheiten und Folgerungen kann hier nicht näher eingegangen werden.

Salomons Tempel, der mithin sinnbildlich ist für die ganze freimaurerische Arbeit am Bau des „Menschheitstempels", war allerdings keineswegs so großartig, wie man nach den biblischen Schilderungen annehmen könnte; mit dem Dom von Köln, mit der Paulskirche in London oder gar mit der Peters-Kathedrale in Rom ließe er sich auch nicht im entferntesten vergleichen. Die rückwirkende Ernennung König Salomons zum ersten Großmeister der Freimaurerei erfolgte erst um das Jahr 1730, die alte Werkmaurerei hat damit nicht das geringste zu tun.

Was nun mit Salomons Tempel irgendwie zusammenhängt, wurde in die Freimaurerei hinübergenommen. Da ist zunächst der Name „Tempel" selbst, der mehr und mehr den alten Namen „Loge", „Bauhütte", verdrängt; (Loge, Bauhütte oder Werkstätte heißt der Versammlungsort der Brüder zu feierlichen Handlungen; der wichtigste Raum ist der Logensaal, der auch Loge — im engeren

Sinne — oder Tempel genannt wird). Da ist ferner der Altar, vor dem unter Kniebeugung das Gelübde abgelegt und die Weihe empfangen wird — wenigstens nach dem Ritual der großen Landesloge von Deutschland — da sind weiter die beiden Säulen mit den hebräischen Namen Jachin und Boas, die siebenarmigen Leuchter und sogar die Bundeslade findet sich vor. Mit dieser Bundeslade hängt ein hübsches Geschichtchen zusammen, das hier eingeschaltet sei. Kaiser Friedrich III. war als Kronprinz Großmeister der Großen Landesloge von Deutschland und gab sich die redlichste Mühe, überall der Sache auf den Grund zu gehen und alles Unglaubwürdige aus der Landesloge auszumerzen. Als Großmeister hielt er sich selbstverständlich für berechtigt, in die Geheimnisse eingeweiht zu werden und so wünschte er eines schönen Tages auch den Inhalt der Bundeslade zu sehen. Der Ordensrat war überrascht und sträubte sich dagegen, soviel er konnte; aber der Großmeister gab nicht nach und so mußten sich schließlich die Brüder dazu bequemen, von ihrem ehrwürdigen Heiligtum die Schleier des Geheimnisses zu lüften. Schweren Herzens wurde also in Gegenwart des fürstlichen Maurers die Bundeslade geöffnet. Und was fand sich darin? — Nichts! Rein gar nichts! („Bauhütte" 1888, S. 158.) War wirklich nichts darin gewesen oder hatten die Brüder den Inhalt schon vorher beiseite geschafft? Man wird es nie erfahren.

Außer dieser Bundeslade hängen noch viele andere Dinge mit Salomons Tempel, beziehungsweise mit den jüdischen Gebräuchen und Einrichtungen zusammen: So der Teppich, der als Lehrlings-, Gesellen- und Meisterteppich verschiedene Veränderungen durchmacht und nach den Teppichen der mosaischen Stiftshütte (2. Mos. 26) erklärt wird; dann das musivische Pflaster, das heißt das aus Mosaik bestehende Pflaster, das den Vorhof im Tempel Salomos (1. Kön. 6, 36) vorstellen soll; auch die auf dem Teppich — nach englischer Lehrart abgebildete Jakobsleiter weist auf den jüdischen Vorstellungskreis hin. Das englische Lehrsystem entlehnt auch die Wendeltreppe aus Salomons Tempel und das Ersteigen der sieben Stufen, das den Weg zu höherer geistiger Vollkommenheit versinnbildlichen soll, stammt aus demselben Ideenkreis. Über der Tür des Heiligtums, zu welcher die sieben Stufen hinaufführen, befindet sich ebenfalls ein Symbol, das mit dem Judentum aufs engste zusammenhängt: der flammende Stern. Dabei ist folgendes hervorzuheben: Dem Lehrling leuchtet bloß ein fünfeckiger Stern, das in einem Zuge gezeichnete, in sich selbst zurückkehrende Pentagramm; dem Gesellen hingegen zeigt sich ein anderes Licht, ihm geht erst das wahre Licht der Freimaurerei auf, das ihm fortan durch den ganzen Orden bis zum Schlusse das Geleite gibt: der sechseckige Stern Davids! . . .

Der sechseckige Stern soll dem Freimaurer „ein Sinnbild der Tätigkeit des göttlichen Wortes sein, des Freiwerdens göttlicher Kräfte!" Dieser flammende Stern befindet sich stets über der Tür im Osten des Logensaales.[1])

Damit sind jedoch erst einige wenige Beziehungen zwischen Freimaurerei und Judentum bloßgelegt; tatsächlich gibt es deren eine Unmenge. Salomons Thron z. B. kommt im Konstitutionsbuch Andersons als Stuhl des Großmeisters vor, Salomons Siegel spielt in den Logen ebenso eine Rolle wie Salomons Siegelring. Vor allem aber die Hiramslegende. Hiram oder Adonhiram ist der sagenhafte Erbauer von Salomons Tempel. Er wird von den drei Gesellen, die ihm die Kenntnisse der Meisterschaft mit List oder Gewalt abringen wollen, erschlagen. In der Freimaurerei wird dieser Hiram, der schon in Andersons Konstitutionsbuch (1723) vorkommt und dort der vollkommenste Maurer auf Erden genannt wird, zur Idealgestalt erhoben und allen Maurern wegen treuester Pflichterfüllung und Charakterfestigkeit als Vorbild hingestellt. Welche Rolle diese Sage im dritten Grade der Johannisfreimaurerei spielt und mit welchen Gebräuchen sie umgeben ist, wissen die Meister. Da dieses Buch nicht geschrieben wurde, um bloße Neugier zu befriedigen, so bleibe das Geheimnis gewahrt. Mit der Hiramsage hängt wieder manches andere zusammen, das gleichfalls jüdischen Ursprunges ist; so vor allem das große Not- und Hilfszeichen, das die Worte enthält: „Z. m.., i.. K . . . . . d . . W . . . .",[1]) wobei der Rufende die Füße in den rechten Winkel zu stellen hat.

Aber auch die meisten Paß- oder Losungsworte stammen aus dem Hebräischen, sowohl das Losungswort des Lehrlings T....... als auch das des Gesellen Sch.....th, welches übrigens ziemlich allgemein bekannt ist und soviel wie Kornähre (aber auch Landstraße) bedeutet.

---

[1]) Der Logensaal ist ein längliches, rechtwinkeliges Viereck, dessen Seiten nach den vier Himmelsrichtungen benannt sind. Die Schmalseiten heißen Osten (Orient) und Westen, die Längsseiten Süden und Norden. Der Osten ist für den Freimaurer die bedeutsamste Himmelsgegend. Im Osten geht die Sonne auf (ex orient lux), vom Orient kommt (angeblich) alle Bildung! Orient wird überdies jede Stadt zubenannt, in der eine Loge arbeitet, z. B. Orient Kiel.

[2]) Hiram war nämlich der Sohn einer Witwe aus dem Stamme Naphtali, weshalb sich seine Nachfolger, nämlich die Freimaurer, als Söhne oder Kinder der Witwe zu bezeichnen pflegen. Nach altfranzösischer Lehrart nahmen sich die Freimaurer Hirams Witwe nach seinem Tode an und nannten sich ihre Kinder.

Der Johannismeister nennt sich G....n; warum? Weil der vornehmste Altar und die Bundeslade vor der Erbauung des Tempels in G....n verwahrt wurde: Also auch hier, wie überall Zusammenhänge und Anspielungen auf das alte Testament. Nach dem Vorausgeschickten kann es uns kaum mehr überraschen, daß auch die Meisterworte hebräisch sind, und zwar sowohl das neue Meisterwort, das M... B... lautet, als auch das alte „verloren gegangene“ Meisterwort; es heißt — Jehova!

So wenig die Freimaurerei mit dem Christentum zu tun hat, so sehr ist sie beeinflußt von Bibel und Bibelglauben. Ein Beispiel gibt uns die 17. und 18. Frage des Lehrlingskatechismus. Frage 17: Welches sind die drei großen Lichter der Freimaurerei? Antwort: Bibel, Winkelmaß und Zirkel! — Frage 18: Wie erklären Sie das? — Antwort: Die Bibel ordnet und richtet unseren Glauben, das Winkelmaß unsere Handlungen und der Zirkel bestimmt unser Verhältnis gegen alle Menschen, insbesondere gegen unsere Brüder! — — — Wie stimmt das nun mit der stets betonten Lehre überein, daß von den Freimaurern nur jene Religion verlangt werde, in der alle Menschen übereinstimmen, und daß vollste Glaubens- und Gewissensfreiheit herrsche? — Offenbar gar nicht! Das sehen vernünftige Freimaurer auch ein und wollen daher die Bibel nur als Sinnbild wahrer Frömmigkeit gelten lassen. Es gibt Logen, bei welchen demnach auch das Gelübde nicht mehr auf die Bibel abgelegt wird; für die „Große Landesloge von Deutschland“ dagegen ist die Bibel kein bloßes Sinnbild, sondern eine Art Gesetzbuch. (Merkwürdigerweise nimmt aber gerade die „Große Landesloge von Deutschland“ Nichtchristen, d. h. Juden, nicht auf — einer der vielen Widersprüche, denen man in der Freimaurerei auf Schritt und Tritt begegnet.)

Nach all dem könnte man fast auf die Vermutung kommen, die Freimaurerei sei von den Juden gegründet worden. Diese Auffassung ist jedoch geschichtlich unhaltbar. Die Gründer des Bundes waren insgesamt orthodoxe Christen, die nach englischer Art eine besondere Vorliebe für das alte Testament besaßen. Einer von ihnen war der vielgenannte englische Prediger Dr. Jakob Anderson, der das bekannte „Konstitutionsbuch der freien und angenommenen Maurer“ verfaßt hat; weiters seien genannt der Naturforscher Theophil Dasaguiliers und der Altertumsforscher George Payne; aber auch die Namen der anderen sind der Nachwelt überliefert, ein Jude befindet sich anscheinend nicht darunter.

## VIII.

# Die Rolle der Juden in der Freimaurerei.

Kaum war die Freimaurerei gegründet, so versuchten es auch schon die Juden, in ihr festen Fuß zu fassen. Das war allerdings nicht so leicht; anfangs war nämlich den Juden der Eintritt in die Logen versagt. Erst um das Jahr 1780 bildeten sich in Frankfurt a. M. zwei Judenlogen, die aber von den anderen Logen nicht anerkannt wurden. Dagegen mehrten sich die Stimmen, welche die Aufnahme von Juden befürworteten; so trat v. Kortum 1786 offen für die Aufnahme von Juden ein. Der „Eklektische Freimaurerbund“ in Frankfurt a. M., der 1783 gegründet worden war, nahm anfangs Juden auf, verfügte dann im Jahre 1811 aus uns unbekannten Gründen die Ausschließung aller „Nichtchristen“, kehrte jedoch schon 1844 zum ursprünglichen Grundsatze, d. h. zur Zulassung von Juden wieder zurück. Heute sind die bedeutendsten und angesehensten Stellen beim „Eklektischen Bunde“ fast ausschließlich von Juden besetzt; einige Namen mögen dies dartun: Großschriftführer ist Kaufmann Ph. Hertz, als Vertreter anderer Großlogen, bzw. Meister vom Stuhl finden wir z. B. die Brr .·. Moritz Löwenhaar, Dr. Willy Levin, Dr. Max Levy, Kaufmann Horkheimer, E. Rosenberg, Carl Kohn, Max Wertheimer, Bernhard Seeligmann, Dr. Auerbach, Max Oppenheimer nebst vielen anderen. Kein Zweifel, die „tätigsten und beharrlichsten Arbeiter“ für die Loge sind die jüdischen Freimaurer und sie haben sich auch außerordentliche Mühe gegeben, um hineinzugelangen; so hat z. B. Br .·. Abraham Elissen vom Eklektischen Bund schon 1846 die altpreußischen Logen scharf getadelt, weil sie an dem „christlichen Prinzip“ festhielten und Juden die Aufnahme verwehrten. Selbstverständlich wurden jene Logen, welche Juden bereits Zutritt gewährten, von Br .·. Abraham Elissen besonders lobend erwähnt.

In Ungarn erfolgte die Neugründung von Logen Ende der sechziger Jahre des 19. Jahrhunderts; schon um die Mitte der siebziger Jahre besaßen die jüdischen Freimaurer die Führung, die Christen jedoch verließen massenhaft die Logen und zwar ohne jeden Kampf. Heute bilden die Juden in der ungarischen Freimaurerei die entschiedene Mehrheit, wie auch nahezu ausschließlich Juden an ihrer Spitze stehen. Dies berichtet uns ein ehemaliger Freimaurer, der 1871 in die Loge eintrat, 1874 Meister wurde, dann Logensekretär und Abgeordneter der Großloge war, aber 1876, nachdem er sich auf Grund eigener Erfahrungen sein Urteil gebildet hatte, austrat und die „ehrenvolle Deckung“ erhielt. Es ist dies Karl Koller, der spätere Chefredakteur des Wiener „Vaterland“. Einmal Herren der Loge, gingen die Juden gar bald zum Angriff gegen diejenigen über, die sich ihrem raschen und planmäßigen Aufstieg entgegenstemmen wollten. Die ungarische Johannisgroßloge (blaue Maurerei) zog gegen den Antisemitismus los, wobei Br.·. Julius Goldenberg, einer der Rufer im Streite, die dringendste Aufgabe der Freimaurerei in der Abwehr des — Antisemitismus erblickte! Auch der Großorient von Ungarn als Vertreter der Hochgradmaurerei erließ ein Rundschreiben gegen den Antisemitismus! (1882). In dieser Zeit spielte auch der bekannte Tisza-Eszlarer-Prozeß; die ungarische Freimaurerei hielt es nun für zweckmäßig und passend, dem Oberstaatsanwalt-Substituten, Eduard Seiffert, ein Dankschreiben zu übersenden für seine „Verteidigung des Rechtes“ (1883).

Keine Loge ohne Juden! Dieses Wort der freimaurerischen Zeitschrift „Acacia“ über die Zustände in den französischen Logen gilt in dreifach verstärktem Maße von den ungarischen Logen. Zwecks Vermeidung von Mißverständnissen sei jedoch im vorhinein betont, daß die „Acacia“ (1908, Nr. 62) dieses Wort nicht etwa in herabsetzender Absicht gebraucht; keineswegs! Sie empfindet es im Gegenteil als eine Errungenschaft und hebt ein paar Zeilen später zum Lobe des Judentums hervor, daß die „jüdische Kirche“ keine Dogmen hat, sondern nur Symbole „ganz wie bei den Freimaurern“ ... „Deshalb“, fährt die „Acacia“ fort, „deshalb ist die israelitische Kirche unser natürlicher Verbündeter, deshalb unterstützt sie uns, deshalb sind eine Menge Juden in unseren Reihen ...“ Ob die gegenseitige Unterstützung gerade nur deshalb oder aus anderen, tieferliegenden Gründen erfolgt, sei vorderhand dahingestellt. Sicher ist jedoch, daß das Judentum in den ungarischen Logen die Führung besitzt, wie ein Blick in Dalens Freimaurer-Kalender (1914) bestätigt. Schon unter den Ehrengroßmeistern treffen wir die Brr.·. Friedrich Glück, Dr. Simon Medgyes und Moriz Mezei; unter den Vertretern anderer Großlogen die Brr.·. Heinrich Glücksmann, Karl Duschnitz, Friedrich Artner, Geza Winter; unter den Meistern vom Stuhl die Brr.·. Dr. Marcell Glaser

(Loge „Humboldt"), Alex Fleißner (L. „Galilei"), Dr. Illés Pollak (L. „Könyves Kalmán"), Dr. S. Eisler (L. „Franz Deak"), Dr. Rudolf Temesvary (L. „Demokratia"), Dr. S. Braun (L. „Minerva"), Dr. Julius Frankl (L. „Progressio"), sämtlich in Budapest; in der Provinz aber herrschen ähnliche Verhältnisse und die 13 Wiener Freimaurer Logen, die bisher ihre Logentätigkeit in Preßburg ausüben mußten, da in Österreich die Freimaurerei verboten war, haben gleichfalls fast ausschließlich jüdische Meister vom Stuhl: Dr. N. S. Rumpler (L. „Humanitas"), Viktor Weinert (L. „Zur Verschwiegenheit"), Dr. Alexander Holländer (L. „Zukunft"), Dr. Karl Ornstein (L. „Sokrates"), Dr. Emil Frankl (L. „Sokrates", 1916), E. V. Schick (L. „Eintracht"), Dr. K. Gombrich (L. „Schiller"), Dr. Albert Engel (L. „Freundschaft), Dr. A. Heller (L. „Treue"). Richard Teweles (L. „Pionier"), Alfred Kirsch (L. „Kosmos"), Friedrich Artner (L. „Zur Wahrheit"), Bernhard Schiller (L. „Gleichheit"). Das sind Tatsachen, die jeder an der Hand von Dalens Kalender 1914 (bzw. 1916) nachprüfen kann.

Ähnlich steht es in Deutschland mit den der Hamburger Großloge unterstehenden Berliner Logen; die Loge „Victoria" in Berlin hat z. B. als Meister vom Stuhl Herrn Sally Schey, als ersten zugeteilten Meister Dr. Rosenberg, als dritten zugeteilten Meister Dr. Marcuse und bei einer ganzen Reihe von Logen der Hamburger Großloge liegen die Verhältnisse nicht wesentlich anders; ist es da verwunderlich, daß die „Große Loge von Hamburg" von den Juden besonders bevorzugt wird? Um diese Tatsache richtig zu bewerten, ist die Feststellung notwendig, daß die drei altpreußischen Großlogen („Große Loge von Preußen, genannt zur Freundschaft", „Große Landesloge der Freimaurer von Deutschland" und „Große National-Mutterloge zu den drei Weltkugeln") die Juden tunlichst ferne halten; man nimmt sie höchstens in die drei unteren Grade auf, nicht aber in den „inneren Orient" beziehungsweise in die Andreas- und Schottenlogen. Von der Erlangung von Hochgraden sahen sich also die Juden bei den altpreußischen Logen von vornherein ausgeschlossen, was um so mehr ins Gewicht fällt, als z. B. bei der „Großen Landesloge von Deutschland" die drei unteren Grade bis zur Bedeutungslosigkeit herabgedrückt und den höheren Graden unbedingt unterworfen sind. Mit Rücksicht auf ihre jüdischen Brr. gründete daher die Hamburger Großloge (1900) eine Provinzialloge in Berlin, was den verzweifelten Widerstand der altpreußischen Logen hervorrief; diese beriefen sich dabei auf ihr aus dem Jahre 1798 stammendes Vorrecht, auf preußischem Boden allein und ausschließlich maurerische Tätigkeit ausüben zu dürfen.

Durch Bemühungen der Brr .·. Settegast und Katz wurde jedoch dieses Vorrecht außer Kraft gesetzt und im Jahre 1900 ging der Wunsch der Juden nach völliger Gleichstellung mit den Ariern in Erfüllung.

In diesen Zusammenhang gehört auch die Gründung der Großloge „Kaiser Friedrich zur Bundestreue", die vornehmlich den jüdischen Lichtsuchenden eine Sammelstätte sein sollte. Ihr Gründer ist Hermann Settegast, der durch den Justizrat Alexander Katz in seinen Absichten wesentlich gefördert wurde. Diese Neugründung (1892) erlebte mannigfache Anfeindungen, wurde schlankweg als „jüdische Großloge" bezeichnet und ging nach achtjährigem Bestande wieder ein. Ihre Mitglieder und Logen wurden größtenteils von Hamburg übernommen und bildeten den Grundstock der neugeschaffenen Provinzialgroßloge von Hamburg, die oben erwähnt wurde.

Bei den altpreußischen Logen, die zusammen über rund 42000 Freimaurer verfügen, ist die nationale Geistesrichtung entschieden vorherrschend; dagegen sind die Großlogen von Hamburg und Frankfurt a. M. („Eklektiker") vermöge des starken jüdischen Einschlages eher international gesinnt; dies zeigte sich beispielsweise auf dem 34. Großlogentag in Berlin (1909), wo der Antrag der Frankfurter Großloge auf Wiederaufnahme der freundschaftlichen Beziehungen zum „Grand Orient" in Paris mit fünf Stimmen gegen drei Stimmen der altpreußischen Logen angenommen wurde. Wenn man bedenkt, daß die Hamburger und Frankfurter Großloge zusammen (derzeit) bloß etwa 9350 Mitglieder zählen, und die übrigen drei Großlogen („L. L. von Sachsen", „Zur Sonne", „Zur Eintracht") auch nur über 10650 Freimaurer, insgesamt also über etwa 20000 Brüder verfügen, so bedeutet dies den Sieg eines schwachen Drittels über die starke Zweidrittelmehrheit sämtlicher deutschen Freimaurer; Schuld trägt daran die Organisation des Großlogenbundes, die *jeder* Großloge, auch der schwächsten, ohne Rücksicht auf deren Mitgliederzahl, je einen Vertreter zubilligt, Schuld trägt natürlich auch die Rührigkeit und Angriffslust jenes Flügels der deutschen Freimaurerei, welcher die „tätigsten und beharrlichsten" Maurer in sich schließt, nämlich *die Juden.*

Aber nicht bloß in Deutschland, in Ungarn und in Österreich, nein, auf der *ganzen Erde sind die Juden die rührigsten und tätigsten Freimaurer* und verstehen es, der Loge ihren Geist einzuhauchen und sie ihren eigenen Zwecken dienstbar zu machen. In Polen tauchen sie das erstemal um das Jahr 1815 auf; in der Logenliste der Loge „Bouclier du Nord" in Warschau sind bereits acht jüdische Brüder verzeichnet, sämtlich Kaufleute von Beruf. Unter den Großbeamten des türkischen Groß-Orients finden wir in neuester Zeit (1909) die Juden Raphaelo Ricci und David Cohen; der Meister vom Stuhl der italisch-türkischen Loge „Macedonia" in Saloniki, Emanuel Carasso, ist ebenfalls Jude. Carasso war auch Mitglied jener Abordnung, die dem besiegten Sultan Abdul Hamid seine Absetzung mitteilte. Die Entthronung dieses Sultans ist das Werk der jungtürkischen Partei. Aber diese jungtürkische Partei besteht, wie uns die freimaurerische Zeitschrift „Acacia"[1]) versichert, ausschließlich aus Freimaurern. Ihr Hauptsitz war Saloniki. Saloniki ist freilich für Verschwörungen ein „ungemein günstiger Ort, da dort unter 110000 Einwohnern 70000 Juden leben" — belehrt uns die offenherzige „Acacia" und da wird sie wohl recht haben.

Werfen wir nun einen raschen Blick auf Italien und greifen wir dessen bekanntesten Freimaurer, Ernesto Nathan, aus der Fülle der Erscheinungen heraus. Wer ist Ernesto Nathan? Die stets „gut" unterrichtete „Frankfurter Zeitung" behauptet, daß Nathan von englischen Eltern stamme und es bis heute nicht zu einem halbwegs erträglichen Italienisch gebracht habe.[2]) Von englischen Eltern? Warum gerade von englischen Eltern? Der besser unterrichtete Jesuit Hermann Gruber, dessen tiefwurzelnde Kenntnisse in maurerischen Angelegenheiten auch wirkliche Freimaurer anerkennen, berichtet uns, Ernesto Nathan sei ein unehelicher Sohn Mazzinis mit einer Jüdin, und beruft sich dabei auf die „Kölnische Volkszeitung".[3])

Ernesto Nathan wurde also Freimaurer; er stieg von Stufe zu Stufe, bis er schließlich — trotzdem er Jude war — die höchste maurerische Würde erlangte: Er wurde „Hochwürdigster Großmeister" des Großorients von Italien (31. Mai 1896). Fünf Jahre später brachte er den Groß-Orient im Palazzo Giustiniani unter, einem der herrlichsten Baudenkmäler Roms, dann wurde er zur allgemeinen Verblüffung Bürgermeister von Rom, als welcher er sofort an allen städtischen Lehranstalten den Religionsunterricht abschaffte. Zu Beginn des Weltkrieges verwandelte sich Nathan in einen der heftigsten Kriegshetzer, der in öffentlichen Versammlungen den Krieg gegen Österreich und Deutschland mit Leidenschaft predigte.

[1]) Acacia, 1907, Nr. 57 S. 148.

[2]) Frankfurter Zeitung vom 28. November 1914 . . . Das böse Wort, das die „Frankfurter Zeitung" so gerne sagen möchte, — er m . . . . . . . t — bringt sie nicht über die keuschen Lippen.

[3]) Vom 2. April 1900, Nr. 309.

Wenn man Ernesto Nathan nennt, darf Br .·. Bürzel aus Triest natürlich nicht fehlen. Auch er ist Jude — wie Nathan ein politischer Streber — wie Nathan Freimaurer — wie Nathan; ja er hat es bereits bis zum Großredner des Groß-Orients von Italien gebracht und wird sicherlich dereinst noch die höchste Stufe erklimmen. Kurz nach Ausbruch des Krieges wurde er Minister für die erst zu befreienden Gebiete, die dank des unerhörten Verrates im Hinterland dann auch wirklich befreit wurden. Daß Bürzel sich jetzt lieber Barzilai nennen läßt, darf bei der Anpassungsfähigkeit dieser Herren niemand Wunder nehmen; ist doch auch aus einem Samuel Witkowski ein Maximilian Harden, aus einem Salomon Kosmanowski sogar ein Kurt Eisner geworden!

Kurz gesagt: Was in Italien Einfluß hat, ist Freimaurer, unter diesen aber spielen die Juden eine hervorragende Rolle. „Diese Rasse hat zahlreiche Vertreter im italischen Parlament" — sagt die französische Freimaurerzeitung „Revue Maçonnique" (Januar 1908 Nr. 334 S. 1). „Weit besser als irgendwo anders hat der hebräische Geist in Italien seinen Zweck erreicht." (Ebenda Seite 3.)

Das mit dem „hebräischen Geist" in Italien mag ja seine Richtigkeit haben, aber anderswo ist es gerade auch nicht anders. In Frankreich z. B. treffen wir Juden wiederholt sogar als Gründer und emsige Vertreter von Freimaurerorden an. Hieher gehört z. B. der Pariser Jude Etienne Morin; er war der hauptsächlichste Verbreiter des sogenannten „Schottischen (Hochgrad-) Systems", das freilich mit Schottland so gut wie nichts zu tun hat. Die obersten Bekenner dieser Lehrart legten sich die prunkvollsten Titel bei und nannten sich allen Ernstes „Kaiser des Ostens und Westens". Der „Maurerfürst" Morin erhielt nun von diesen „Kaisern des Ostens und Westens" ein Patent, worin er als „Großer Auserwählter, vollkommener und erhabener Meister, Fürst aller Orden" usw. bezeichnet und zugleich beauftragt wird, die Freimaurerei in Amerika zu verbreiten. Morin tat, wie ihm geheißen, und brachte die schottische Lehrart nach San Domingo, Jamaika und Charleston in Süd-Karolina. Von Charleston aus wurde sie nach der französischen Revolution nach Frankreich zurückgebracht, wo dann 1804 der heute noch bestehende „Suprême Conseil" (Oberster Rat) mit seinen 33 Graden gegründet wurde. Wie sehr dieses Hochgradsystem mit der biblischen Geschichte zusammenhängt und von jüdischem Geist durchtränkt ist, zeigt ein flüchtiger Blick auf die dort vorgesehenen Titulaturen: Da finden wir den Rachegrad vom Ritter Kadosch (30. Grad), dann einen Fürsten von Libanon, einen Fürsten des Tabernakels, ja sogar einen Großfürsten von Jerusalem!

Und nun? Der einheimische Adel ist abgeschafft, die Fürsten beseitigt, die Kaiser entthront. . . Es wird jedoch nicht lange dauern, so sind ihre Plätze wieder besetzt. Die Kaiser sind tot, es leben die „Kaiser des Ostens und Westens!“ Freie Bahn für alle Tüchtigen, für Haase, Eisner, Liebknecht, Adler, Kohn!

Ein anderer Ordensstifter ist der jüdische Armeelieferant Michel Bédarride, der mit seinen beiden Brüdern den Ritus von Misraim (= Ägypten) in Frankreich einführte und verbreitete. Der Misraimorden umfaßt 90 Grade (!), besaß 1898 in Frankreich 10 Logen und wurde 1902 durch den Drogisten Reuß auch nach Deutschland verpflanzt, wo der Orden 1907 ein wenig rühmliches Ende fand.

Der ganz ähnliche Ritus von Memphis verdankt seinen Ursprung einem gewissen Samuel Honis aus Kairo, der ihn 1814 nach Frankreich brachte; vom französischen Grand-Orient 1862 anerkannt, kam dieser Orden durch den vorgenannten Reuß ebenfalls nach Deutschland, ohne dort feste Wurzeln schlagen zu können. Seine „Geheimnisse“ waren auf nicht weniger als 95 Grade verteilt und nur für schweren Mammon zu erwerben.

Aber — könnte man einwenden — das sind doch lauter Ordensgründungen, die ganz unberechtigt der Freimaurerei angerechnet werden. Der „Deutsche Großlogenbund“ hat sie nie anerkannt, sie bestehen demnach nicht zu Recht. Zugegeben! Allein der „Grand Orient de France“ hat sie anerkannt und das genügt vollkommen, auch wenn von deutscher Seite diese Orden noch so oft als Schwindelgründungen zwecks Schröpfung von Lichtsuchenden und Leichtgläubigen gebrandmarkt werden. Übrigens handelt es sich hier nicht um die Frage, ob anerkannt oder nicht, sondern bloß um den Nachweis, daß Juden in der Freimaurerei allerorts eine tonangebende Rolle spielen, in Frankreich sowohl wie in Italien, in Ungarn ebenso wie in Österreich und genau so auch in Deutschland. Oder will man leugnen, daß der Jude Cremieux, eines der Häupter der schottischen Lehrart, in Frankreich je eine führende Rolle spielte? Gehörte er nicht nach der Februarrevolution (1848) nebst anderen Freimaurern der provisorischen Regierung an? Oder der einäugige Jude Gambetta? Will man in Abrede stellen, daß der Hochgradmaurer Gambetta es war, der 1869 die Trennung von Kirche und Staat in das bedeutsame Programm von Belleville hineingenommen hat? Kann man überhaupt leugnen, daß es eines der politischen Ziele der Weltmaurerei ist, überall die Trennung von Kirche und Staat durchzuführen? Und daß dies, wo es bereits geschehen ist, der Hauptsache nach ein Werk der Freimaurerei ist? Und innerhalb der Freimaurerei namentlich ein Werk der Juden?

Sehen wir nun einmal, wie es in England steht.

England zählt, einschließlich der Schottenlogen, 225000 Freimaurer. Darunter befinden sich 43000 Juden, das ist beinahe der fünfte Teil; es gibt jedoch Logen, die sich nahezu ausschließlich aus Juden zusammensetzen, wie z. B. die Loge Shelley, die zu drei Vierteilen aus Juden besteht, ja sogar rein jüdische Logen, wie die „Hirams Loge"; die letztgenannte verursachte jedoch so viele Skandale, daß der Großmeister des Ordens, Prinz Eduard Albert, später Eduard VII., sich entschließen mußte, sie aufzulösen. Überaus bezeichnend sind auch folgende Logennamen: König Salomon, König David, König Saul, Baron Hirsch, Lord Rotschild, Henry Bernstein, Sir Albert Sassoon u. a. Und es würden ganz merkwürdige Dinge herauskommen, wenn der Archi-Berith, dem diese Logen unterstehen, so boshaft wäre und sprechen wollte — so versichert uns der französische Schriftsteller Theo Dädalus (Deckname) in seinem Buche L'Angleterre Juive.[1]) Namentlich seit dem deutsch-französischen Krieg drangen die Juden erobernd in die Logen ein, während auch hier die christlichen Brüder es vorzogen, kampflos den Juden das Feld zu räumen.

Damals wurden zahlreiche neue Logen zu dem offenkundigen Zwecke gegründet, die Juden zu begünstigen; so die Loge der Schauspieler von Drury Lane, welche die jüdischen Schauspieler in die Höhe bringt, die Loge des „Savage Club", welche die „gelbe Presse" unterstützt und den jungen Nachwuchs der Zeitungsmenschen (Newspaper Man) fördert. Die Juden, die in der Zeit der alten Werkmaurerei mit dem Logenwesen nichts zu tun hatten, dann im 18. Jahrhundert allmählich zugelassen wurden — heute triumphieren sie! Wenn es richtig ist, daß die englische Freimaurerei die Grundlage für den Imperialismus Chamberlains darstellt — und dies steht außer Zweifel, — so darf nicht übersehen werden, daß die Leitung der Freimaurerei in hervorragendem Maße jüdisch ist. Daß der Herzog von Connaught, der Bruder König Eduard VII., als Großmeister an der Spitze steht, ändert

---

[1]) L'Angleterre Juive, Israel chez John Bull, S. 323 ff.

an dieser Tatsache ebensowenig, wie daß der Großmeisterstellvertreter (Pro-Grand-Master) Lord Ampthill heißt.

Bezüglich Englands kann man nun die Frage nicht so stellen: Wer ist dort Freimaurer? Die Frage müßte umgekehrt so lauten: Wer ist dort **nicht** Freimaurer? Denn alles, was Namen und Geltung hat, die Mitglieder der königlichen Familie, die Minister, die Lords, die Parlamentsmitglieder, die Angehörigen der Presse, die Großkaufleute, die Bankdirektoren usw. gehören fast ausnahmslos dem großen Freimaurerbunde an; selbstverständlich auch der Groß-Rabbiner. Und die bekannte Zeitung „The Times" trägt die Freimaurerzeichen in Mosaik offen und für jedermann sichtbar vor ihrer Eingangstür. Freimaurerei und Judentum sind dort derartig miteinander verwoben, daß ein englischer Schriftsteller allen Ernstes erklärt: Der Freimaurer ist nichts als ein künstlicher Jude. In der englischen Zeitung „The Eye Wittness" sagt ein ungenannter Verfasser, daß die gegenwärtige Lage der Juden in England am sinnfälligsten dadurch gekennzeichnet werde, daß sie die Vorherrschaft in den geheimen Gesellschaften errungen haben, namentlich in der **Freimaurerei**[1])

In dem bemerkenswerten Buche von Eduard Demarche[2]) über die **Rothschilds** wird festgestellt, daß sie seit 1809 dem Freimaurerorden angehören und zwar sowohl deutschen, als französischen und englischen Logen; dies sei der Grund, warum gegen dieses mächtige Haus so gar nichts unternommen werden könne: Jeder Anschlag würde im selben Augenblicke von Brüdern verraten und durchkreuzt. Diese Bemerkung wird verständlich, wenn man bedenkt, daß **jeder Freimaurer verpflichtet ist, jeden Bruder auf Gefahren aufmerksam zu machen, die ihm drohen. Darin liegt wohl der Hauptwert der Freimaurerei für das Judentum**, zumal sie zahllose Nichtjuden für ihre eigene, engere Organisation dienstbar macht. Diese eigentliche Organisation des Judentums ist bekanntlich die „Alliance Israélite" und Moses Montefiore ihr bedeutendster Vertreter.

Br .·. Moses Montefiore stammt aus Livorno (Italien), ließ sich aber später dauernd in England nieder; er gewann die Gunst der Königin, wurde von ihr zum Ritter ernannt und später zum Baronet erhoben. Montefiore hat sich außerordentliche Verdienste um das Judentum der ganzen Welt erworben und zahlreiche Reisen unternommen, um für seine Rassengenossen Vorteile aller Art

[1]) The Eye Wittness, „The jewish Question" September 1911 verschiedene Nummern.

[2]) Eduard Demarche „Les Rothschild", Paris 1896 Selbstverlag.

herauszuschlagen. Seine Zugehörigkeit zur Freimaurerei kam ihm dabei trefflich zu statten. Br .·. Montefiore war auch bei uns nicht unbekannt. Als in Ungarn die 1867er Verfassung eingeführt wurde, verwendete er sich persönlich bei Franz Deák, Baron Josef Eötvös und Br .:. Graf Andrássy — dem damaligen Ministerpräsidenten — um die Gleichberechtigung der Juden durchzusetzen. Schon vorher hatte er sich mit den Brr .·. Ignaz Hirschler, und Moriz Wahrmann in Budapest in Verbindung gesetzt und durch sie einen Zweigverein der „Alliance Israélite" in Ungarn ins Leben rufen lassen. In der entscheidenden Stunde machte er dann die erwähnten Besuche, konnte aber von diesen Staatsmännern keine bestimmte Zusage erhalten; die Frage sei noch nicht für eine Entscheidung reif; aber Montefiore bestand auf seinem Schein, das heißt er berief sich mit allem Nachdruck auf die „patriotischen Verdienste" der Juden und so kam schon am nächsten Tag der Kultusminister Baron Eötvös zu ihm mit dem Entwurfe von zwei Paragraphen, welche die Juden mit den Christen „in den bürgerlichen und politischen Rechten gleichstellten und alle gegenteiligen Verordnungen und Gebräuche aufhoben".[1])

Aus diesen Ausführungen, die durch unzählige weitere Beispiele erhärtet werden könnten, geht zur Genüge hervor, daß die Juden in der Freimaurerei in einer Stärke vertreten sind, die ihrer Kopfzahl bei weitem nicht entspricht; es geht daraus hervor, daß die jüdischen Freimaurer überall die tätigsten und beharrlichsten Arbeiter sind und es auch verstehen, sich zur Geltung zu bringen; weiters geht daraus hervor, daß sie in allen Ländern nach der Führerschaft innerhalb der Freimaurerei streben, sie in vielen Staaten auch bereits an sich gerissen haben und nun in ihrem Sinne, d. h. vornehmlich zugunsten ihrer Rasse, auszunützen bestrebt sind; endlich geht daraus noch hervor, daß es insbesondere Juden sind, welche die Politik in die Loge hineintragen und die anderen Brüder in gleichem Sinne beeinflussen.

Wenn nun die Verhältnisse wirklich so liegen, so ist wohl die Frage berechtigt, ob denn im ganzen Deutschen Reiche gar niemand dieses Spiel durchschaut, sich auflehnt und dem herrschsüchtigen Judentum entgegentritt? Die Antwort ist die: Viele Tausende sehen es — und schweigen; so mancher hält sich durch seinen Logeneid oder durch sein Gelübde gebunden; wer sich aber ernstlich dagegen auflehnt, den trifft der Zorn der Loge, er wird gesellschaftlich bloßgestellt, es werden ihm niedrige Beweggründe unterschoben,

---

[1]) Vgl. die freimaurerische Zeitschrift „Haynal" 1885 S. 101.

es folgt der geschäftliche Verruf und die wirtschaftliche Vernichtung. Mit einem Male fühlt er die Degenspitzen sämtlicher Logenbrüder auf seiner Brust; das Sinnbild von ehedem wird zur rauhen Wirklichkeit. Br .·. Findel, einer der selbstlosesten und edelsten Freimaurer, weiß davon ein Lied zu singen. Er war ein überzeugter Gegner des sogenannten „christlichen Prinzips" und wetterte in Wort und Schrift gegen jene Bestimmung, durch welche den Juden der Zutritt zur Loge verwehrt wird. Br .·. J. G. Findel hat seine Anschauungen im Laufe der Zeit gründlich geändert. „Die Freimaurerei" — sagt er — „wendet sich überall in gleicher Weise an den Menschen als solchen, und zwar unter dem Gesichtspunkt, daß ihre Jünger als Menschen sich zu einem Bruderbunde verbänden, während der Jude allenthalben Jude bleibt, der alle ihm fremden Völker lediglich als Objekt der Ausbeutung betrachtet".[1]) Wie ist nun ein solcher Wechsel in den Anschauungen zu erklären? Br .·. Findel sagt darüber selbst: „... Ich bin früher warm ... für die Juden eingetreten, weil ich sie für die Unterdrückten hielt. Seitdem ich erkannt habe, daß sie unsere Unterdrücker sind, bekämpfe ich sie."[2]) Er betont, daß es auf ihn einen gewaltigen Eindruck gemacht habe, daß die Juden erwiesenermaßen mittels Bestechungen sogar in die Rechtspflege eingreifen; er verweist auf zahlreiche Bibelstellen, die den Juden die Herrschaft über alle Völker verheißen, und kommt schließlich zu dem Ergebnis, daß man von jüdischen Lichtsuchenden vor deren Aufnahme eine besondere Erklärung abverlangen müßte, die etwa so zu lauten hätte:

„Ich verwerfe die Lehre, die Juden seien das auserwählte Volk Gottes, als veraltete, törichte und anmaßende Anschauung.

„Ich verwerfe alle in den Büchern Moses, sonst im Alten Testament und im Talmud enthaltenen unmenschlichen und unsittlichen Lehren über die Beherrschung und Ausbeutung der Völker durch die Juden als für mich nicht bindend.

„Ich schließe mich den Gebildeten des Abendlandes durchaus an in der Mißbilligung und Bekämpfung all jener Juden, welche sich der Überlistung, Übervorteilung, Bewucherung und betrügerischen Ausbeutung ihrer Mitmenschen schuldig machen und lehne alle Geistesgemeinschaft mit solchen jüdischen Übeltätern ab. Ich versichere auf Ehre und Gewissen, daß ich kein Mitglied einer jüdischen Kampforganisation bin, wie des Vereines deutscher Staats-

---

[1]) J. G. Findel, Vermischte Schriften II. Band S. 92, Leipzig 1902.
[2]) Ebenda, S. 212.

bürger jüdischen Glaubens, des Ordens Bnai Brith und des Vereines deutscher Juden.

„Ich werde nach meiner Aufnahme in den Freimaurerbund keine jüdischen Sonderinteressen verfolgen und die Loge nicht für geschäftliche Zwecke mißbrauchen.

„Ich halte mich für verpflichtet, die obersten Grundsätze der Freimaurerei, brüderliche Liebe, Hilfe und Treue, nach Kräften zu betätigen und anerkenne die christliche Moral, auf welcher der deutsche Staat und die Freimaurerei beruht, für mich als verbindlich.

„Ich verwerfe den Mammonsdienst und die Aufspeicherung unproduktiven Reichtums als verderbliche Seuche.

„Ich werde weder mittelbar noch unmittelbar irgend etwas unterstützen, was auf die Beherrschung des deutschen Volkes und der Logen durch die Juden abzielt."

Diese Erklärung enthält im Grunde genommen nur Selbstverständliches; aber trotz der hohen und geachteten Stellung, die Bruder Findel im Maurerleben einnimmt — er ist Herausgeber der „Bauhütte" und Ehrenmitglied von mehr als 30 Johannislogen und einigen Großorienten, blieb ihm in dieser wichtigsten aller Fragen der Erfolg versagt.

Aber vielleicht steht die Sache in Deutschland gar nicht so schlimm, wie anderswo; vielleicht hat das Judentum in der deutschen Freimaurerei wirklich nicht jenen Einfluß, wie in anderen Ländern, wie in England, Frankreich, Italien oder Ungarn! Prüfen wir auch diesen Einwand auf seine Stichhältigkeit. Ein einziges Beispiel aus jüngster Zeit dürfte vollkommen genügen, um Blinde sehend zu machen.

An der Spitze der deutschen Freimaurerei steht bekanntlich als oberste Behörde der „Deutsche Großlogenbund", der von den acht Großlogen Deutschlands gebildet wird. Geschäftsführender Vorstand war zur Zeit des Kriegsausbruches der Großmeister des Eklektischen Freimaurer-Bundes in Frankfurt a. M. Soweit ist ja alles in Ordnung; fragt man nun aber nach dem Namen dieses Großmeisters, der in der kritischen Zeit die Geschäfte des Großlogenbundes führte, so erhält man keine klare Auskunft. Sogar Dalens Freimaurer-Kalender schweigt sich darüber aus und gibt nur den Namen des Geschäftsführers-Stellvertreters, nämlich Br.·. Gotthold bekannt. Professor Dr. Christian Gotthold war nun allerdings Großmeister des „Eklektischen Bundes" im Jahre 1913/14 und wurde es wieder für das Jahr 1915/16, war es aber nicht im Jahre 1914/15. Wer war aber damals bei Kriegsbeginn Großmeister der Eklektiker und damit zugleich auch geschäftsführender Vorstand des „Deutschen Großlogenbundes?“ Das ist offenbar ein Geheimnis, das ein deutscher Freimaurer nicht zu wissen braucht, und wer die Füße nicht in den rechten Winkel stellt, braucht es erst recht nicht zu erfahren. Der Grund für diese ängstliche Geheimhaltung ist offensichtlich der, daß der geschäftsführende Vorstand des „Deutschen Großlogenbundes“ zufällig ein Jude war. Allerdings ging er bald nach Ausbruch des Krieges, vermutlich im September 1914, in den ewigen Orient ein, aber dies kann unmöglich den Grund für die Verschweigung des Namens bilden, denn auch in der „Totenschau“ kommt er nicht vor, er wird weder in Dalens Kalender von 1915, noch 1916, noch auch 1917 und 1918 angeführt. Was da verdeckt wurde oder von der Loge „gedeckt“ werden sollte, scheint zunächst unerfindlich. Daß man das Ableben eines hervorragenden Logenbruders, ja eines Großmeisters, der noch dazu im allerwichtigsten Augenblicke die Geschäfte des ganzen Bundes führte, der teilnehmenden Logenwelt einfach totschwieg, ist auch in Maurerkreisen noch nie dagewesen. Was sich da in den obersten Logenkreisen Deutschlands abgespielt haben mag, entzieht sich vorläufig der profanen Beurteilung; vielleicht aber liegt des Rätsels Lösung bloß im Namen des in den ewigen Orient eingegangenen Bruders: Der Hochehrwürdigste Großmeister der Eklektiker, der Geschäftsführer der gesamten deutschen Freimaurerei zu Beginn des Weltkrieges hieß nämlich — Kohn.

Das spricht allerdings Bände; dieser Name ist fürwahr ein Programm!

---

IX.

## Freimaurerei, Wohltätigkeit und Politik.

In der Freimaurerei lassen sich zwei Richtungen scharf unterscheiden: Die eine beschränkt ihre Aufgabe auf die Selbstveredlung ihrer Mitglieder, die andere betrachtet es als unerläßliche Aufgabe der Freimaurerlogen, Politik zu treiben, um auf solche Art dem Wohle der Menschheit zu dienen.

Die deutsche Freimaurerei steht im allgemeinen auf dem erstgenannten Standpunkt. Nach ihrer Auffassung von der königlichen Kunst ist „das Ziel des freien Maurers, ohne Hilfe von Furcht und Hoffnung gut und vollkommen zu werden", so sagt z. B. Br .·. F. H. Seidel von der Gr. L. Loge von Sachsen. Sie arbeiten daher an Wohlfahrtseinrichtungen mit, bekämpfen das mammonistische Streben, den sogenannten „Dollarismus", und betonen, daß der Kern des wahren Gesellschaftslebens die Aufopferungsfähigkeit sei. Die Loge ist ihnen eine Pflanz- und Pflegeschule der Liebe zum Wohle der gesamten Menschheit. Logen und Großlogen gründen daher Erziehungsheime, Waisenhäuser, Lehranstalten, Darlehenskassen, Sterbekassen, Wöchnerinnenheime usw. Manche Großlogen haben mehrere hundert milde Stiftungen geschaffen, die sie verwalten, so z. B. die „Großloge zu den drei Weltkugeln" allein 457 (1918), die „Große Landesloge von Deutschland" 444, der „Eklektische Bund" dagegen verhältnismäßig wenig, bloß 74; allerdings ist auch seine Mitgliederzahl keine besonders große, denn seit der schleierhaften Geschichte mit dem „Ehrwürdigsten Großmeister" Kohn hat er nahezu ein halbes Tausend Mitglieder verloren und umfaßt jetzt nur mehr 3429 Brr .·., die sich auf 25 Logen verteilen; dafür ist aber der Eklektische Bund jene Organisation, die am meisten Verkehr mit dem Ausland pflegt und hierfür gegen 30 Vertreter bestellt hat; er steht der politischen Richtung in der Freimaurerei am nächsten und es ist bezeichnend, daß er sich seinerzeit für die Wiederanknüpfung der Beziehungen zum „Grand Orient de France" und zur „Grande Loge de France" besonders stark eingesetzt hat. Zum linksstehenden Flügel gehört auch die Hamburger Großloge, die beispielsweise die Anerkennung des Suprême Conseil von Ser-

Wien beantragte, ein Antrag, der auch kurz vor Ausbruch des Weltkrieges, nämlich am 31. Mai 1914, vom deutschen Großlogentage angenommen wurde!

Daß die Franzosen kein Verständnis für das ideale Streben der deutschen Freimaurerei besitzen, bedarf kaum eines Beweises. Br.·. Dr. Wilhelm Ohr führt in seinem gehaltvollen Buche „Der französische Geist und die Freimaurerei" auf jeder Seite Belege hiefür an und das „Bulletin des Großorients von Frankreich" vom Jahre 1864 erklärt sogar rund heraus: „Die Wohltätigkeit schlägt nicht in das Fach der Freimaurerei." Das ist deutlich genug.

Wie steht es nun in Ungarn, beziehungsweise in Österreich? In Ungarn haben die Freimaurer zwar anfangs hie und da wohltätige Stiftungen geschaffen und eben dadurch Duldung und Geltung erlangt, zugleich aber drängten sie sich in alle einflußreichen Stellungen und suchten insbesondere sich die Presse dienstbar zu machen. Dann bekamen sie einen großen Teil der Volksschullehrer und die ganze Organisation der Mittelschullehrer in die Hand. Die roten Logen (Schottenlogen) waren nun nach französischem Beispiel bestrebt, auch den Unterricht für Erwachsene an sich zu ziehen und die freimaurerische Monatsschrift „Kelet", der wir diese Angaben verdanken, versichert uns, daß jüdische Freimaurer den „moralischen Unterricht" in den Gefängnissen erteilten.[1]) Aber „Kelet" sagt uns noch ganz andere Dinge; er stellt entschieden in Abrede, daß die Freimaurerlogen Wohltätigkeitsvereine sind, wie tausend andere auch. Das ist eigentlich naheliegend, denn um Wohltätigkeit zu üben, braucht man sich doch nicht einzuschließen, mit einem Schurzfell zu bekleiden und mit Bändern zu behängen. Was aber bezwecken sie sonst? „Wir bauen die Fundamente einer neuen gesellschaftlichen Ordnung," sagt „Kelet";[2]) „wir benötigen das Geheimnisvolle, weil dieser Zauber unseren Zusammenhalt stärkt"; . . . „wir sind Verschwörer; wir verschwören uns jeden Tag mit heiligem Glauben und mit Erbitterung gegen die jetzige Gesellschaftsordnung".[3]) Die Wohltätigkeit ist also nur ein Deckmantel, den man abwirft, so bald er nicht mehr nötig ist. Auch das ist im Grunde genommen nur selbstverständlich, denn das Gelöbnis der Geheimhaltung hätte ja keinen vernünftigen Sinn, wenn es sich um bloße Wohltätigkeitsvereine handelte, von den fürchterlichen Eiden des schwe-

[1]) Kelet, 1896, 10. Heft.
[2]) Kelet, September 1911.
[3]) Kelet, Juli 1911.

dischen Systems gar nicht erst zu reden. Dieses offene Geständnis des „Kelet“, der anerkannten Freimaurerzeitschrift der „Symbolischen Großloge von Ungarn“ ist festzuhalten: die ungarische Freimaurerei vertritt eben ein neues Staatssystem und welcher Natur dies ist, sagte ziemlich unverblümt Br .·. Bela Vas in der Loge „Del“ (Lugos): „Arbeitet dahin, daß die Macht der arbeitsscheuen Herrscher aufhöre.“ Das Ziel ist also zweifellos die Republik.[1])

Politik zu treiben, ist demnach der Hauptzweck, ja der einzige Zweck der ungarischen Freimaurer, und die Politiker werden in der Loge geradezu erzogen. Bei allen Wahlen werden die Freimaurer Ungarns angewiesen, wie sie sich zu verhalten haben, in allen Parlamentsparteien sitzen Freimaurer, die wichtigsten Ämter bis zu den Ministern hinauf sind mit Freimaurern besetzt — versichert uns der vorzüglich unterrichtete ehemalige Br .·. Karl Koller.[2]) Tatsache ist, daß neben unzähligen anderen auch Graf Andrassy Freimaurer war, ebenso Baron Banffy, und Baron Wekerle wurde von den Freimaurern noch besonders an seinen Eid erinnert, als er seinerzeit (1889) das Finanzministerium übernahm.[3]) Er gehört der Hochgradloge „Koloman der Bücherkundige“ (Kalman Könyves) an. Für die politische Betätigung der Logenbrüder Ungarns könnten zahllose Belege erbracht werden. Br .·. Samuel Bakonyi (früher: Samuel Breuer) verlangte z. B. im amtlichen Logenorgan die Einziehung der Kirchengüter und Abschaffung der Adelsprivilegien. Man mag darüber denken, wie man will, jedenfalls müssen derlei Forderungen als politische bezeichnet werden, die mit dem Wesen der rein geistigen Freimaurerei nichts zu tun haben. Die ungarischen Freimaurer geben auch ein eigenes Tagblatt „Vilag“ („Welt“) heraus; es wurde mit geldlicher Unterstützung der Regierung gegründet, nahm aber trotzdem gar bald den Kampf gegen den „Militarismus“ auf. Kennzeichnend für den Geist dieser Zeitung sind Sätze, wie dieser: „Die Soldaten brechen seltener ihren Eid, als die Könige“ („Vilag“, 16. April 1910). Auch „Vilags“ Ideal ist die atheistische Republik, nämlich eine „Ära, frei von Thronen und Altären“.[4]) Das bestätigt die französische Freimaurerzeitung „Acacia“, welche besonders hervor-

[1]) Dieser Aufsatz wurde bereits im Mai 1918 geschrieben.
[2]) Die Freimaurerei Österreich-Ungarns, Seite 300, Wien 1897. Herders Verlag.
[3]) Ebenda. Seite 330.
[4]) Zitiert nach „Freimaurerei und Politik“ von Dr. Peter Gerhard, Wien 1917. Seite 70.

hebt, daß die ungarische Freimaurerei der französischen bezüglich ihrer Tätigkeit sehr ähnlich sei; „denn auch in Ungarn sei die Maurerei die Gegenkirche und die wirklich fortgeschrittene Fraktion der öffentlichen Meinung“.[1]) Auch das „Mecklenburgische Logenblatt“ betont, daß die heutige Tätigkeit der ungarischen Logen ganz und gar von dem abweicht, was sie (die deutschen Freimaurer) unter Maurerei verstehen. „Es mutet uns, wenn wir den „Orient“[2]) lesen, an, als wenn wir ... in eine ganz andere Welt einträten. Der Bundesrat der Großloge erörtert in amtlicher Sitzung ein von Freimaurern gegründetes ... politisches Tagblatt (offenbar ist der „Vilag“ gemeint) und sichert ihm die Unterstützung und Förderung der Großloge zu. Der Großmeister hält in einer Loge eine politische Agitationsrede ... In den Logen stehen im Vordergrunde der Teilnahme die Arbeitsgebiete: Kampf gegen den Klerikalismus und Einziehung der Kirchengüter; freie, religionslose Volksschule; freies, geheimes, unmittelbares Wahlrecht. Außer diesen Gegenständen wird auch über den israelitischen Patronageverein,... über die Lehren Ferrers, ... die serbische Frage und vieles andere der Art in Vorträgen und Erörterungen verhandelt, auch viel Geld zu den einschlägigen Zwecken gesammelt.“ Und weiters: „Die ungarischen Logen sind also ... politische Vereinigungen, die im wesentlichen radikalsozialen Bestrebungen huldigen ...“ „Von dem, was wir Freimaurerei nennen“ — sagt das Mecklenburgische Logenblatt — „lesen wir im „Orient“ nichts.“[3]) — Damit wäre also aus freimaurerischem Munde selbst der Beweis für die Richtigkeit unserer Behauptung erbracht. Daß die Brr.·. Kossuth, Klapka, Martinovic u. a. Mitglieder der Loge waren, ist nach dem Mitgeteilten eigentlich selbstverständlich.

Wie aber steht es nun mit Österreich? In Österreich ist die Freimaurerei seit dem Jahre 1794, bzw. 1801, verboten; allein alles, was verboten ist, ist nach einem bekannten Witzwort bei uns erlaubt; folglich auch die Freimaurerei.

In Wien allein gibt es derzeit dreizehn Logen, die sämtlich der ungarischen Großloge unterstellt sind und ihre rituellen Arbeiten in Preßburg verrichten. Ihre Namen und

---

[1]) „Acacia“, Juni 1908 Nr. 66, S. 420.

[2]) „Orient“ deutsches, amtliches Blatt der „Symbolischen Großloge von Ungarn“. Ofenpest VI.

[3]) Zitiert nach dem „Herold“, Wochenblatt für Freimaurer (dz. Schriftleiter: Dr. Kekule von Stradonitz), Berlin 1910, Nr. 18, S. 9 u. 10.

das Jahr der Gründung seien hier angeführt: „Humanitas“ (1871), „Zukunft“ (1874), „Sokrates“ (1874), „Eintracht“ (1875), „Schiller“ (1875), „Freundschaft“ (1877), „Treue“ (1888), „Goethe“ (1892), „Lessing zu den drei Ringen“ (1897), „Pionier“ (1898), „Kosmos“ (1907), „Zur Wahrheit“ (1913), „Gleichheit“ (1913). Dazu ist zu bemerken, daß vier von diesen dreizehn Logen in Wien unter anderem Namen bestehen, aber unter denselben Meistern vom Stuhle arbeiten. Die Loge „Sokrates“ heißt hier „Humanitärer Verein Einigkeit“, die Loge „Schiller“ nennt sich der Polizei gegenüber „Bildung“, die Loge „Zukunft“ verbirgt sich hinter dem „Literarischen Geselligkeitsklub“ und die Loge „Eintracht“ wird gedeckt durch den „Nicht politischen Verein Einigkeit an der Donau“. Der Versammlungsort der meisten dieser Logen ist: Wien, 1., Dorotheergasse 12. Außerhalb Wiens bestehen noch Logen und Kränzchen in Asch, Brünn, Franzensbad, Haida, Karlsbad, Marienbad, Pilsen, Prag, Reichenberg, Saaz, Teplitz-Schönau und Tetschen an der Elbe. Die Logen von Abbazia, Linz a. D. und Salzburg sind während des Krieges entweder eingegangen oder wurden vorsichtshalber „gedeckt“. In C. van Dalens „Kalender für Freimaurer“ von 1915 werden sie zum letzten Male angeführt; sie werden aber bald zu neuem Leben erwachen, zumal sie es ja jetzt nicht mehr nötig haben ihr politisches Streben „unter dem geheimnisvollen Teppich der Loge zu verbergen“. Die Gesamtzahl der Mitglieder wird mit rund 1100 angegeben, wobei aber wohl nur die derzeit tätigen Mitglieder zu verstehen sind. Die stärkste Loge ist die „Humanitas“ mit gegenwärtig 237 Brüdern; sie unterhält zwei Kinderasyle, und zwar in Kahlenbergerdorf und Saubersdorf; nach dem Rechenschaftsbericht von 1909 werden dort 77 Kinder nach den Grundsätzen der „königlichen Kunst“ erzogen. Die Gesamtkosten für die Erhaltung beider Anstalten betrugen im Jahre 1909 rund 47000 Kronen, die zum größten Teil von jüdischen Logenbrüdern und deren Angehörigen aufgebracht wurden. Ob es sich dabei um eheliche Kinder christlicher Eltern oder um uneheliche Kinder freimaurerischer Väter handelt, läßt sich aus dem Berichte leider nicht entnehmen. Das Vermögen der Kinderasyle betrug am 31. Dezember 1909 nach den Feststellungen der Revisoren S. N. Chiger, Th. Deutschland und S. Österreicher über 261000 Kronen. Von den Wiener Freimaurerlogen oder einzelnen ihrer Mitglieder wurden ferner noch gegründet der „Philanthropische Verein“, das „Heim für obdachlose Familien“, der „Verein zur Ausspeisung hungernder Schulkinder" und andere.[1]) Der „Verein gegen Verarmung und Bettelei" wird als eine Schöpfung der Loge „Schiller" bezeichnet, desgleichen der „Findlingshort".

Wenn man dann aber hört, daß die Loge „Goethe" bloß zwei Kinder und zwei Erwachsene unterstützt, die Loge „Lessing" ihre Hilfe gar nur einem Mann und zwei Frauen gewährt (1902), so wird man mit dem Urteile vorsichtig sein müssen, zumal die christlichen Wohltätigkeitsvereine denn doch ganz andere Ergebnisse aufzuweisen haben.

Aber — meint Br.·. Nathan Grundmann am 25. Oktober 1905 in der Loge „Humanitas", — eine Loge darf eben nie zu einem Wohltätigkeitsverein herabsinken: „In der Loge soll wohl der Geist durch schöne Reden ergötzt, auch soll Wohltätigkeit gefördert werden. Doch dazu brauchen wir keine Freimaurerei." Also wozu denn sonst? „Wozu wir eine Loge brauchen, das lehrt, dazu begeistert uns die Geschichte." — Br.·. Nathan Grundmann denkt dabei offenbar an die Geschichte der französischen Revolution und an die Revolutionen auf der ganzen Welt überhaupt, die ja im wesentlichen Werke der Freimaurer waren, wie noch bewiesen werden wird. Nebenbei bemerkt, ist auch die „Freie Schule" eine Gründung der Freimaurer. Die Loge „Pionier", deren hammerführender Meister damals der spätere Abgeordnete E. V. Zenker war, gründete zunächst den „Verein zur Erhaltung einer freien Schule", dann den Verein „Freie Schule" selbst.[2]) Br.·. Zenker, bei beiden Vereinen tätig, war aus der Loge „Humanitas" hervorgegangen. Abg. Freiherr v. Hock, der stets im Zusammenhang mit der „Freien Schule" genannt wird, ist ebenfalls Freimaurer, desgl. Dr. v. Licht, Professor Redlich u. v. a.

Sieht es nun mit der Wohltätigkeit nicht geradezu glänzend aus, so steht es um so besser mit der Politik.

Weil die Freimaurer im Verdachte standen, Politik zu treiben, blieb das Verbot in Österreich auch aufrecht und man ließ sie bloß in der Form von humanitären Vereinen zu, obwohl allgemein bekannt war, daß sie tatsächlich Logenarbeiten[3]) verrichteten, und zwar in Ungarn (zuerst in Neudörfl, jetzt in

[1]) Eine Aufzählung gibt z. B. die „Bauhütte" vom 27. November 1909 Nr. 98.
[2]) Vgl. „Der Zirkel", Wien 1903, 20. September, Freimaurerisches Wochenblatt.
[3]) Unter Logenarbeiten versteht man jene rituellen Handlungen, die nur in einer „echten und gerechten Loge" vorgenommen werden können, so die Aufnahme von Lichtsuchenden, Beförderungen, Affiliationen, Ausschließungen usw.

Preßburg). Ausdrücklich wird in der Geschichte der (Loge) „Humanitas“ zugegeben, daß diese Logen und (humanitären) Vereine identisch sind und ein und dieselbe freimaurerische Vereinigung mit denselben Mitgliedern und derselben Verwaltung bilden.

Die politische Ausdrucksform der Freimaurerei war damals der Liberalismus. Nach dessen Zerschmetterung suchten sie auf die Sozialdemokratie mehr und mehr Einfluß zu gewinnen. Die Gegensätze zu überbrücken, war gar nicht so schwer, der gemeinsame Wahlspruch: „Freiheit, Gleichheit, Brüderlichkeit“ half darüber hinweg. Dieser Wahlspruch war ursprünglich den Freimaurern eigen, wurde dann der Schlachtruf der französischen Revolution und ging schließlich auf alle republikanischen Parteien über, also auch auf die Sozialdemokratie.

Namentlich von jüdischen Freimaurern wurde das Zusammengehen mit den Sozialdemokraten ersehnt, verlangt und gefordert. Br .·. Raimund Mautner nennt den Sozialismus geradezu die verkörperte Freimaurerei, „darum sollen wir uns ihm anschließen“ (Zirkel“, Nr. 4, 37. Jahrg., S. 61). Gemeinsam sei beiden der Kampf gegen den Klerikalismus und gegen alle Auswüchse des Nationalismus. Dazu ist fürs erste zu bemerken, daß in der Freimaurersprache „Klerikalismus“ stets als gleichbedeutend mit Christentum gebraucht wird, und zweitens, daß Auswüchse des Nationalismus nur bei Deutschen, nie aber bei den Slaven entdeckt und bekämpft werden. Deutsche Gesinnung an sich ist nach freimaurerischer Auffassung bereits ein „Auswuchs“ des Nationalismus, tschechische Gesinnung bei den Tschechen gilt hingegen jederzeit als etwas Selbstverständliches.

Auch Br .·. Dr. Alexander Holländer (Loge „Zukunft“) kommt zu dem Ergebnis, daß das Endziel der Freimaurer und der Sozialdemokratie im großen ganzen das gleiche ist (Festrede in der Großversammlung der „Symbolischen Großloge von Ungarn“, Ofenpest, 16. April 1905, entnommen dem „Zirkel“, 35. Jahrg., Seite 447).

Derselben Anschauung ist Br .·. Emmerich Szekely: Das Programm der Sozialdemokraten sei im wesentlichen auch ihr Programm. Er verlangt, daß man an der Schaffung des künftigen sozialistischen Staates kräftig mitarbeiten soll. Namentlich aber müsse sich die Freimaurerei an der sozialistischen Organisation rege beteiligen.[1]) Br .·. Szekely verlangt geradezu,[2]) daß sich die Freimaurerei ganz auf die radikale Demokratie einschwören und der Arbeiterschaft anschließen müsse; das sei für sie der einzige Weg, da der bürgerliche Liberalismus in ganz Europa, so in Belgien, in Österreich und in Ungarn vollkommen abgewirtschaftet habe. Also: Zuerst mit dem Liberalismus, und wenn es da durchaus nicht mehr geht, mit dessen geschworenem Feinde, dem Sozialismus! — Ein Musterbeispiel freimaurerischer Überzeugungstreue und Charakterfestigkeit!

Wenn aber Br .·. Szekely meint, die Freimaurer sollen sich der zahlenmäßig viel stärkeren Arbeiterschaft als Hilfstruppe anschließen, so will er damit genau das Gegenteil davon sagen, nämlich die Freimaurer sollen als Führer an die Spitze der Arbeiterschaft treten und diese soll ihre Schutztruppe bilden. Viel klarer, viel anschaulicher drückt diesen Gedanken Br .·. Dr. Alexander Holländer aus; er vergleicht den Freimaurer mit einem Wanderer, der mit sehnsuchtsvoll ausgestreckten Armen nach der Insel der Seeligen starrt. „Da nähert sich dem Wanderer ein Boot, gelenkt von einem Manne, dessen Haut sonnengebräunt, dessen Hand schwielig, dessen Körper sehnig ist und dürr von Mühen und Entbehrung; der nimmt den am Ufer sehnend hinüber Starrenden auf seinen Kahn und bringt ihn ungefährdet zur Insel der Seeligen. Die Freimaurerei ist der Wanderer, der Bootsmann die Sozialdemokratie.“ Allerlei Hochachtung! Fürwahr ein treffender, ein tiefsinniger Vergleich: Auf der Insel der Seeligen bleibt dann eben nur der Wanderer, der Freimaurer zurück, der sozialdemokratische Bootsmann hingegen hat seine Schuldigkeit getan, wird rasch abgefertigt und darf wieder umkehren.

Ganz unumwunden drückt jedoch diesen Grundgedanken das Wiener freimaurerische Organ „Der Zirkel“, aus; in Nr. 29 vom Jahre 1906 lesen wir die bedeutungsvollen Worte: „Der Geist der Zeit fordert von uns (Freimaurern), daß wir die Führung des Sozialismus in die Hand nehmen, und in dieser Beziehung fanden schon einige Logen den rechten Weg und die rechten Mittel.“ So z. B. Br .·. Schuhmeier, der ein eifriges Mitglied der Wiener Loge „Sokrates“ war und einmal sogar

[1]) Das geschah übrigens schon früher; zahlreiche Führer der Sozialdemokraten entstammen den Freimaurerlogen, so Br .·. Pernerstorfer, Br .·. Schuhmeier, Br .·. Dr. Viktor Adler, Br .·. Ellenbogen, Br .·. Karl Seitz u. m. a.

[2]) Versammlung der „Symbolischen Großloge von Ungarn“, 8. April 1906.

vor Tausenden von Arbeitern eine rituelle Logenarbeit[1]) verrichtete und zum Schlusse den Kettenspruch sprach.

Br .·. Szekelys Rat, man müsse sich schleunigst auf die radikale Demokratie einschwören, wurde übrigens auch sonst noch von der österreichischen Freimaurerei in die Tat umgesetzt. Die Wiener Loge „Pionier", oder genauer gesagt, dessen hammerführender Stuhlmeister Br .·. C. V. Zenker, gründete die radikale (demokratische) Partei und eroberte sich mit Hilfe von ahnungslosen Deutschnationalen sein Reichsratsmandat (1911).

Wie hat nun die österreichische Sozialdemokratie diese freimaurerische Führung aufgenommen? — Die Antwort ist einfach: Sie läßt sich willig von den Brr .·. Adler, Ellenbogen usw. führen; sie ist ahnungslos, sie weiß nichts von den geheimen Beziehungen des Br .·. Adler zum Br .:. Baron Rothschild und sie würde offenbar auch gar nichts besonderes darin erblicken, wenn sie erführe, daß sich gelegentlich die Vertreter von Großkapital und Proletariat mit kunstvollem Meistergriff brüderlich umschlingen ....

Nicht überall lassen sich die Arbeiter derart von der Loge gängeln. In Oberitalien zum Beispiel haben es die italischen Arbeiter ausdrücklich ausgesprochen, daß es eine unabweisliche Pflicht der Sozialisten sei, sich diese geheimen Organisationen vollständig ferne zu halten; denn durch die Zugehörigkeit zum Freimaurer-Orden — erklärten sie in einer Massenversammlung in Mailand am 24. Februar 1907 — entstünde ein steter Widerstreit zwischen dem blinden Gehorsam, den die Freimaurer fordern, und jenen Pflichten, welche einem Genossen als Mitglied einer Arbeiterorganisation obliegen, „ganz abgesehen davon, daß wir von den Freimaurern für uns Proletarier nichts zu erhoffen, wohl aber alles zu befürchten haben ..." Diese scharfe Stellungnahme bildet allerdings eine Ausnahme, denn auch in Italien ist es die Regel, daß die freimaurerischen und sozialdemokratischen Führer untereinander sehr enge Beziehungen unterhalten.

Aus all diesen Zitaten geht wohl einwandfrei hervor, daß die Wohltätigkeit nur den Deckmantel der Freimaurerei bildet, die in Wirklichkeit als politischer Geheimbund zu betrachten ist — nicht nur bei uns, sondern fast überall auf der ganzen Welt, besonders in Italien, wo sie seit 1821 nach eigenem Geständnisse alle revolutionären Unternehmungen angestiftet und geleitet hat.

---

[1]) Freimaurerischer Ausdruck für Versammlung.

Durch ihre Großmeister Mazzini und Garibaldi wurde die ganze republikanische Partei geschoben und die italische Regierung 1870 gezwungen, Rom zu besetzen.[1])

Ein hochpolitisches Programm entwickelte auch Br.·. Ulisse Bacci, 33: in einer Festversammlung der Loge „Rienzi" (Orient Rom), das neben manchem guten Gedanken vielfache Übertreibungen enthält. Freimaurer haben auch die Wahl ihres Großmeisters Ernesto Nathan zum Bürgermeister von Rom durchgesetzt. Eine große Anzahl italischer Ministerpräsidenten waren Freimaurer, so Br.·. Depretis, Br.·. Crispi, Br.·. Zanardelli; sie alle aber wurden von den angeblich „nicht politischen" Logen auf das schärfste angegriffen, weil sie am Dreibund festhielten. An der politischen Tätigkeit der italischen Maurerei kann also nicht im geringsten gezweifelt werden; sie bekämpft nicht etwa bloß den Papst, sondern den christlichen Gedanken überhaupt, insbesondere aber die monarchische Regierungsform. Der sehr zurückhaltende Freimaurer, Br.·. Dr. Ludwig Müffelmann, wirft der italischen Maurerei geradezu politisches Strebertum vor und weist an der Hand von amtlichen Urkunden des Großorients von Rom ihren überragenden Anteil an der Kriegsbeteiligung Italiens nach, worauf noch näher eingegangen werden wird. Ein anderer Freimaurer, Br.·. v. Milbitz in Turin, erklärte offen, daß der römische Großorient nur für politische Zwecke wirke und viele Mitglieder des „Suprême Conseil" (des obersten Rates) Verbrecher seien, die vors Gericht gehörten.[2])

Und in Frankreich? — Genau das gleiche Bild. Br.·. Freiherr v. Reitzenstein sagt ausdrücklich: „Fast sämtliche Männer des politischen Lebens in Frankreich waren oder sind Mitglieder des Freimaurerbundes."[3]) Auch dort sind die Logen Schulen der Politik. Aber nicht bloß die Mitglieder, auch die Logen selbst treiben Politik, und Bruder Hiram (Limousin) gibt in der „Acacia" ohne Umschweife zu, daß sich die Freimaurerei seit 1871 als Körperschaft auf die Politik verlegte. „Das widersprach ihrer Verfassung, ihren Regeln, ihren Interessen, aber das Interesse Frankreichs und der Republik erforderte es gebieterisch."[2]) Das ist nun keineswegs eine Entgleisung dieses freimaurerischen Blat-

[1]) Vgl. den Vortrag Br.·. Chiossone's, abgedruckt in der „Revue Maçonniqu'e", Juni 1907, S. 89—95.

[2]) Vgl. Hermann Gruber „Der giftige Kern usw." 1899. S. 303 ff.

[3]) Albin Frh. v. Reitzenstein „Die Freimaurerei in Frankreich", Berlin 1906, S. 72.

[4]) „Acacia", Juni 1908, Nr. 66, S. 406.

tes, denn schon früher stellte es die Tatsache fest, „daß die Freimaurerei Frankreichs gegenwärtig „eine einflußreiche politische Gruppe sei".[1]) Ein besonders starkes politisches Stück soll hiermit der Vergessenheit entrissen werden, zumal es heute sehr zeitgemäß ist, an derlei Ausschreitungen der Freimaurer zu erinnern: Im November 1870 verlangten die Loge „Henri IV." und neun andere Pariser Logen die Bildung eines „unparteiischen" Gerichtshofes, um den König Wilhelm von Preußen und dessen Sohn vor dieses Gericht zu schleppen, weil sie sich des größten Verbrechens schuldig gemacht und sich überdies gegen die Gesetze der Freimaurerei vergangen hätten:

„Wilhelm von Hohenzollern und sein Sohn sind demzufolge angeklagt des Meineides und Verrates. Die Freimaurerei der Welt ladet sie vor die Schranken ihres Gerichtshofes innerhalb einer Zeit von drei Monaten."

„Sollten Wilhelm von Hohenzollern und sein Sohn dieser Vorladung nicht nachkommen, so werden sie für Eidbrüchige, für Verräter und außer dem maurerischen Gesetze stehend erklärt werden. Sie werden zu den von unseren Gesetzen bestimmten Strafen verurteilt werden; sie werden für immer verflucht sein und ihr Gedächtnis wird der Verwünschung der Nachwelt überliefert werden."

Auch heute sollen sich zwei Hohenzollern einem „unparteiischen" Gerichtshof zur Verfügung stellen. Die Pariser Loge „L'avant Garde" hat nämlich einen Beschluß gefaßt, der die Einsetzung eines Gerichtshofes verlangt, welcher über die Urheber und Anstifter jener Verbrechen aburteilen soll, die durch den österreichisch-deutschen Einfall in Belgien und Frankreich hervorgerufen worden seien. In dem merkwürdigen Schriftstück heißt es u. a.: „Da die meisten dieser Verbrechen bereits durch die amtlichen Untersuchungen bewiesen worden sind, sollte der Gerichtshof das Urteil fällen über Wilhelm II., Deutscher Kaiser, Franz Joseph, Kaiser von Österreich, über Kronprinz Wilhelm von Preußen, über die Kronprinzen von Württemberg, Bayern und Sachsen, über die Könige von Bayern, Württemberg und Sachsen, die kommandierenden Generäle und jene Truppen, die sich dieser Verbrechen schuldig gemacht haben. — Ist es gleich Wahnsinn, hat es doch Methode! Das ist nun allerdings die Kundgebung einer einzelnen Loge. Aber auch der Oberste Rat des Groß-

[1]) Acacia, 1908, Nr. 62, S. 81.

orients von Frankreich hat zu dem deutschen „Überfall" Stellung genommen und in seiner Erklärung sämtliche deutschen Freimaurer als Meineidige und Abtrünnige hingestellt, welche die heiligen Prinzipien der allgemeinen Freimaurerei verraten hätten. In gleichem Atem werden alle Deutschen, ob Freimaurer oder nicht, in Bausch und Bogen verurteilt ... Dieses seltsame Kulturdokument des Obersten Rates des Großorients von Frankreich stammt aus der ersten Zeit des Weltkrieges, und zwar vom 13. Dezember 1914; es ist zur Gänze in Br .·. Müffelmanns Buch über die planmäßige Kriegshetze der italischen Freimaurer abgedruckt.[1]) Bedarf es noch weiterer Beweise ihrer politischen Tätigkeit? Soll man an die Zettelaffäre (L'Affaire des fiches) des französischen Kriegsministers Br .·. André erinnern, der seine Beziehungen zu den Logen dazu ausnützte, um Erkundigungen im größten Stil über die politische und kirchliche Gesinnung der Offiziere einzuziehen? Soll man darauf verweisen, daß die Trennung von Kirche und Staat in Frankreich im wesentlichen das Werk der Freimaurer ist? Soll man erst weitläufig beweisen, daß der Deutschenhaß und die Deutschenhetze ihren eigentlichen Sitz in den französischen Logen hat? Daß der „Revanchegedanke" dort stets künstlich genährt und geradezu großgezogen wurde? Genug an dem, was französische Freimaurer selbst zugeben und deutsche Brüder bestätigen; Br .·. Bouley, 33 .·. nennt mit Recht den französischen „Grand Orient" eine „historische Macht, die seit beinahe zwei Jahrhunderten ihren Einfluß über die ganze Welt ausgeübt hat, deren Rolle und Tätigkeit zwar verschieden beurteilt wird, keinem aber gleichgültig bleiben kann".[2]) Bouley war Vizepräsident des Ordensrates des Großorients von Paris; die Rede wurde am 27. Oktober 1907 in der Kölner Loge „Freimut und Wahrheit" gehalten und rief dort stürmische Zustimmungskundgebungen für die französischen Brüder hervor. Sehr bezeichnend ist, daß die Loge „Freimut und Wahrheit" der altpreußischen „Großen Landesloge der Freimaurer von Deutschland" angehört, die als monarchisch und staatstreu gilt! Und Br .·. Ohr selbst betont, daß sich der Großorient von Frankreich auf die revolutionäre Demokratie festgelegt habe, daß die Logen zu Erziehungsschulen für die Politik herabgesunken sind und deshalb der Großorient politisch so mächtig geworden sei.

---

[1]) Dr. Ludwig Müffelmann, „Die italienische Freimaurerei und ihr Wirken für die Teilnahme Italiens am Kriege", Berlin 1915, Verlag A. Unger.

[2]) Br .·. Bouleys Rede in Köln, Oktober 1907, vgl. Br .·. Wilhelm Ohr „Der französische Geist und die Freimaurerei", S. 44.

Nun wäre noch zu beweisen, daß auch sonst überall die Freimaurer politisch tätig sind. Sie sind es, wenn auch die Arbeitsweise nicht immer dieselbe ist. Sie sind es zum Beispiel in Belgien; ja der belgische Großorient war sogar der erste, der schon um das Jahr 1840 die Logenarbeiten auf das Studium politischer Fragen ausdehnte. Ausdrücklich wurde dieser Standpunkt 1854 unter dem damaligen Großmeister Br .·. Verhaegen gutgeheißen und unbeirrt bis auf die Gegenwart beibehalten. Das Ziel der belgischen Freimaurer ist eingestandenermaßen die Errichtung der belgischen Republik. Auch die englische Freimaurerei ist politisch tätig, allerdings in ganz anderem Sinne; sie treibt großzügige Weltpolitik, scheut dabei jedoch vor gemeinen Verbrechen, vor Bestechungen und Mordanschlägen nicht zurück; das Nähere wird später ausgeführt werden.

Die amerikanischen Freimaurer sind ebenfalls mit der Politik aufs engste verwachsen. Es genügt der Hinweis darauf, daß sich unter den Mitgliedern des Repräsentantenhauses 213 Freimaurer befinden, also fast zwei Drittel, während der Senat 48 Freimaurer umfaßt, das ist also mehr als die Hälfte. In Washington selbst üben die Brüder des schottischen Hochgradsystems einen großen Einfluß aus; ihr früherer Chef, Br .·. Richardson, war Präsident des demokratischen Wahlkomitees. In englischen Logenblättern wurde wiederholt hervorgehoben, daß die guten Beziehungen zwischen England und Amerika durch das freundschaftlich-brüderliche Verhältnis zwischen englischen und amerikanischen Freimaurern wesentlich gefördert werden.[1]) Der Schluß ist naheliegend, daß der Eintritt Amerikas in den Weltkrieg der Hauptsache nach ein Werk der Freimaurer ist, zumal doch von den 2172000 Mitgliedern der Weltfreimaurerei 2000000 bestimmt nicht im deutschen Lager standen. Dabei wurden die 62000 reichsdeutschen Freimaurer ohne Abzug abgerechnet und außerdem noch 110000 Brüder im Auslande als deutsch oder wenigstens deutschfreundlich angenommen, was sicher eine viel zu hohe Ziffer ist; denn viele von diesen Brüdern sind entnationalisiert, viele auch geben sich als Deutsche aus, ohne es zu sein. Man findet unter den Stuhlmeistern und Sekretären der deutschen Logen in Nordamerika beispielsweise folgende Namen: Bernhard Hertzbach, William Suntag, John (!) Molter, Chas. (!) Mattison, Adolf Armbrust, Charles Schmiel, W. K. Tutlemond, A. Mai-

[1]) „The Freemason's Chronicle" 1901, II. 135; zitiert nach Gruber „Freimaurerei, Weltkrieg und Weltfriede" Wien 1917.

länder, Adam Licht, Waldemar Caccia, John Salandi, Chas. A. Quensel, Fritz Brodt, Henry J. Schreiber, Chas. G. Ihuken, John Breidenstein, L. Armbruster, Eugen Cohn (von der deutschen Loge „King Salomon" in Neu-York!), John F. Mayer (von der deutschen Loge „United Brothers"!), M. Goldschmidt, John D. Blome („Goethe", Neu-York), Harry Mayer, Henry Müller, Charles Gelbert usw. Es wurde mit Absicht eine größere Anzahl von Namen angeführt, damit sich der unbefangene Leser ein Bild von der Verläßlichkeit des Deutschtums der „deutschen" Freimaurer im Ausland machen kann. Mag auch dieser oder jener der Genannten ein guter Deutscher sein, sicher ist, daß die meisten dieser Namen gerade so gut in englischen oder französischen Logen vorkommen könnten, was ja auch vielfach der Fall ist.

Bis jetzt war bloß von der politischen Betätigung der Freimaurer die Rede. Was nun die politische Gesinnung besonders der deutschen Freimaurer anlangt, so wird gewöhnlich behauptet, die Mitglieder der drei altpreußischen Großlogen seien monarchisch und staatstreu gesinnt, die der Hamburger und Frankfurter Großloge angehörenden Brüder neigen mehr der internationalen Richtung zu. Ob dies vollkommen richtig ist, sei dahingestellt; die wahre Gesinnung der deutschen Hochgradmaurer wird sich ja sehr bald zeigen und da kann es für die nicht eingeweihten Brüder der unteren Grade gar manche Überraschungen geben. Besonders gespannt kann man auf die Haltung der „Großen Landesloge der Freimaurer von Deutschland" sein, deren merkwürdige Eide und deren starre Haltung bereits besprochen wurden.

Daß die Beziehungen zum „Grand Orient" in Paris und zur „Grande Loge de France" erneuert und die zur „Symbolischen Großloge von Ungarn" vor Jahren bereits aufgenommen, solche zum „Suprême Conseil" von Serbien erst etliche Wochen vor Kriegsbeginn angesponnen wurden, gibt allerdings zu denken. Und wenn nun auch während des Krieges unter dem Zwang der Verhältnisse die Beziehungen zum Großorient von Italien abgebrochen wurden, so darf man doch nicht übersehen, daß dies bloß bezüglich Italiens der Fall ist, während die Beziehungen zu den Großorienten in anderen feindlichen Ländern derzeit bloß „ruhen"; auch das gibt zu denken. Und wenn nun gar Br.·. Gartz, Großmeister der „Großen Landesloge der Freimaurer Deutschlands" bei der Jubiläumsfeier des belgischen Großorientes (1907, Brüssel) versicherte, „trotz der Verschiedenheit der Formen sei die Freimaurerei dieselbe in Deutschland wie in Belgien",[1]) so ist dies erst recht bedenklich, weil ja die belgische Freimaurerei mit der französischen auf derselben Stufe der Auffassung und Betätigung steht. Gleichwohl — lassen wir die deutsche Freimaurerei vorläufig ganz außer Spiel, warten wir den Gang der Ereignisse ab.

Was aber die Freimaurer der übrigen Länder anlangt, einschließlich Österreichs und Ungarns, so kann man ruhigen Gewissens sagen, daß ihre Haupttätigkeit auf politischem Gebiete liegt; ihr Hauptzweck war und ist in monarchischen Ländern der völlige Umsturz der ganzen bestehenden Staats- und Gesellschaftsordnung; Politiker und Staatsmänner, ja ganze Parteien sollen allmählich zu republikanischem Denken bekehrt und erzogen werden.[2])

Von diesem Gesichtspunkt aus stellt sich der Weltkrieg als die von der Loge schon lange vorbereitete Kraftprobe der Weltfreimaurerei dar, deren politischer Generalstab in London und deren geistige Leitung in Paris[3]) ihren Sitz hat.

---

[1]) Bulletin du „Grand de Belgique", 5907, 1. Heft, S. 63. Brüssel.

[2]) Dieser Aufsatz wurde bereits Ende August 1918 geschrieben!

[3]) Von französischen Freimaurern, die unmittelbar vor und während des Weltkrieges eine politische Rolle spielten, seien hier nur folgende erwähnt: Der Präsident der Republik Br.·. Poincaré, der Leitartikler des „Echo de Paris", Br.·. Maurice Barrès, der Deutschland noch Ende April 1918 einen schrecklichen ökonomischen Krieg verheißt, der ehemalige sozialdemokratische Abgeordnete und spätere Ministerpräsident Br.·. Aristide Briand, der Sozialdemokrat und Minister Br.·. Cachin, die Präsidenten des Ordensrates Br.·. Debierre und Br.·. Desmons, der Marineminister Br.·. Doumer, der ehemalige Ministerpräsident Br.·. Dupuy, der Finanzagent Br.·. Mallet, der sozialdemokratische Kriegsminister Br.·. Millerand, der ehemalige Ministerpräsident Br.·. Painlevé, der Minister des Äußern und Publizist Br.·. Stephen Pichon, der Sozialdemokrat Br.·. Quesde, der Sozialdemokrat und Hetzredner gegen Deutschland, Br.·. Renaudel, der Präsident der Armeekommission in der Kammer Br.·. René Renoult, der sozialdemokratische Minister Br.·. Marcel Sembat, der Sozialist und Munitionsminister Br.·. Albert Thomas, der frühere Ministerpräsident Br.·. Viviani, der gegenwärtige Ministerpräsident Br.·. Clemenceau, der französische Botschafter in Rom Br.·. Barrère und der ehemalige Anarchist und jetzige Überpatriot Br.·. Gustave Hervé. Freimaurer waren auch der wegen Hochverrates hingerichtete Br.·. Bolo Pascha, dann der frühere Ministerpräsident Br.·. Caillaux und der Journalist Br.·. Almereyda. (Dieser starb auf unaufgeklärte Weise.)

## X.

## Die revolutionäre Freimaurerei.

Was hat es für einen Sinn, wenn im Ritter-Kadosch-Grad Dolchstöße gegen eine Königskrone gerichtet werden?

Der Ritter-Kadosch-Grad ist der 30. Grad der schottischen Lehrart, der wichtigste Grad des ganzen Systems; der Aufzunehmende hat bei der Aufnahmsfeier tatsächlich Dolchstöße gegen eine päpstliche Tiara und gegen eine Königskrone zu führen. Es soll damit sinnbildlich an die Hinrichtung des Templer-Großmeisters Jakob Molay erinnert werden, der am 11. März 1314 — angeblich als schuldloses Opfer des päpstlichen und königlichen Despotismus — bei langsamem Feuer verbrannt wurde. Die Zeremonie selbst wird von Freimaurern zugegeben und ist auch in unterrichteten Kreisen ziemlich allgemein bekannt; der Geist der Rache, der daraus spricht, ist übrigens heute noch genau so lebendig wie je zuvor. Der hochgeachtete Br∴ Albert Pike, der oberste Chef der amerikanischen Hochgradfreimaurer, gibt in einem Rundschreiben an alle Freimaurer der Welt folgende Anweisungen, die den gleichen Geist der Rache gegen alle „Tyrannen" atmen:

„In Wort und Schrift, mit Einsetzung unseres ganzen offenen und geheimen Einflusses, mit unserem Geld und, wenn nötig, auch mit unserem Schwerte, wollen wir die Sache des menschlichen Fortschrittes fördern, auf die Befreiung des menschlichen Geistes und menschlichen Gewissens und auf die Verwirklichung der menschlichen Gleichberechtigung hinarbeiten. Wo immer eine Nation sich erhebt, um ihre Freiheit zu erringen oder wiederzuerringen, wo immer der Menschengeist seine Unabhängigkeit erstreitet und das Volk seine unveräußerlichen Rechte zurückfordert, dahin sollen sich unsere wärmsten Sympathien wenden."[1])

Das „Recht auf Empörung" wird hier ausdrücklich anerkannt; die Weltfreimaurerei will allen jenen Völkern helfen, die ihre

[1]) The Inner Sanktuary, Part. IV. The Book of the Holy House. Washington-Charleston (S. Carolina) A∴M∴ 1867, Seite 547, zitiert nach Hermann Gruber.

Befreiung anstreben, alle Revolutionen unterstützen, die sich gegen die verhaßten „Tyrannen" richten.[1])

Br .·. A. Pike verabscheut also die Tyrannen, d. h. Monarchen, und seine Anschauung ist in der Freimaurerei als die herrschende zu betrachten. „Ein von hohen Idealen beseelter Freimaurer kann ... kühn einen Schlag gegen die Tyrannei führen und sich mit anderen (zu einer Verschwörung) verbinden, um durch Mittel, die sonst verwerflich wären, Abhilfe für unerträgliche Mißstände zu schaffen.[2]) Solche verwerfliche Mittel, die also unter Umständen von Freimaurern angewendet werden dürfen, sind Bestechungen, Mordanschläge, Verschwörungen usw. Mit Recht sagt deshalb Hermann Gruber: „Die Freimaurerei selbst erscheint als eine über die ganze Welt verzweigte Verschwörungsgesellschaft."[3]) Er sagt damit sicher nichts neues; das ungarische Freimaurerblatt „Kelet" gibt es ja offen zu: Wir sind Verschwörer, wir verschwören uns gegen die jetzige Gesellschaftsordnung und arbeiten an ihrer Vernichtung. „Gesellschaftsordnung" ist ein mehrdeutiger Ausdruck; gemeint ist in erster Linie die monarchische Staatsform. Auch der bekannte Logenschriftsteller und frühere Herausgeber der „Bauhütte", J. G. Findel, gibt dies mittelbar zu: „Rings um uns her durchdringt der Geist dieser (französischen) Revolution die Massen des Volkes in seiner neubelebenden Kraft. Viele alte Gewaltherrschaften (d. h. Monarchien) sind bereits unter seiner Berührung zusammengestürzt, andere krümmen sich in den Todeskämpfen der Umbildung."[4]) Br .·. Sicard de Plauzoles vom „Grand Orient" nennt die Freimaurerei geradezu die „Mutter der Revolution",[5]) was insofern richtig ist, als die Ideen der Revolution vielfach von der Freimaurerei ausgegangen, stets jedoch von ihr genährt und verbreitet worden sind. Br .·. Perrin, ein Mitglied des französischen Ordensrates, erblickt im Großorient von Frankreich den Bewahrer des revolutionären Gedankens.[6]) Felonie und Empörung sind eben, wie Br .·. A. G. Mackay

---

[1]) Wenn in Freimaurerischen Schriften von Tyrannen die Rede ist, so sind damit stets und ausschließlich die Monarchen gemeint. Wilhelm II. ist in ihren Augen ebenso ein „Tyrann", wie der allzu gütige Kaiser Franz Josef I., der König von Spanien genau so, wie der König von Griechenland. Eine Ausnahme machen nur jene Könige, die Freimaurer sind oder sich von ihnen willig führen lassen.

[2]) The Freemason's Chronicle, London 1889, I. 178 zitiert nach H. Gruber.

[3]) Hermann Gruber „Mazzini, Freimaurerei usw." Seite 62.

[4]) J. G. Findel, Grundsätze der Freimaurerei im Völkerleben. S. 165.

[5]) Entnommen Wilhelm Ohr: „Der französische Geist und die Freimaurerei", S. 128.

[6]) Ebenda, S. 151.

vom 33. Hochgrad offen zugibt, keine maurerischen Vergehen und daher auch von keiner maurerischen Strafe bedroht;[1]) im Gegenteil, die Revolution ist nicht bloß ein Recht der Freimaurer, sie ist sogar „in gewissen Fällen eine heilige Pflicht“.[2])

Zu diesem Ergebnis kommt das führende englische Freimaurerblatt bei der Auslegung der „Pflichten“ des Maurers. Gelingt die Verschwörung, so wird der Freimaurer als ruhmgekrönter Held geehrt, wie z. B. Br .·. Magalhães Lima nach der erfolgreichen Revolution in Portugal; gelingt sie nicht, so wird ihm nach Kräften wenigstens Beistand und Hilfe geleistet, er wird als Märtyrer liebevoll aufgenommen und von der Loge gedeckt, wie z. B. Br .·. Kossuth, Klapka, Türr und viele andere. Treffend bemerkte daher seinerzeit der Freimaurer Stark bezüglich der französischen Revolution: „Ohne geheime Gesellschaften hätte man keine geheimen politischen Komitees und die Revolution wäre nie vollendet worden.“ Das ist ein Satz, der allgemeine Gültigkeit auch heute noch hat, heute mehr denn je zuvor. Es ist daher auch kein Wunder, daß, wo immer in den letzten zwei Jahrhunderten Revolutionen, politische Anschläge und Staatsstreiche stattfanden, Freimaurer ihre Hand dabei im Spiele hatten. Schon die Verschwörung von 1776, durch welche sich Amerika die Unabhängigkeit von dem englischen Mutterstaate erzwang, war zum guten Teil ein Werk von Freimaurern. Die amerikanischen Freimaurer waren eben von jeher praktische Leute; so war es Br .·. Jefferson, der die „Erklärung der Rechte“ in die Verfassung der Vereinigten Staaten durchsetzte, Br .·. Lafayette spielte sowohl beim amerikanischen Unabhängigkeitskrieg wie auch bei der späteren französischen Revolution eine hervorragende Rolle und Br .·. Georges Washington, der Nationalheld der Amerikaner, war gleichfalls Freimaurer. Auch der amerikanische Staatsmann Benjamin Franklin, der uns nur als Erfinder des Blitzableiters bekannt ist, war Freimaurer, mit 30 Jahren bereits Meister vom Stuhl und bald darauf Großmeister; er war es auch, der Voltaires feierliche Aufnahme in die Loge veranlaßte.

Die französische Revolution von 1789 wurde von Freimaurern nicht bloß vorbereitet, sondern wird von ihnen selbst als ihr eigenstes Werk bezeichnet; dafür gibt es eine Unmenge von Beleg-

[1]) A. G. Mackay, Masonic Juris prudence, Neu-York 1867, S. 510, zitiert bei H. Gruber.

[2]) The „Freemason's Chronicle“, London, 1875, I. 81).

stellen. Die geistige Vorbereitung erfolgte allerdings durch die sogenannten Enzyklopädisten. Dabei ist jedoch zu bemerken, daß ja gerade auf Drängen der französischen Großloge und auch auf deren Kosten die enzyklopädische Literatur entstanden ist.[1]) Überdies waren die hervorragendsten Enzyklopädisten, wie Br .·. Montesquieu, Br .·. Condorcet, Br .·. Diderot, Br .·. Helvetius, Br .·. D'Alembert, vor allem aber Br .·. Voltaire selbst Freimaurer. Voltaire erhielt bereits zwischen 1723—1730 in einer Londoner Loge das Licht und wurde 1778 unter ganz außergewöhnlichen Feierlichkeiten in die berühmte Pariser Loge „Les neufs Soeurs" aufgenommen.

Der nächste Zweck der französischen Revolution war freilich der, die Dynastie Bourbon zu beseitigen und Louis Philipp Herzog von Orleans, den Großmeister der französischen Freimaurerei, zum König von Frankreich auszurufen. Da man sich aber des Pöbels als Werkzeug bediente, kam es statt dessen zunächst zur Pöbelherrschaft, welche schließlich den ganzen Freimaurerorden verschlang. Auch an dem Ausbruch der Schreckensherrschaft, welche mit Morden auf offener Straße arbeitete, trugen die Freimaurer selbst schuld, denn in einer ihrer Versammlungen wurde die Durchführung des „Système de la terreur" beschlossen und zugleich jene Personen namhaft gemacht, welche zunächst dieser Politik zum Opfer fallen sollten. Es sind genau dieselben, die in den ersten Wochen der „glorreichen französischen Revolution" auf dem Pariser Stadthausplatz gehängt oder anderweitig hingemordet und deren Köpfe auf Piken in den Straßen der Stadt herumgetragen wurden. (Gewährsmann hierfür ist Br .·. Mirabeau.)[2]) Danton, Robespierre und viele andere waren ebenfalls Freimaurer; sie bereiteten die Pläne vor, welche dann durch Verschworene niederen Ranges ausgeführt wurden. Auch die Hinrichtung König Ludwigs XVI. ging von den Freimaurern aus, die, wie uns der Freimaurer L. K. Cadet-Gassicourt mitteilt, im Palaste ihres Großmeisters Philipp von Orleans ihre geheimen Zusammenkünfte hatten. Daß die Ermordung Ludwig XVI. eine schon 1786 von Freimaurern beschlossene Sache war, wird uns überdies mit allen Einzelheiten von mehreren Eingeweihten bestätigt, die längere Zeit dem Orden angehört hatten.

---

[1]) „Orient", Ofenpest, 1892, Nr. 12, S. 288.

[2]) Vgl. das Vortragswerk: „Die Freimaurerei Österreich-Ungarns" Seite 182—183, Wien, Herders Verlag, 1897.

Unter den Logen waren es namentlich „Les Amis réunis“[1]) in Paris, aus welchen die bedeutendsten Männer der französischen Revolution hervorgegangen sind. Außer den schon genannten Brr .·. Condorcet, Mirabeau und Robespierre finden wir dort als Mitglieder unter anderen noch den Abbé Siéyès und Marat, während Br .·. Brissot, Br .·. Camille Desmoulins und Br .·. Danton der Loge „Les neufs soeurs“ angehörten. Mit Recht sagt daher Br .·. Felix Portal: „Von der Arbeit der Loge nahm die französische Revolution ihren Ausgang,“ und mit vollem Recht nehmen alle französischen Freimaurer bis auf den heutigen Tag die Revolution von 1789 als ihr Werk in Anspruch. So erklärt sich auch der stürmische Jubel und das stolze Selbstgefühl, mit dem die Freimaurer der ganzen Welt die „glorreiche Revolution“ begrüßten. „Von unseren Tempeln — heißt es in einer uns erhaltenen Rede jener Tage — gingen die ersten Funken des heiligen Feuers aus, das mit Windeseile von Osten nach Westen, von Norden nach Süden übergreifend, die Herzen aller Bürger entflammte.“ (Die Rede wurde in der Pariser Loge „Parfait Union“ am 23. Juli 1789 anläßlich der Erstürmung der Bastille gehalten.) Hält man sich vor Augen, daß um diese Zeit die Zahl der französischen Logen 700 überstieg — um hundert mehr als gegenwärtig der „Grand Orient de France“ und die „Grande Loge de France“ zusammengenommen — so kann man schon aus der Zahl allein auf die außerordentliche Tätigkeit der Freimaurer jener Zeit einen Rückschluß ziehen. Allerdings richtete sich die „glorreiche“ Revolution von 1789 später gegen die Freimaurer selbst; ihre Häupter wurden vom Pöbel hingemordet, die Zahl der Logen ging 1794 bis auf 12 zurück, in Paris unterhielt nur eine einzige das heilige Feuer, der Großmeister selbst aber saß im Gefängnis: Deshalb und nur deshalb wird stets erklärt, die Freimaurer haben die Revolution vorbereitet und geleitet; denn später waren sie ja gespalten in Republikaner und Orleanisten, noch später aber unterstützten sie willig Br .·. Napoleon Bonaparte, der schon in Bonifacio auf Korsika das Licht erhalten hatte, denselben Napoleon I., der es verstand, mit den freimaurerischen Errungenschaften so gründlich aufzuräumen und der Republik ein so rasches Ende zu bereiten! Daran wird natürlich nirgends erinnert, am wenigsten in den Erklärungen des „Grand Orient“ selbst; in einer solchen amtlichen Erklärung dieser höchsten freimaurerischen Behörde

[1]) Dasselbe, S. 185.

Frankreichs wird — anfangs dieses Jahrhunderts — neuerlich betont, daß tatsächlich die Freimaurerei die Revolution von 1789 vorbereitet[1]) und ihr die Formel geliefert hat, in der ihre Grundsätze Fleisch geworden sind: Freiheit! Gleichheit! Brüderlichkeit!

Freiheit, Gleichheit, Brüderlichkeit war und ist nun aber bekanntlich der Wahlspruch der Freimaurer, der sich in den französischen Logen bis in das Jahr 1740 zurückverfolgen läßt. Damit im Zusammenhang steht die „Erklärung der Menschen- und Bürgerrechte", die auf Veranlassung Br.·. Lafayettes 1789 an die Spitze der französischen Verfassung gesetzt wurde.

Auch die freimaurerische „Acacia" (April 1903, Nr. 5, S. 351) gibt zu, daß die Revolution von 1789 ein Versuch war, die freimaurerischen Lehren zu verwirklichen. Nur unsere Geschichtsschreiber wissen nichts davon, stellen sich blind und wollen die Tatsachen nicht sehen. So z. B. die bekannten Forscher H. Taine und A. Aulard, die beide erklären, sie seien bei ihren Untersuchungen über die Ursachen und die Vorbereitung der französischen Revolution nie auf die Freimaurer gestoßen! Was aber sagt uns Br.·. Hiram in der „Acacia"? Eine große Zahl der Mitglieder der konstituierenden Nationalversammlung gehörte den Logen an. „Es waren freimaurerische Mitglieder der Nationalversammlung, welche zuerst den Bretonischen Klub, dann die Gesellschaft der Freunde der Konstitution und später den Jakobinerklub gründeten. Sie taten es nach dem Muster der Freimaurerei und während der ganzen Zeit ihres Bestandes hielt die berühmte Gesellschaft, die sich durch ihre Filialen über ganz Frankreich ausbreitete, öffentliche und geheime Sitzungen ab. Zu diesen letzteren wurden nur solche zugelassen, die das Licht erhalten hatten ...[2])

Das ist wohl deutlich genug. Und Graf Haugwitz, preußischer Minister und ehemaliger Freimaurer, sogar Großmeister, erklärt in seiner bekannten Denkschrift an den Fürstenkongreß in Verona (1822): „Ich erlangte die feste Überzeugung, daß das Drama, welches in den Jahren 1788 und 1789 begonnen hatte, nämlich die französische Revolution und der Königsmord mit all seinen Greueln, nicht nur (von der obersten Leitung des Frei-

[1]) „C'est la Franc-Maçonnerie qui a préparé notre Révolution, la plus grande de toutes les épopées populaires que l'histoire ait enregistrée dans ses annales, et c'est à la Franc-Maçonnerie que revient le sublime honneur d'avoir fourni à cet inoubliable événement la formule où sont incarnés ses principes".

[2]) „Acacia", Mai 1908, Nr. 65, S. 334, 336.

maurerordens) beschlossen worden waren, sondern auch, daß sie das eigentliche Resultat der Vereinstätigkeit und der dort geleisteten Schwüre gewesen sind." Die unglückliche Maria Antoinette aber, die doch am Versailler Hofe einen tiefen Einblick in die dortigen Verhältnisse erhalten hatte, schrieb ihrem kaiserlichen Bruder Leopold II.: Nehmen Sie sich dort unten gut in acht vor jeder Freimaurerverbindung; man wird Sie schon davon benachrichtigt haben. Die hiesigen Ungeheuer rechnen darauf, auf diesem Wege in allen Ländern das gleiche Ziel zu erreichen. O Gott! Schütze mein Vaterland und Sie vor solchem Unglück!"[1]) Die unglückliche Königin, die auf dem Schaffot endete, sprach die Wahrheit.

Die französische Revolution mußte, um jeden Zweifel an ihren eigentlichen Urhebern zu beseitigen, etwas ausführlicher behandelt werden. Wem das Mitgeteilte nicht genügt, der möge die einschlägige Fachliteratur zu Hilfe nehmen und er wird die vorgebrachten Belege durch hundert andere ergänzen können.

Wie verhielten sich nun aber die Freimaurer unter Napoleon und bei den späteren Umwälzungen in Frankreich? Napoleon I. war selbst Freimaurer, benützte sie und hielt sie klug in Schach, die Kaiserin Josefine wurde Schutzherrin der Freimaurer, die Damen ihres Hofes wurden in den Orden aufgenommen; Napoleons Bruder Josef, der König von Spanien, wurde Großmeister; sein Bruder Ludwig Napoleon zugeteilter Großmeister; sein Schwager Murat, der König von Neapel, wurde ebenfalls Großmeister; Eugen v. Beauharnais, Vizekönig von Neapel, war Meister vom Stuhl. Aber auch seine Generale bekleideten im Freimaurerorden als Großmeister und Meister vom Stuhl hervorragende Stellungen, so z. B. Massena, Kellermann, Marschall Bernadotte u. a. Freimaurerische Gefangene wurden von Napoleon vor anderen begünstigt; so z. B. in den Friedenspräliminarien von Leoben.

Napoleons Stellung zu den Freimaurern läßt sich also kurz dahin kennzeichnen, daß er sie bei seinen weitausgreifenden Plänen als Werkzeug geschickt benützte und den weitverzweigten Einfluß des Bundes seiner Weltpolitik unterzuordnen verstand.

Mit Napoleons Sturz „seufzte die Freimaurerei erleichtert auf." („Acacia", Juni 1908, Nr. 66, S. 403.) Die Brr .·. fielen schleunigst um und huldigten Ludwig XVIII. aus dem Hause Bourbon. Als Napoleon aus Elba zurückkehrte, liefen sie ihm

[1]) Vgl. „Freimaurer-Zeitung", 3. November 1886.

wieder zu und verrieten den Bourbonen, nach der Schlacht bei Waterloo ließen sie Napoleon aufs neue im Stiche, um vor Ludwig XVIII. im Staube zu liegen. Die Großmeister Josef Bonaparte und Murat wurden vom Großorient ihres Amtes entsetzt, im übrigen blieb alles beim alten, da Ludwig nicht daran dachte, die Mörder seines Bruders zu bestrafen. Übrigens war Ludwig XVIII. selbst Freimaurer, er hatte 1776 das Licht erhalten, so wie sein Bruder Karl X., der ihm 1824 in der Regierung folgte. Aber Karl X. war den Freimaurern, trotzdem er zu den ihrigen zählte, wegen seiner Gesinnung verhaßt. Das heilige Feuer revolutionärer Grundsätze, geschickt genährt durch Br .·. Louis Philipp, den Sohn des Br .·. Egalité (Herzogs von Orléans), loderte im Jahre 1830 wieder mächtig empor; König Karl X. wurde vertrieben und Br .·. Louis Philipp von der vorläufigen Regierung zum König (Bürgerkönig) ernannt, nachdem er alle erdenklichen Zugeständnisse gemacht hatte. An eine Republik war ja zunächst nicht zu denken, die Brr .·. gaben sich daher vorläufig zufrieden, denn, wie die „Acacia" schreibt, die Freimaurerei hatte unter der Julimonarchie nichts zu fürchten, der Bürgerkönig, ihr Br .·., war ihr großer Beschützer.[1])

Auf die Dauer jedoch gab sich die Loge mit diesem Zustand nicht zufrieden. Sie wollte die Republik und wühlte weiter, bis im Jahre 1848 der ersehnte Umsturz gelang. Der neuen republikanischen Regierung gehörten mehrere Freimaurer an, darunter der Jude Cremieux. Man versuchte allerlei sozialistische Systeme durchzuführen, sie schlugen fehl, es kam zu wütenden Straßenkämpfen, zur Militärdiktatur und zur Präsidentschaft Louis Napoleons, der schließlich 1852 als Napoleon III. den Thron bestieg. Die „Acacia", die es ja wissen muß, versichert uns auf das bestimmteste, daß Napoleon III. Freimaurer war und in einer schweizerischen Loge das Licht erhalten hatte.[2]) Er war sogar Mitglied einer geheimen Gesellschaft italischer Verschwörer, der Carbonari, und kannte demnach die Geheimbünde aus eigenster Erfahrung; auch die Orsinibomben lernte er kennen, die ihn an seine Jugendeide erinnern sollten. Als Kaiser jedoch sah sich Napoleon III. bald genötigt, gegen die Freimaurer aufzutreten. Aus eigener Machtvollkommenheit gab er ihnen einen Großmeister, den Marschall Magnan, der nicht einmal Maurer war und an einem Tage das Licht und alle 33 Grade erhielt!

---

[1]) Vgl. „Acacia", Februar 1908, Nr. 62, S. 86.
[2]) Vgl. „Acacia", Juni 1908, Nr. 66, S. 405.

Das war eine starke Leistung. Überdies verdarb er sich's bald darauf mit den italischen Großmeistern Mazzini und Garibaldi, so daß er in den letzten Jahren seiner Regierung die gesamten Freimaurer geschlossen gegen sich hatte. Sein Sturz (4. September 1870) wurde daher von ihnen auf das lebhafteste begrüßt.

Die französischen Freimaurer haben demnach im 19. Jahrhundert weder eine besondere Charakterstärke, noch eine feste Überzeugungstreue an den Tag gelegt. Sie paßten sich an; sie waren der Reihe nach — äußerlich wenigstens — Anhänger Napoleons, Ludwig XVIII. wieder Napoleons, nochmals Ludwig XVIII., dann orleanistisch, republikanisch und neuerdings imperialistisch, bis sie zum Schlusse bei ihrem republikanischen Ausgangspunkt wieder anlangten. Stets aber waren sie — innerlich — revolutionär und sowohl bei der Revolution von 1830 wie bei der von 1848 hatten sie ihre Hand im Spiele; fehlte ihren Wünschen augenblicklich die Aussicht auf Erfolg, so „verbargen sie ihr politisches Streben unter dem geheimnisvollen Teppich der Loge".

Erst mit 1870, seit der dritten Republik, war der französische Großorient in der glücklichen Lage, nicht mehr Gefühle heucheln zu müssen, die ihm fremd waren; denn die „dritte Republik" steht derart unter dem Einfluß der Freimaurerei, daß man sie schlechthin als freimaurerische Republik bezeichnen kann. Schon die Präsidenten G r e v y und C a r n o t gehörten dem Freimaurerorden an, desgleichen Br .·. Felix Faure (Loge „Amenité"), die Ministerpräsidenten Bourgeois und Doumer waren Freimaurer, ebenso der durch den Zettelskandal berühmt gewordene Kriegsminister André, der Minister Br .·. Meline (Loge „Travail") und unzählige andere, deren Namen längst der Vergessenheit anheimgefallen sind.[1]) Selbstverständlich ist auch Poincaré Logenbruder, desgleichen Clemenceau, Viviani, Millerand und Br .:. Delcassé darf erst recht nicht übersehen werden. Die wichtigsten Ämter sind in den Händen der Ordensmitglieder, die französischen Freimaurer haben daher in der Gegenwart nur die einzige größere Aufgabe: Für die Erhaltung ihrer Macht zu sorgen. Da dies ihrem Tatendrang nicht genügte, begannen sie vor einem halben Jahrhundert ihre Tätigkeit nach außen zu verlegen, um auch in anderen Ländern die Throne zu stürzen.

[1]) Vgl. übrigens auch die Anmerkung Seite 80.

XI.

## Die revolutionäre Freimaurerei in Italien.

Die „revolutionären Unternehmungen, welche seit 1821 (in Italien) stattfanden, waren das Werk der Freimaurer" — sagt Br.·. Chiossone in einem Vortrage, den er 1907 in der Pariser Loge „Solidarité" hielt.[1]) Wenn dies auch richtig ist, so ist damit noch keineswegs gesagt, daß sie vor 1821 an staatsfeindlichen Umtrieben nicht teilgenommen haben; da sie aber dabei stets den Kürzeren zogen, kann diese Zeit wohl übergangen werden.

Das Bild änderte sich mit einem Schlage, als Mazzini sich zum Führer der Freiheitsbewegung aufschwang. Dieser Mann, 1805 in Genua geboren, kann mit Recht das Haupt und die Seele aller Revolutionen in Europa seit 1821 genannt werden. Schon in jungen Jahren beschäftigte er sich mit Politik und revolutionären Ideen, 1827 trat er der Carbonari-Verbindung bei und gründete als ihr Agent eine Venta in Livorno. Er wurde verhaftet und angeklagt, jedoch mangels Beweisen freigesprochen; daraufhin ging er ins Ausland. 1831 rief er die Verbindung „Jung-Italien" (Giovine Italia) ins Leben, deren Mitglieder schwören mußten, sich der Aufgabe zu widmen, Italien zu einer einheitlichen, freien, republikanischen Nation zusammenzufügen. Dieser Geheimbund erstreckte sich bald über ganz Italien; seine Mitglieder waren zur strengsten Geheimhaltung verpflichtet, mit Waffen ausgerüstet und in ihren Mitteln nicht sonderlich wählerisch. 1834 schuf Mazzini mit gleichgesinnten Deutschen, Polen und Italienern die Verbindung „Jung-Europa", welche zunächst die nationalen Verbände „Jung-Deutschland", „Jung-Polen" und „Jung-Italien" umfaßte.

Mazzinis Hauptziele waren die Vernichtung Österreichs, die Einigung Italiens, die Beseitigung der päpstlichen Macht und die Einführung von Republiken auf der ganzen Erde. Er stand mit den Revolutionsmännern der ganzen Welt in Verbindung, so mit Kossuth, dem polnischen Revolutionär Stanislaus Worcell und dem russischen Juden Alexander Herzen, die sämtlich Frei-

[1]) Abgedruckt in der „Revue Maçonnique", Juni 1907, Nr. 327, S. 89—95.

maurer waren. Europa sollte völlig umgestaltet werden. Nicht ohne Grund sagt daher noch 22 Jahre nach seinem Tode die „Rivista della Massoneria Italiana“ von ihm und seinen Anhängern: „Mazzini, Garibaldi und Kossuth werden im Glanze eines Ruhmes, der nicht übertroffen werden kann, die gekrönten Häupter erblassen machen.“[1]) Unermüdlich hetzte er gegen Österreich und drängte zum Kriege hin. Seine Bestrebungen fanden in England volles Verständnis und finanzielle Unterstützung. Mazzini war allerdings auch für den Weltfrieden, jedoch sprach er die Überzeugung aus, daß dieser nicht ohne Revolution und Krieg erreichbar sein würde. Die kriegerischen Aktionen Garibaldis unterstützte und förderte er nach Kräften, so seinen Zug nach Neapel und den daneben geratenen Zug nach Rom. Giuseppe Garibaldi war bestimmt Freimaurer, er wurde in späteren Jahren sogar zum Großmeister auf Lebenszeit ernannt.

War nun aber auch Mazzini Freimaurer? Er hat sich allerdings gelegentlich in seinen Werken scharf über den „hohlen Symbolismus“ der Freimaurerei geäußert, der nicht selten in „unwürdige Possen“ ausarte.[2]) Ebenso tadelte er an ihr, daß sie kein einheitliches politisches Programm habe und einem verschwommenen Weltbürgertum huldige. Dessenungeachtet kann es nicht dem geringsten Zweifel unterliegen, daß Mazzini, ebenso wie Garibaldi, Freimaurer war, wenn er sich auch bei seinen politischen Unternehmungen in erster Linie auf die von ihm selbst gegründeten Geheimbünde und auf die Carbonari-Verbindung stützte. Mit den namhaftesten Führern der Freimaurerei stand er übrigens zeitlebens in engsten Beziehungen, so mit Aurelio Saffi, dem Herausgeber seiner späteren Werke, und mit Adriano Lemmi, dem späteren sehr verdienstvollen Erneuerer der italischen Freimaurerei, der sie ganz in Mazzinis Sinne umgestaltete. Früher schon, Ende der sechziger Jahre, hatte sich die süditalische Freimaurer-Großloge in Palermo den Wünschen Mazzinis vollständig angepaßt, was natürlich voraussetzt, daß Mazzini selbst Logenbruder gewesen sein muß. Mazzini — und mit ihm Garibaldi — werden auch in den freimaurerischen Blättern außerordentlich geschätzt und über alle Maßen gelobt; das amtliche Logenorgan nennt sie geradezu die „größten Sterne der italischen Freimaurerei“,[3]) die „Heroen des Jahrhunderts und die Vorbilder des Freimaurers“.[4])

[1]) „Rivista della Massoneria Italiana“, 1894, S, 151.
[2]) G. Mazzini, Opere di, I. Band, S. 120 und 29.
[3]) Rivista della Massoneria Italiana, 1891, S. 149.
[4]) Ebenda 1891, S. 96.

Wenn sich Mazzini bei seinen politischen Bestrebungen weniger auf die Freimaurerei gestützt hat, so ist dies darauf zurückzuführen, daß die Logen damals unter sich uneins waren, einer zielbewußten Leitung entbehrten und zahlreiche minderwertige Mitglieder besaßen. Nach Mazzinis Tode übernahmen jedoch seine besten und getreuesten Schüler die Führung. Damals wurde der erste Ordensrat der italischen Maurer mit 33 Mitgliedern ernannt. Unter dem Großmeister Adriano Lemmi, Mazzinis persönlichem Freund, erfuhr die Freimaurerei Italiens 1887 ihre Festigung. Das Jahr 1872 hat die maurerische Einheit Italiens begründet, seither wird sie eingestandenermaßen ganz im mazzinistischen Sinne geleitet. Dafür gibt es keinen besseren, keinen schlagenderen Beweis, als den Eintritt Italiens in den Weltkrieg, der ausschließlich der freimaurerischen Tätigkeit zuzuschreiben ist; davon wird später noch ausführlich die Rede sein.

Aber ganz abgesehen von diesem Weltereignis war die italische Freimaurerei nie anders als revolutionär. Die Freimaurerei war es, die von der italischen Regierung verlangte, daß Rom besetzt und die weltliche Macht des Papstes beseitigt werde (1870). (Es handelt sich hier nur um eine geschichtliche Feststellung, mag man sich sonst zu diesem Ereignis stellen, wie man will.)

Auch unter den Irredentisten befanden sich zahllose Freimaurer, die von den Logen wie von den amtlichen Freimaurerzeitungen offenkundig unterstützt und gefördert wurden.[1]) Dabei ist hervorzuheben, daß die ungarisch-österreichische Freimaurerei zum Großorient von Italien die allerbesten Beziehungen unterhielt, zu Br .·. Kossuth, der in Turin eine Zufluchtsstätte gefunden hatte, förmliche Pilgerfahrten veranstaltete und den Haß der italischen Maurer gegen das „wilde Haus Habsburg“ nicht im mindesten befremdlich fand. Ebensowenig fand man es bedenklich oder anstößig, daß italische Logen mit Wissen und Genehmigung des Großorients Wilhelm Oberdank als Bekenner und Märtyrer feierten, jenen Triestiner, der bekanntlich ein Bombenattentat auf Kaiser Franz Josef I. versucht und seine Tat mit dem Tode gebüßt hatte. Derlei Erscheinungen können niemand verwundern, der Br .·. Mazzinis Anschauungen über den Tyrannenmord kennt. „Aus Rache töten,“ meint er, „ist allerdings ein Verbrechen, aber einem Tyrannen den Garaus machen, von dessen Tod das Wohl des Volkes abhängt, ist

---

[1]) Vgl. zum Beispiel Rivista della Massoneria Italiana, 1894, S. 65.

Kriegestat und — Tugend!“[1]) Damit steht durchaus im Einklange, daß Mazzini, wie er selbst eingesteht,[2]) einmal einem Verschworenen einen Dolch gab, der zu einem Anschlag auf den „Verräter“ und „Tyrannen“ König Karl Albert von Piemont dienen sollte. (Das Attentat unterblieb nur deshalb, weil der in Aussicht genommene Mörder inzwischen anderen Sinnes geworden war.)

Nach diesem Eingeständnis wird es niemand mehr überraschen, daß Mazzini österreichische Soldaten durch seine Sendlinge in den Straßen Mailands erdolchen ließ (1853), um einen Aufruhr hervorzurufen; daß 1854 der Herzog von Parma ermordet wurde und die Richter, welche die Verschwörer verurteilt hatten, nach und nach eines gewaltsamen Todes starben: Système de la terreur!“ — Für den Geist, der damals in den Logen und den italischen Geheimbünden überhaupt herrschte, ist es überaus bezeichnend, daß Br .·. Crispi, der spätere italische Ministerpräsident Francesco Crispi,[3]) in seiner Jugend dem bekannten Carbonaro Orsini persönlich behilflich war, Bomben zu verfertigen, die den König Ferdinand II. von Neapel in Stücke reißen sollten![4]) Ja, noch mehr: das Mazzinistische Komitee, dessen Mitglied derselbe Br .·. Crispi war, hatte damals den König Ferdinand II. zum Tode verurteilt und in ganz Italien waren Flugblätter verbreitet worden, die den politischen Mord als erlaubt hinstellten; eine Belohnung von 100 000 Dukaten wurde demjenigen versprochen, der den „Tyrannen“ Ferdinand II. aus dem Wege räumen würde. Der Soldat Agesilas Milano verübte daraufhin einen Mordanschlag (1856), wurde jedoch ergriffen und hingerichtet. Als nun vier Jahre später Br .·. Garibaldi in Neapel einzog, verschaffte er der Mutter Milanos eine Pension aus Staatsmitteln und Br .·. Francesco Crispi billigte Milanos Tat sogar in der italischen Kammer mit folgenden Worten: „Diese kühne Tat wird kein Patriot Milano zum Vorwurfe machen!“ An derlei Vorfälle wurde anläßlich der Ermordung König Humberts II. in Monza (1900) von italischen Blättern wieder erinnert, ihre Richtigkeit steht daher außer Zweifel; sie sind sehr bezeichnend für den Geist, der in Italien herrschte und vielleicht auch gegenwärtig noch dort herrscht.

Man könnte einwenden, das sei doch nur die Anschauung eines Einzelnen, die Gesamtheit der italischen Freimaurer habe damit

---

[1]) Vgl. G. Mazzini, Opere di, X. S. 48.
[2]) Ebenda, III. S. 340—342.
[3]) G. Mazzini, Opere di, XI. Band, S. 36, Anmerkung.
[4]) G. Mazzini, Opere di, XI. Band, S. 36.

nichts zu tun; ja man könnte auf den Brief des Großmeisters Ernesto Nathan verweisen, der die Meuchelmorde der Anarchisten anläßlich der Ermordung König Humberts ausdrücklich verurteilt hat. Aber derlei Erklärungen sind stets mit Vorsicht aufzunehmen. Wir haben es in Österreich vor ganz kurzer Zeit erlebt, daß ein politischer Mörder von seiner eigenen Partei zuerst als wahnsinnig hingestellt und seine Tat auf das schärfste mißbilligt wurde. Kaum zwei Jahre später hingegen hat dieselbe Partei den begnadigten Mörder mit stürmischem Jubel in ihren Parteivorstand berufen . . .

Genug an dem; Mazzini und Garibaldi sind bis an ihr Lebensende Revolutionäre und Republikaner geblieben und die italischen Könige haben ihnen ihre Huldigung[1]) bezeugt. Ihr revolutionäres Programm wurde restlos von den italischen Freimaurern übernommen, die nur den richtigen Zeitpunkt abwarten, um auch die letzte Forderung desselben, die Abschaffung der Monarchie und des Adels, in die Wirklichkeit zu übertragen.

---

[1]) So hat z. B. König Humbert für das Denkmal Mazzinis, des erbittertsten Gegners seines Vaters, 100 000 Lire gewidmet; vgl. „Neue Freie Presse", 31. Juli 1900.

## XII.

## Die revolutionäre Freimaurerei in Spanien und Portugal.

Der Großorient von Spanien umfaßt gegenwärtig 120 Logen mit etwa 5200 Brüdern; er hat während des Weltkrieges um mehr als 20 Prozent zugenommen, ein Zeichen für die besondere Rührigkeit seiner Leitung. Großmeister und Präsident des Ordensrates ist gegenwärtig noch immer Dr. Miguel Morayta, der schon seit mehr als 20 Jahren an der Spitze des Ordens steht. Morayta ist erklärter Republikaner und machte nie ein Hehl aus seiner Gesinnung. Aber nicht immer konnten die Freimaurer sich so offen betätigen, wie unter Alfons XIII.; es gab Zeiten, wo sie „ihr politisches Streben unter dem geheimnisvollen Teppich der Loge verbergen mußten“ — wie sich die „Bauhütte“[1]) etwas gesucht auszudrücken beliebt.

Auch nach Spanien wurde die Freimaurerei von England aus verpflanzt (1728), bald darauf aber wegen politischer Umtriebe verboten (1751); da das Verbot jedoch nur lässig durchgeführt wurde, bildeten sich immer neue Logen, die sich (1767) von der englischen Großloge trennten und einen eigenen Großorient einrichteten (1780).

Der Sturz der Bourbonen (1808) wurde auch in Spanien von den Brüdern mit hellem Jubel begrüßt. Während der Franzosenherrschaft stand Josef Bonaparte an der Spitze des Großorients, nach der Rückkehr der Bourbonen (1814) hatten die Freimaurer unter Verfolgungen zu leiden. Ob und inwieweit sie damals an Revolutionen teilgenommen haben, läßt sich nicht mit Sicherheit feststellen, da die spanischen Quellen über die freimaurerische Tätigkeit zu jener Zeit nur spärlich fließen. In neuerer Zeit hingegen sind sie erwiesenermaßen an allen revolutionären Unternehmungen beteiligt und arbeiten unverhüllt auf die Einführung der republikanischen Staatsform hin. Der bekannteste Mann ist zweifellos Enrico Ferrer, der nach dem blutigen Aufstand, den er in Barcelona angezettelt hatte, den Behörden in die Hände geriet und erschossen wurde. Ferrer hatte den Einfluß

---

[1]) Nr. 4 vom 23. Januar 1909.

seiner großen Anhängerschaft denn doch gewaltig überschätzt: Er war offenbar der Meinung, daß ihm überhaupt nichts geschehen könne; war ja auch ein früheres Verfahren gegen ihn tatsächlich eingestellt worden, und zwar infolge des Druckes, den die gesamte Freimaurerei und die ihr verwandte Bewegung des „Freien Gedankens" auf die spanische Regierung ausgeübt hatte.

Bemerkenswert ist, daß Br.·. Ferrer auch mit dem Anarchisten *Morral* in regen Beziehungen stand, der den Bombenanschlag auf den königlichen Hochzeitszug anläßlich der Vermählung Alfons XIII. mit Ena von Battenberg (31. Mai 1905) verübt hatte. Mit welchen Gefühlen die Freimaurer dieses Attentat begleiteten, darüber gibt die maurerische „Revue Maçonnique" vom Juli 1905 (Nr. 316, S. 115) beachtenswerte Aufschlüsse: „Am 31. Mai — heißt es dort — explodierte in Madrid die furchtbare anarchistische Bombe, die Morral gegen den königlichen Hochzeitszug geschleudert hatte. Sie forderte zahlreiche Opfer und *fehlte die, welche sie treffen wollte*. Der junge König hätte seine Eitelkeit bändigen und darauf verzichten sollen, bei Festen zu glänzen, die den müßigen Zuschauern verhängnisvoll werden *mußten*." Also: Kein Wort über die Niederträchtigkeit der Tat, wohl aber unangebrachte Vorwürfe gegen den jungen König, wobei das Bedauern, daß die Bombe diejenigen gefehlt habe, die sie hätte *treffen sollen*, unschwer zwischen den Zeilen herauszulesen ist. *Morral* kam vor Gericht und — man sollte es nicht für möglich halten — er wurde freigesprochen! Wer war nun jener Verteidiger, der so geschickt Recht in Unrecht, Unrecht in Recht zu wandeln verstand, daß trotz des überaus klaren Tatbestandes kein Schuldspruch zu erzielen war? Es war Br.·. *Bulot, selbstverständlich ein Freimaurer*, wie uns die „Revue Maçonnique" (Januar 1906, Nr. 310, S. 13) triumphierend mitteilt. Spanien ist eben, — um die Worte des Großmeisters Dr. Morayta auf der freimaurerischen Weltkonferenz in Antwerpen zu gebrauchen — „Spanien ist ein *sehr liberales Land*". Aber so liberal ist Spanien denn doch nicht, daß es den Freund Morrals, *Enrico Ferrer*, als man ihn zum zweitenmal auf handhafter Tat erwischte, nochmals begnadigt hätte. So „*liberal*" war man bloß in — Österreich.

Diese Blitzlichtaufnahme dürfte genügen, um den Geist der spanischen Freimaurerei scharf zu kennzeichnen, zumal von ihrer kriegshetzerischen Tätigkeit ohnedies noch die Rede sein wird.

Nun einen Blick nach Portugal.

In Portugal besteht der „**Vereinigte Großorient von Lusitanien und Suprême Conseil von Portugal in Lissabon**“. Er umfaßt gegenwärtig 133 Logen mit 4341 Brr.·. und hat während des Krieges ebenfalls zugenommen, aber nicht so stark wie der spanische Großorient.[1]) An der Spitze der portugiesischen Freimaurerei steht der sehr bekannte Revolutionär Dr. Magalhães Lima, Journalist, Advokat und Senator; im Kabinett vom Juni 1915 bekleidete er den Posten eines Arbeitsministers.

Magalhães Lima ist eine der führenden Personen der Weltfreimaurerei überhaupt. Er ist, wie Morayta, strenger Republikaner, sogar ihr anerkannter Führer. Seine Zeitung „Avanguarda“ ist zugleich Organ des „Freien Gedankens“. Freier Gedanke, Republik und Freimaurerei sind in Portugal nahezu gleichbedeutende Begriffe, allein die Freimaurerei hat die unbestrittene Führung. Dies bestätigt uns der bekannte Freidenker Raphael **Rens** in der „Bauhütte“ (23. Januar 1909, Nr. 4, S. 29), der bezüglich der Verhältnisse in Portugal u. a. wörtlich sagt: „Es ist vor allem die **Freimaurerei**, welche in diesem Lande die Gewissensfreiheit verteidigt und die Lehren des freien Gedankens verbreitet.“ Das ist unschwer zu verstehen, denn die **internationalen** Beziehungen der Freimaurerei braucht man eben, um sich gegenseitig über die Staatsgrenzen hinweg zu unterstützen und zu fördern. Besonders Magalhães **Lima** wußte diese Beziehungen gut zu verwerten. Im Dezember 1907 hielt er, um nur den denkwürdigsten Vorfall herauszugreifen, eine Reihe von Vorträgen in Pariser Logen; sie trugen den bezeichnenden Titel: „**Portugal. Niedergang der Monarchie, Notwendigkeit der republikanischen Regierungsform. Die Errichtung der Republik.**“ Abbé **Tourmentin**, der bekannte, überaus scharfe und gewandte Gegner der Freimaurer, griff die Sache auf und teilte sie unverzüglich den Lesern seines Blattes[2]) mit. Er äußerte dabei die Besorgnis, daß in kurzer Zeit der König Don Carlos vertrieben oder ermordet werden würde ... Tourmentins Befürchtung war nur zu sehr gerechtfertigt.

Wenige Wochen später fiel König Carlos und sein ältester Sohn, der Kronprinz, einem Mordanschlag zum Opfer .... Vielleicht ein unglücklicher Zufall? Mag sein. Abbé Tourmentin

---

[1]) Das läßt sich vielleicht daraus erklären, daß in Portugal die Hauptaufgabe der Freimaurer — Änderung der Staatsform — bereits seit 1910 in ihrem Sinne gelöst ist.

[2]) „La Franc-Maçonnerie Demasquée“, Paris 25. Dezember 1907.

aber klagte die Freimaurer unverblümt des Königsmordes an, die Loge hingegen beachtete es nicht und fand es auch gar nicht der Mühe wert, die Anklage zu entkräften. Das führende Blatt der Pariser Freidenker hingegen, der „Courrier Européen" (10. Februar 1908, S. 103) hatte gegen den Königsmord an sich überhaupt nichts einzuwenden und bedauerte nur, daß der den Freimaurern verhaßte Ministerpräsident Franco mit dem Leben davongekommen sei: „Der Blitz, der den König und seinen Sohn traf, hatte nur den Fehler, daß er den Haupturheber so vieler Verbrechen und Scheußlichkeiten geschont hat." Welche Verbrechen und Scheußlichkeiten hatte nun der gehaßte Joao Franco eigentlich begangen? Er wollte im Einverständnis mit seinem König den parlamentarischen Augiasstall gehörig ausmisten und von bestechlichen und käuflichen Politikern reinigen. Das und nichts anderes war sein „Verbrechen".

König Manuel, jung, unerfahren und leichtlebig, ein rechter Operettenkönig, bestieg nun den väterlichen Thron. Aber auch mit ihm wurde kurzer Prozeß gemacht. Ein neuerlicher Mord wäre freilich bedenklich gewesen, also schickte man ihn ohne viel Federlesens in die Verbannung. „Waren das vielleicht wieder die Freimaurer? Müssen denn die an allem schuld sein?" — Hören wir, was sie selbst darüber unter sich verlauten lassen. Br.·. Fournemont, Großredner des belgischen Großorients, berichtete in der Sitzung vom 12. Februar 1911 den aufhorchenden Brüdern wörtlich folgendes:

„Erinnern Sie sich der tiefen Empfindung des Stolzes, die wir alle hatten, als wir kürzlich die Nachricht von der Revolution in Portugal erhielten? In wenigen Stunden war der Thron gestürzt, das Volk triumphierte, die Republik war erklärt. Das war wie ein Blitz aus heiterem Himmel für das nichtwissende Publikum. Aber wir, meine Brr.·., wir waren Wissende. Wir kannten die wunderbare Organisation unserer portugiesischen Brüder, ihren rastlosen Eifer, ihre zäh ausdauernde Arbeit. Wir besaßen das Geheimnis dieses glorreichen Ereignisses...."[1])

Bedarf es noch eines weiteren Beweises? Dann sei als einwandfreier Zeuge das „Bundesblatt" vorgeführt, amtliches Organ der altpreußischen Großloge „Zu den drei Weltkugeln". Das „Bundesblatt" bespricht ein Buch des portugiesischen Professors Borges Graïnha über die „Geschichte der Freimaurerei in

[1]) Bulletin du G.·. O.·. de Belgique 5910 (1909/10), 92.

Portugal von 1733 bis 1912" und zitiert zustimmend die Einleitungsworte aus dessen Vorrede: „Die Mehrzahl der bedeutenden Männer der religiösen, politischen und literarischen Umwälzungen Portugals in den letzten zwei Jahrhunderten haben der Freimaurerei angehört", weiters bringt es folgende Feststellung Graïnhas, die besonders schwer ins Gewicht fällt: „Fast alle bedeutenden Köpfe der Staatsumwälzung vom 5. Oktober 1910 sind Angehörige der Freimaurerlogen gewesen.[1])

Woher aber konnten die belgischen Brr .·. im vorhinein wissen, was sich in Portugal abspielen werde? Überflüssige Frage! Hatte doch Br .·. Magalhães Lima schon vor der portugiesischen Revolution die Großoriente von Brüssel, London und Paris aufgesucht, um sich die Unterstützung der maßgebenden Freimaurer für diesen Fall zu sichern. Selbstverständlich erfuhren dieses „Geheimnis" nur die Brr .·. der höchsten Grade, also die vom obersten Rate, deren Verschwiegenheit außer jedem Zweifel steht.

Wenn nun diese offenkundig revolutionäre Unternehmung der portugiesischen Freimaurer beispielsweise vom „Berliner Tageblatt" als „humanitäre Bewegung" gekennzeichnet wurde, so liegt darin eine bewußte Irreführung des dummen deutschen Lesetieres; mit „Humanität" im Sinne von Wohltätigkeit hatte sie höchstens das gemein, daß es jeder Freimaurer als eine Wohltat empfinde, wenn da und dort mit den Thronen aufgeräumt wird. Soviel zunächst über die portugiesische Freimaurerei; welche Rolle sie im Weltkriege spielte, wird noch zu besprechen sein.

[1]) Zitiert im „Herold", Berlin, 17. Januar 1915, S. 11.

XIII.

## Die revolutionäre Freimaurerei in der Türkei.

Das 19. Jahrhundert verlief für die Türkei höchst unglücklich, denn ein Land nach dem anderen erkämpfte sich die Freiheit. Eine ganze Reihe türkischer Herrscher wurde gewaltsam entthront: So Sultan Selim III., der 1808 ermordet wurde, und Mustapha IV., den sein Bruder Mahmud II. töten ließ (1809). Abdul Aziz wurde abgesetzt und öffnete sich angeblich selbst die Pulsadern (1876), Murad V. wurde im selben Jahre entthront und verlor seine Freiheit.

Mit all diesen Gewalttaten haben die Freimaurer anscheinend nichts zu tun, im Gegenteil, der entthronte Sultan Murad V. war einer der Ihrigen und bekleidete in der Freimaurerei einen hohen Rang. Abdul Hamid hingegen hatte vor den Freimaurern eine gräßliche Angst und bezahlte ein ganzes Heer von Spionen, die sie überwachen mußten.

Um das Jahr 1900 begann sich der „Grand Orient de France" um die inneren Zustände der Türkei zu bekümmern. Die Jungtürken, die hauptsächlich aus Juden, Griechen und Armeniern bestanden, kamen mit ihren politischen Bestrebungen nicht recht vorwärts. Da fanden sie Hilfe bei den Freimaurern, die schon längst Abdul Hamids Untergang beschlossen hatten, und nun gings mit einem Male rasch nach aufwärts: „Es wurde ein jungtürkisches Geheimkomitee gegründet und von Saloniki aus die ganze Bewegung geleitet. Saloniki als die judenreichste Stadt Europas — von 110000 Einwohnern sind 70000 Juden — war hiezu besonders geeignet; außerdem bestanden dort bereits mehrere Logen, in welchen die Revolutionäre ungestört arbeiten konnten. Diese Bauhütten standen unter dem Schutze der europäischen Diplomatie, gegen sie war der Sultan wehrlos, sein Untergang nicht mehr zu vermeiden." Diese Worte der gut unterrichteten „Acacia"[1]) erklären alles. In Saloniki gab es damals zwei Logen, die dem Groß-Orient von Italien unterstanden, nämlich die „Macedonia", deren Meister vom Stuhl der italische Jude Emanuel Carasso war, und „Labor et Lux"; außerdem bestand die Loge „Veritas" vom Groß-Orient von Frankreich, ferner die spanische Loge „Perseveranza" und die griechische Loge „Philippos", die aber ausschließlich nationale Zwecke verfolgte. Nament-

[1]) Oktober 1908, Nr. 70, S. 242.

lich die beiden erstgenannten Logen leisteten den Jungtürken wesentliche Dienste.

Die Jungtürken traten also in diese Logen ein und trafen sich dort, um sich zu organisieren und die Revolution vorzubereiten. Andrerseits verstärkte ein großer Teil der bisherigen Logenmitglieder das jungtürkische geheime Komitee „Für Einheit und Fortschritt", in welchem sie durch ihre sorgfältigen Nachforschungen wertvolle Arbeit leisteten und den Jungtürken gewissermaßen als Siebmaschine dienten. Die türkische Regierung, der diese emsige und geheimnisvolle Arbeit auf die Dauer nicht verborgen bleiben konnte, schöpfte Verdacht; aber ihre Polizeiagenten konnten keinen Zutritt erlangen, weil ihnen offenbar die Paßworte fehlten. Vorsichtshalber wandten sich die Logen überdies an den Groß-Orient von Italien, der ihnen für den Bedarfsfall den Schutz der italischen Botschaft in sichere Aussicht stellte.[1]) So bestand schließlich die jungtürkische Partei nahezu ausschließlich aus Freimaurern, unter denen wieder die Juden die einflußreichsten Stellen bekleideten. Diese Tatsachen werden durch das „Giornale d'Italia" vollinhaltlich bestätigt, das die Freimaurerei geradezu als „den Hauptherd der jungtürkischen Bewegung" bezeichnet.[2]) Und dies alles, trotzdem die Freimaurerei in der Türkei verboten war, wie die „Acacia" mit spöttischem Lächeln ihren Lesern unter die Nase hält![3])

Dazu kam, daß nun auch zahlreiche Offiziere des mazedonischen Armeekorps „das Licht erhielten" und die Armee selbst nach ganz bestimmten Plänen mit Verschwörern durchsetzt wurde. Einer der „Wissenden", der Führenden, hat hinterher darüber Mitteilungen gemacht, die der Vergessenheit entrissen zu werden verdienen, zumal es auch für uns höchst wünschenswert sein muß, diese Arbeitsweise etwas genauer kennen zu lernen. Es ist einer von dem berühmten Brüderpaare Buxton, Noel Buxton, der Präsident des Balkankomitees, ein von England bezahlter Auslandsagent, der in allen Balkanwirren seine Hand im Spiele hat. Noel Buxton also erzählt: „Das Komitee „Für Einheit und Fortschritt" war die heimliche, ungeheure Macht, deren Führer und Versammlungsorte unbekannt blieben." . . . „Das mazedonische Armeekorps wurde von fünf zu fünf Mann von der revolutionären Verschwörung durchsetzt. Nur je einer von diesen

[1]) Vgl. den Bericht der französischen Tageszeitung „Le Temps", vom 20. August 1908, Paris.

[2]) Vgl. auch „Volna Myšlenka" vom September 1908.

[3]) „Acacia", Januar 1907, Nr. 39, S. 52.

fünf wußte die Namen anderer Mitglieder. Führer der Bewegung standen als Falkenjäger verkleidet in Saloniki, verkauften Zündhölzchen oder Zeitungen aus Paris, je nach der Gelegenheit. Andere wieder ließen sich als Kutscher bei den Paschas anstellen, die das Komitee überwachen wollten. Wenn ein Regiment bearbeitet werden sollte, ließen sich die Verschwörer dorthin versetzen. Als Enver Bey (Pascha) endlich nach Resna zog, wurde eine Abteilung zu seiner Verfolgung ausgeschickt. An ihrer Spitze stand sein bester Freund ..." Bemerkenswert sind auch die Schlagworte, die ausgegeben wurden: „Für die Türken war die Revolution die Befreiung von den europäischen Räubern. Bei anderer Gelegenheit aber — den Juden gegenüber — bedeutete sie „europäische Freiheit" und „gute Geschäfte". Den Gläubigen sagte man: „Mohammed wollte nicht, daß eine Handlung ohne Beratung stattfinde. Vor kurzem aber haben unsere Gesetzgeber begonnen, ohne Ratsversammlung zu regieren. Ihr seht die Folgen — ihr bekommt keinen Sold und dürft nicht in die Heimat!" So paßte sich das Komitee auf allen Seiten den Verhältnissen an ... Merkwürdig! Von Freimaurern und Juden enthält dieser Bericht nicht eine Silbe! Das Rätsel wird gelöst, wenn man erfährt, daß Noel Buxton selbst Freimaurer ist und daß der Aufsatz, dem diese Zeilen entnommen sind, in der „Neuen Freien Presse"[1]) stand. — Wozu es hinausschreien in alle Welt, daß es unsere Leute gewesen sind, welche gemacht haben die große Revolution in der Türkei, was den Sultan hat gekostet den Thron? — Nein, das kann man von der „Neuen Freien Presse" wirklich nicht verlangen. Wir aber wollen uns merken, daß die freimaurerische „Acacia" bereits im September 1907 den Sturz des Sultans vorausgesagt hat, während sie sich nach Eintritt dieses Ereignisses plötzlich dumm stellte und nach den bewährten Regeln der königlichen Kunst zur rechten Zeit ihr Gedächtnis verlor; damit der peinliche Eindruck so rasch als möglich verwischt würde. Wir wollen uns merken, daß der jüdische Stuhlmeister Emanuel Carasso von der Loge „Macedonia" an jener Abordnung beteiligt war, die dem besiegten Sultan seine Absetzung mitteilte. Ebenso wollen wir im Gedächtnis behalten, daß nach der Einverleibung Bosniens und der Herzegowina (3. Oktober 1908) die Aussperrung der österreichischen Waren von den jüdischen Bootsleuten und Lastträgern in Saloniki ihren Ausgang nahm, während die jungtürkischen Komitees im ganzen

[1]) „Neue Freie Presse", Wien 7. Januar 1909, Nr. 15941.

Reiche die Durchführung dieses Boykotts erzwangen.[1]) Die revolutionäre Freimaurerei hatte also auch im Ottomanischen Reiche gesiegt und freute sich ihres Triumphes. Einer ihrer mächtigsten Führer, Br ∴ Ahmet Riza, ein aus der Türkei ausgewiesener Journalist, wurde zur Belohnung seiner großen Verdienste Präsident des türkischen Abgeordnetenhauses, in das naturgemäß zahlreiche Juden, Griechen und Armenier hineingewählt wurden.

Die von den jungtürkischen Brüdern angeordneten Massenhinrichtungen von Anhängern des früheren Zustandes entsprachen nun allerdings nicht den freimaurerischen Grundsätzen der Freiheit, Gleichheit und Brüderlichkeit; die Grausamkeit, mit der sie — noch dazu öffentlich — vollzogen wurden, stand sogar mit dem maurerischen Humanitätsgedanken in schreiendem Widerspruch — allein, was hat das zu bedeuten? Der Enderfolg der glorreichen türkischen Revolution war doch so überwältigend, daß man über derlei Kleinigkeiten ruhig hinwegsehen kann!

Die Freimaurerei hatte gesiegt und verstand es, ihren Sieg entsprechend auszunützen; bald danach, am 1. April 1909, traten die Vertreter von 45 türkischen Logen in Konstantinopel zusammen und gründeten den „Grand Orient Ottoman“. Mahomed Orphi Pascha wurde zum Großmeister gewählt; von den übrigen Großwürdenträgern seien folgende „Türken“ besonders hervorgehoben: David Cohen, Raphaelo Ricci, Nicolas Forte, Marchione, Jacques Souhami, Georges Sursock.[2]) Der sehr verdiente Br ∴ Mehmed Djavid Bey wurde Meister vom Stuhl einer Loge in Konstantinopel („Konstitution Nr. 309“) und überdies Finanzminister.

Auch für das Hochgradwesen hatten die jungen türkischen Freimaurer volles Verständnis, denn wie der „Herold“ berichtet,[3]) bildete sich kurz darauf ein oberster Rat, ein „Suprême Conseil des alten angenommenen Schottischen Ritus für die Türkei“, dem auch schleunigst die Anerkennung seitens der Groß-Oriente von Frankreich und Italien zuteil wurde. Der deutsche Großlogenbund hingegen hält ihn bis heute nicht für vollwertig und gleichberechtigt und hat dem „Suprême Conseil“ sowohl wie dem „Ottomanischen Großorient“ die erbetene Anerkennung versagt; ja nicht eine einzige deutsche Großloge hat bis heute für die Türkei einen Vertreter ernannt!

[1]) „Neue Freie Presse“, Wien, 15. Januar 1909, Nr. 15949.

[2]) Vgl. „Bulletin“, Nr. 20 des Internationalen Büros für maurerische Beziehungen. Juli-Sept. 1909, S. 193.

[3]) „Herold“ 1910, Nr. 14 vom 3. April.

XIV.

## Die revolutionäre Freimaurerei in Serbien.

Während der türkische Großorient vermöge seiner hochpolitischen Vergangenheit die Anerkennung der deutschen Großlogen nicht erhalten konnte, wurde dem „Obersten Rat“ der serbischen Freimaurer, dem am 23. Mai 1912 geschaffenen „Suprême Conseil von Serbien in Belgrad“, in überraschend kurzer Zeit die erbetene Anerkennung zuteil. Der Antrag war allerdings bereits zu Pfingsten 1913 von den Großlogen von Hamburg und Sachsen gestellt worden, wurde aber damals noch auf ein Jahr zurückgestellt; zu Pfingsten 1914 neuerlich eingebracht, wurde er diesmal vom (39.) Großlogentag in Frankfurt a. M. am 31. Mai 1914 auch tatsächlich angenommen. Genau vier Wochen später, am 28. Juni 1914, wurde der österreichische Thronfolger, Erzherzog Franz Ferdinand, in Sarajewo von serbischen Freimaurern ermordet; von serbischen Freimaurern mit Unterstützung der mächtigen und weitverzweigten Verschwörergesellschaft „Narodna Odbrana“. Major Tankosic, der den Bombenwerfern die Waffen ausfolgen und ihnen Unterricht in deren Gebrauch erteilen ließ, war nämlich ebenso Freimaurer, wie Ciganovic, der den gedungenen Mördern die Brownings und Bomben persönlich übergab. Beide gehörten überdies zu den Führern der „Narodna Odbrana“. Von den eigentlichen Mördern war Cabrinovic nach eigenem Zugeständnis Freimaurer. Das Geld für die Ausführung des Mordanschlages wurde durch den Freimaurer Dr. Kazimirovic beschafft, der zu diesem Zwecke im April 1914 Reisen nach Frankreich und England unternahm. All dies sind aktenmäßig festgestellte Tatsachen. Endlich wurde auch im Prozeß von Sarajewo durch mehrere Zeugen erhärtet, daß die Ermordung des Thronfolgers schon im Jahre 1912 vom „Grand Orient de France“ beschlossen worden war, die Ausführung des Mordes zunächst aber unterbleiben mußte, weil sich keine Mörder fanden. Damit man sich von dem wahren Sachverhalt ein richtiges Bild machen könne, seien hier einige Stellen aus der

Hauptverhandlung, die sich auf die Freimaurerei beziehen, wörtlich nach dem stenographischen Protokoll mitgeteilt, und zwar nach der aktenmäßigen Darstellung von Professor Pharos.[1]

Es ist dies um so notwendiger, als der ganze Prozeß von der gesamten liberalen (freimaurerischen) Tagespresse totgeschwiegen oder doch nur derart verstümmelt wiedergegeben wurde, daß sich kein vernünftiger Mensch über die eigentlich treibenden Kräfte Klarheit verschaffen konnte.

Vertreter der Loge in der Angelegenheit des Mordanschlages war der schon genannte Dr. Radoslav Kazimirovic, ein Serbe. Über ihn äußert sich der angeklagte Bombenwerfer

Cabrinovic: „Er (Kazimirovic) ist Freimaurer, ja gewissermaßen eines ihrer Häupter. Er reiste gleich darauf (nachdem sie sich für das Attentat angeboten hatten) ins Ausland. Er bereiste den ganzen Erdteil. Er war in Budapest, Rußland und Frankreich. Wann immer ich den Ciganovic fragte, wie es mit unserer Angelegenheit stehe, pflegte er zu antworten: „Dann, wenn jener (Kazimirovic) kommt ...." Damals erzählte mir auch Ciganovic, die Freimaurer hätten den Thronfolger schon vor zwei Jahren (1912) zum Tode verurteilt, aber sie hatten keine Leute, welche das Todesurteil ausführten. Hernach, als er mir den Browning und die Patronen übergab, sagte er: „Jener Mann ist gestern abends von Budapest zurückgekehrt." Ich wußte, daß derselbe die Reise im Zusammenhang mit unserer Angelegenheit unternommen und im Ausland mit gewissen Kreisen konferiert habe."

Präsident: Sind das nicht Märchen, was du da erzählst?[2]

Cabrinovic: Das ist die reine Wahrheit und hundertmal wahrer als Ihre Dokumente von der „Narodna Odbrana".[3]

(Es ist jedenfalls sehr bezeichnend, daß man diese Attentäter aus Serbien nicht mehr fortließ und ihnen früher keine Waffen gab, bis Kazimirovic von seiner Rundreise zu den Logenzentren zurückgekehrt war; übrigens haben Dokumente, die man beim Einmarsch in Serbien fand, über diese Angelegenheit helles Licht verbreitet.)

---

[1] „Der Prozeß gegen die Attentäter von Sarajewo". Aktenmäßig dargestellt von Prof. Pharos. Mit Einleitung von Geheimem Justizrat Prof. Dr. Josef Kohler. Berlin 1918, v. Decker's Verlag.

[2] Die Ansprache mit „du" ist in Bosnien gebräuchlich.

[3] Vgl. „Der Prozeß gegen die Attentäter von Sarajewo". S. 162.

Eine andere Stelle:

Verteidiger Dr. v. Premusic zu Cabrinovic: Hast du die Bücher von Rosic gelesen?

Cabrinovic: Ich las seine Abhandlungen von der Freimaurerei.

Premusic: Wurden diese Bücher in Belgrad verteilt?

Cabrinovic: Ich habe sie als Schriftsetzer gesetzt ...

Premusic: Sage mir, glaubst du an Gott oder an irgend etwas?

Cabrinovic: Nein.

Premusic: Bist du ein Freimaurer?

Cabrinovic (wird verwirrt und schweigt. Das Schweigen dauert einige Zeit. Er wendet sich gegen Premusic und schaut ihn an): Was fragen Sie mich darum? Ich kann darauf nicht antworten ...

Premusic: Ist der Voja Tankosic ein Freimaurer?

Cabrinovic (schweigt wieder verlegen): Wozu fragen Sie mich darum? (Nach einigem Schweigen): Ja, und auch Ciganovic .....

Präsident: Daraus folgt, daß auch Sie Freimaurer sind. Nur ein Freimaurer kann wieder einem Freimaurer sagen, daß er Freimaurer sei.

Cabrinovic: Bitte mich um das nicht zu fragen; ich werde darauf nicht antworten.

Präsident: Wer auf eine Frage schweigt, der bejaht sie.[1])

Noch eine dritte Stelle sei hier wiedergegeben:

Präsident: Sagen Sie mir noch etwas von den Beweggründen. War es Ihnen, bevor Sie sich zum Attentate entschlossen, irgendwie bekannt, daß Tankosic und Ciganovic Freimaurer seien? Hat es auf Ihren Entschluß Einfluß gehabt, daß Sie und jene Freimaurer seien?

Cabrinovic: Ja.

Präsident: Erklären Sie mir das: Haben Sie von jenen den Auftrag erhalten, das Attentat auszuführen?

Cabrinovic: Ich habe von niemand den Auftrag erhalten, das Attentat zu vollführen. Die Freimaurerei steht mit dem Attentat insofern in Verbindung, als ich dadurch in meinem Vorsatz bestärkt wurde. In der Freimaurerei ist es erlaubt, zu töten. Ciganovic sagte mir, die Freimaurer

---

[1]) Ebenda S. 11 und 12.

hätten Franz Ferdinand schon vor einem Jahre zum Tode verurteilt.

Präsident: Ist da nicht etwas Phantasie dabei? Wo wurde er verurteilt?

Premusic: Ich werde hiefür die Beweise erbringen.

Präsident: Hat er Ihnen das gleich gesagt oder erst dann, als sie ihm sagten, sie hätten Lust, das Attentat zu vollführen?

Cabrinovic: Wir sprachen auch früher schon von der Freimaurerei, allein er sagte uns nichts von diesem Todesurteil, bis wir uns endgültig zu dem Attentat entschlossen.[1])

Nun noch eine Stelle aus dem Verhör mit dem Mörder Princip:

Präsident: Haben Sie mit dem Ciganovic über die Freimaurerei gesprochen?

Princip: Warum fragen Sie mich darüber?

Präsident: Ich frage Sie, weil ich das wissen möchte. Haben Sie mit ihm darüber gesprochen oder nicht?

Princip: Ja. Ciganovic sagte mir, er sei Freimaurer.

Präsident: Wie sagte er Ihnen das, daß er Freimaurer sei?

Princip: Als ich mich bezüglich der Mittel zur Ausführung des Attentates an ihn wandte, sagte er mir und betonte es, er werde mit einem gewissen „Mann" sprechen. Er werde von diesem die Mittel zur Ausführung des Attentates bekommen. Bei einer anderen Gelegenheit erzählte er mir, der österreichische Thronfolger sei in einer Loge von den Freimaurern zum Tode verurteilt worden.

Präsident: Und Sie? Sind Sie vielleicht auch Freimaurer?

Princip: Wozu diese Frage? Ich werde darauf keine Antwort geben. (Nach einer kurzen Pause): Nein.

Präsident: Ist Cabrinovic Freimaurer?

Princip: Ich weiß es nicht. Vielleicht ist er's. Er sagte mir gelegentlich, er werde in eine Loge eintreten ....[2])

Aus dem Mitgeteilten ergibt sich sonnenklar, daß der Plan der Ermordung von den Freimaurern ausgegangen ist. Ein Jahr und darüber verstrich jedoch, weil sich keine Mörder finden ließen. Da wurde auf geheimnisvolle Art dem Cabrinovic sowohl, wie dem Princip, Grabez, Cubilovic usw. der Mord-

---

[1]) Ebenda S. 14.

[2]) Ebenda S. 33.

gedanke nahegelegt; sie ließen sich anwerben und führten die von langer Hand vorbereitete Tat auch aus. Auf die Einzelheiten der Anwerbung usw., so bemerkenswert sie auch sind, kann hier nicht näher eingegangen werden. Es sei hier auf Grund des Protokolles nur noch hervorgehoben, daß der Freimaurer Ciganovic, von dem die Mörder die Brownings, Patronen, Geld und Bomben erhielten, ein kleiner Eisenbahnbeamter in Belgrad war und wie die anderen aus Bosnien stammte. Er selbst erhielt das Geld von dem Freimaurer Major Tankosic, der reichlich mit Mitteln ausgestattet war und selbst die Waffen einkaufte.

Höchst beachtenswert ist aber auch, daß gerade von Paris aus das „bevorstehende tragische Ereignis im österreichischen Kaiserhaus" ziemlich unverblümt vorausgesagt wurde, genau so, wie die Entthronung der Hohenzollern-Dynastie, die bereits im Jahre 1910 für das Jahr 1913 angekündigt worden war — um fünf Jahre zu früh allerdings, aber man erkennt daraus wenigstens den Ausgangspunkt jener Bestrebungen.

Wer hat das angekündigt? — Eine in Paris sehr bekannte Dame, Frau Savigny, oder wie sie sich der Öffentlichkeit gegenüber nannte: Madame de Thebes. Madame de Thebes war eine hochmoderne Wahrsagerin, in deren Salons Politiker und Diplomaten, hochgestellte Persönlichkeiten und verwegene Glücksritter aller Art verkehrten; aus deren Mitteilungen und Andeutungen schöpfte sie wohl den größten Teil ihrer Prophezeiungen, die sie dann im Dezember jedes Jahres mittels ihrer „Almanachs" in die ganze Welt hinausflattern ließ. „Derjenige, der (in Österreich) zur Regierung bestimmt ist (Franz Ferdinand), wird nicht regieren; regieren wird ein junger Mann, der vorläufig zur Regierung noch nicht bestimmt ist." (Karl I.) Diese Prophezeiung bezog sich auf das Jahr 1913; als sie sich nicht erfüllte, ließ sich Madame de Thebes keineswegs entmutigen, im Gegenteil: „Das tragische Ereignis im österreichischen Kaiserhaus, das ich vorausgesagt habe, ist zwar nicht eingetreten — schrieb sie in ihrem Almanach vom Dezember 1913 — es wird aber ganz bestimmt eintreten, und zwar noch in der ersten Hälfte des nächsten Jahres!" So schreibt nur jemand, der mehr weiß, als er sagen will, jemand, der über sehr verläßliche Quellen verfügt und weiß, daß er sich mit seinen Vorhersagungen bestimmt nicht blamieren wird.

Waren nun diese denkwürdigen Prophezeiungen auch hier zu Lande bekannt? — Gewiß! Gingen sie doch unbeanstandet Jahr für Jahr durch einen großen Teil der Tagespresse, wurden sie doch von Hunderttausenden von Lesern mit Begierde aufgegriffen und verschlungen — um am nächsten Tage bereits vergessen zu sein.

Man fragt sich nun unwillkürlich: Waren diese Tatsachen dem deutschen Großlogentag bekannt? War er unterrichtet über die Ziele der großserbischen Bewegung? Wußte er etwas von den Bestrebungen der „Narodna Odbrana“? Hatte er Kenntnis von dem hochpolitischen Wesen der serbischen Freimaurerei? Waren ihm die Führer persönlich bekannt und war er unterrichtet über den engen Zusammenhang der „Narodna Odbrana“ mit der serbischen Freimaurerei? Wußten denn die deutschen Großmeister überhaupt nicht, daß sich die Freimaurer der südlichen und westlichen Länder stets eines nationalen Hilfsvereines zur Deckung ihrer Anschläge bedienten? In Italien der Carbonari, in Spanien der Freidenkergesellschaft und der Anarchisten, in Portugal des Geheimbundes „Formiga bianca“ (Weiße Ameise) und des „Freien Gedankens“, in der Türkei der jungtürkischen Partei? Soll das alles gerade nur den Häuptern der deutschen Freimaurerei unbekannt gewesen sein? Und dies, obwohl sie doch seit dem Jahre 1909 die Beziehungen zum „Grand Orient de France“ wieder aufgenommen hatte? Übrigens eine Zwischenfrage: Wer stand denn damals an der Spitze der deutschen Freimaurerei? Wer war denn der geschäftsführende Vorstand des deutschen Großlogenbundes, wer war der Vorsitzende auf jenem denkwürdigen Großlogentag, wo der oberste freimaurerische Rat in Serbien Anerkennung, Schutz und Hilfe der deutschen Brüder finden sollte??

O, ihr einfältigen deutschen Maurer, ihr würdet, wenn ihr danach fragen wolltet, seinen Namen doch nie erfahren; dieser Name ist ausgelöscht aus dem Gedächtnisse aller Freimaurer, er wird unter dem geheimnisvollen Teppich der Loge verborgen, denn er könnte zu Mutmaßungen Anlaß geben, die der Freimaurerei unendlichen Schaden zuzufügen geeignet wären .... Der geschäftsführende Vorstand des deutschen Großlogenbundes in der weltgeschichtlichen Zeit hieß nämlich — Kohn; jawohl! Der hochehrwürdigste Großmeister des „Eklektischen Freimaurerbundes in Frankfurt a. M.“ war tatsächlich ein Br∴ Kohn, der freilich nur ganz kurze Zeit an der Spitze der gesamten Freimaurerschaft Deutschlands stand, weil er bald darauf „in den ewigen Orient eingegangen ist“; ob hohes Alter, ob Angriffe aus dem eigenen Lager oder Gewissensbisse dieses rasche Dahinscheiden beeinflußten, läßt sich derzeit nicht nachweisen. Tatsache ist jedoch, daß man in Freimaurerkreisen diesen Namen wohl mit Absicht verbirgt und keine Totenschau ihn nennt.

Der ermordete Thronfolger Franz Ferdinand wäre nun nach seiner ganzen Veranlagung zweifellos ein starker Herrscher geworden oder — um eine freimaurerische Redewendung zu gebrauchen — ein Tyrann. Stärke, Tatkraft, unbeugsame Entschlossenheit waren die hervorragendsten Eigenschaften dieses Mannes, der zweifellos außerordentlich viele Feinde besaß; namentlich auch wegen seiner religiösen Gesinnung, die nicht geheuchelt war, sondern auf innerer Überzeugung beruhte. Dazu kam eine echte Freundschaft zu Kaiser Wilhelm, den er aufrichtig verehrte; auch seine Gemahlin Sophie, geborene Gräfin Chotek, gehörte übrigens trotz ihrer tschechischen Abstammung und ihrer streng katholischen Gesinnung zu den dankbaren Bewunderern des deutschen Kaisers, der ihr ja auch die eheliche Verbindung ermöglicht und den Rang einer Herzogin verschafft hatte.

Franz Ferdinand, dessen Wille es war, ein starkes Österreich zu schaffen, mußte also fallen. Hatten die Freimaurer mit schwächlicheren Fürsten aufgeräumt — siehe Portugal! — so war ihnen ein starker Monarch erst recht der Inbegriff allen Abscheues. Darin sind sich die führenden Freimaurer der ganzen Welt einig, wenn auch vom bloßen Wunsche bis zum Entschluß und vom Entschlusse bis zur Tat ein gewaltiger Abgrund klafft. Der „Grand Orient de France“, welcher im Sarajewoer Prozeß als geistiger Urheber und Anstifter des Mordanschlages entlarvt wurde, besaß nun diesen Willen zur Tat, was bei seinen Anschauungen gewiß zu begreifen ist. Von allen, die noch gestürzt werden sollten, war der Habsburger Thron zunächst in Aussicht genommen. An den greisen Kaiser Franz Josef getraute sich infolge seines Ehrfurcht gebietenden Alters freilich niemand mehr heran. Dieses hohe Alter und natürlich auch seine Abgeschlossenheit schützten ihn vor Mordanschlägen; wie man aber in freimaurerischen Kreisen über derlei Attentate gegen gekrönte Häupter im allgemeinen und über solche gegen die Habsburger im besonderen dachte, das wissen wir sehr genau aus der „Rivista Massoneria Italiana“, dem amtlichen Logenblatt des Großorients von Italien; dieses Blatt feierte noch im Jahre 1914 den Bombenwerfer Wilhelm Oberdank als „Helden und Märtyrer“, weil er 32 Jahre vorher (1882), „sein junges Leben dem Vaterland zum Opfer gebracht hatte“.[1]) Und damals hatte es sich um denselben Kaiser Franz Josef gehandelt.

[1]) „Rivista Massonica Italiana“, 1914, S. 435 ff.

Daß also die führenden Freimaurer bestimmter Länder den Wunsch und Willen besaßen, den Thronfolger aus dem Leben zu räumen, kann ernstlich keinem Zweifel begegnen. Es fragt sich nur, ob die Häupter der deutschen Freimaurerei darum gewußt haben oder nicht. Hier kann mangels schriftlicher Urkunden nur folgerechtes Denken zu einer richtigen Beurteilung der Sachlage führen. Fest steht nun einmal, daß die belgischen Freimaurer, d. h. zumindest deren oberste Führer, von der bevorstehenden Entthronung König Manuels von Portugal genauestens unterrichtet waren. „Wir waren Wissende..... wir besaßen das Geheimnis dieses ruhmvollen Ereignisses" — heißt es im amtlichen Bericht des Großorients von Belgien über die Revolution in Portugal.[1]) Fest steht weiters, daß vor der Ermordung König Carlos von Portugal und seines ältesten Sohnes, des Kronprinzen, (Februar 1908) der Großkommandeur und Großmeister des portugiesischen Großorientes, Dr. Sebastiao de Magalhães Lima, in Paris weilte und dort am 19. November 1907 in der Loge „Kosmos" einen Vortrag hielt, „Über die bevorstehende Errichtung der portugiesischen Republik". Der ihn betreffende Teil der Tagesordnung ist nun so überaus lehrreich und bemerkenswert, daß er hier im vollen Wortlaut wiedergegeben sei: „Feierlicher Empfang des sehr erhabenen Bruders Magalhães Lima, 33. Grad, Großmeister des Großorients von Portugal, durch den höchstleuchtenden Bruder Moses, Mitglied des Bundesrates der Großloge von Frankreich ....

Vortrag über das Thema: Portugal, Niedergang der Monarchie, Notwendigkeit des republikanischen Regimes. Die Errichtung der Republik."[2]) Also: Etwa zehn Wochen vor dem Mordanschlag auf König Carlos wird vom „sehr erhabenen Br .·. Magalhães Lima 33 .·.", der Niedergang der Monarchie bereits vorausgesehen und vorausgesagt...

Hatte der bekannte Gegner der Freimaurer, der französische Abbé Tourmentin, demnach recht, wenn er daraufhin die Königsfamilie warnte und die Befürchtung aussprach, daß in kurzer Zeit König Carlos des Thrones entsetzt, vertrieben oder hingerichtet werden würde? Und weiters: Hatte der Abbé Tourmentin recht, wenn er nach Eintritt dieses Ereignisses die „Brüder" unverblümt des Königsmordes anklagte? Soviel steht

---

[1]) „Bulletin du Grand Orient de Belgique", 5910 (1909/10, S. 92.)

[2]) „La Franc-Massonerie Demasquée", 25. Dezember 1907.

auf jeden Fall ganz außer Zweifel, daß sich die führenden Brüder von bevorstehenden Ereignissen rechtzeitig unterrichten, daß also die „Geheimnisse" gegenseitig ausgetauscht und Hilfe und Unterstützung im einzelnen Falle gegenseitig zugesichert und gewährt werden.[2])

Wenn aber nun feststeht, daß der „Großorient von Frankreich" oder allenfalls die „Großloge von Frankreich" (eine solche Verwechslung wäre bei Zeugenaussagen ganz gut möglich), daß also eine der beiden freimaurerischen Körperschaften die Ermordung Franz Ferdinands beschlossen hat, so ist sehr wahrscheinlich, daß auch andere Großlogen, oder wenigstens ganz bestimmte Personen, von diesem Willensentschluß Kenntnis erhalten haben. Bei den internationalen Beziehungen, die gewisse Elemente nun einmal besitzen, ist es außerordentlich naheliegend, daß gewisse führende Freimaurer auch im Deutschen Reiche Kenntnis von dem bevorstehenden Ereignisse gehabt haben, das ja — nach dem Almanach der Madame de Thebes — „ganz bestimmt eintreten mußte, und zwar noch in der ersten Hälfte des Jahres 1914". Wenn der „höchstleuchtende Br .·. Moses rechtzeitig von dem portugiesischen Ereignis Kenntnis erhalten hatte, warum soll dann der ‚hochehrwürdige Br .·. Kohn' von dem ‚bevorstehenden tragischen Ereignisse im österreichischen Kaiserhause' keine Kenntnis erhalten haben?"

Es ist in hohem Maße befremdend, daß gerade in der kritischesten Stunde ein Jude sich an der Spitze der deutschen Freimaurerei befand. Und es ist in höchstem Grade auffallend, daß gerade unter dem Vorsitz dieses jüdischen Br .·. und Großmeisters Kohn ein Beschluß gefaßt wurde, der nach dem, was eingetreten ist, einer Rückendeckung der serbischen Meuchelmörder gleichzustellen ist.

Aufklärung tut hier dringend not und es ist Sache der deutschen Freimaurerei, diesen schweren Vorwurf, der sich gegen ihren ehemaligen Bundestagspräsidenten Kohn richtet, zu entkräftigen und dessen Schuldlosigkeit, wenn dies überhaupt möglich ist, außer Zweifel zu stellen.

---

[1]) Dieser letzte Satz wird noch durch weitere Beispiele belegt werden.

XV.

## Die revolutionäre Freimaurerei in Österreich.

Wenn nun schon die Freimaurerei in anderen Ländern revolutionären Bestrebungen gehuldigt hat — muß dies deshalb auch in Österreich der Fall gewesen sein? Gewiß nicht! Aber lassen wir, statt viele Worte zu gebrauchen, die geschichtlichen Tatsachen für sich selbst sprechen.

Die Freimaurerei wurde in Österreich durch den Grafen Johann Sporck eingeführt, einen fabelhaft reichen, freigebigen, prachtliebenden Mann, der am 24. Juni 1726, am Tage Johannes des Täufers, in seinem Palast auf der Prager Kleinseite die Loge „Zu den drei Sternen“ eröffnete, zu deren Großmeister er gewählt wurde.

Unter den ersten Mitgliedern befanden sich hervorragende Vertreter des böhmischen Adels, wie die Grafen Norbert Wrbna, Wenzel Kaiserstein, Josef Kinsky, Guidobald Martinitz und der „Edelmann“ David, ein ehemaliger Sekretär des Grafen Bubna.

Woher die Reichtümer des Grafen Sporck eigentlich stammten, hat man nie erfahren. Seine Widersacher führten sie schon damals auf unlautere Beziehungen zu den Feinden des habsburgischen Hauses zurück. Tatsache ist, daß Graf Sporck zu König Albert von Bayern fortwährend heimliche Beziehungen unterhielt und in ihm den berechtigten Thronerben Karls VI. erblickte. Als Sporck 1735 die Großmeisterwürde infolge hohen Alters zurücklegte, wurde die Loge dennoch und erst recht in seinem Geiste weitergeleitet. Der Edelmann D a v i d war die Seele der hochverräterischen Bewegung, die von der Loge „Zu den drei Sternen“ ausging und einen großen Teil des böhmischen Hochadels umfaßte; er stand auch insgeheim im Einverständnis mit dem französischen Marschall Belleisle und dem bayrischen Kurfürsten Karl Albert, dem am 19. Dezember 1740 von den Ständen als K ö n i g von B ö h m e n gehuldigt wurde.

Aber das Blatt wandte sich; das aufrührerische Prag wurde von kaiserlichen Truppen eingenommen, David verhaftet und zum Tode verurteilt. Das Urteil lautete auf Abhauen der rechten Hand, dann Köpfung und Vierteilen. Die Glieder sollten an vier

Galgen an den Landstraßen vor der Stadt ausgesteckt werden. Aber die Freimaurer waren für ihren David tätig und bald konnten sie ihm den Trost zukommen lassen, daß es ihm nicht ans Leben gehen werde; die junge Kaiserin (Maria Theresia) wolle kein Blutgericht vollziehen lassen. Und so war es auch. Am Richtplatze wurde er begnadigt und die Todesstrafe in lebenslängliches Gefängnis umgewandelt.[1])

Von dem hochverräterischen Treiben der Prager Freimaurer wußte man in Wien natürlich nichts; man wußte insolange nichts, als ihre Taten nicht so offenkundig hervortraten. (Genau wie heute!) Vielleicht wollte man auch nichts sehen, denn der Gemahl Maria Theresias, Großherzog Franz Stephan von Lothringen, war selbst Freimaurer — er hatte am 24. Juni 1731 im Haag „unter freiem Himmel" das Licht erhalten und gehörte der Loge „Zu den drei Kanonen" in Wien an, der der prunksüchtige und verschwenderische Graf Hoditz als Großmeister vorstand.

Kaiserin Maria Theresia war aus begreiflichen Gründen den Freimaurern nicht sehr gewogen. Sie soll sogar einmal, von Eifersucht getrieben, mit einer Hofdame in Männerkleidung an einer Logensitzung teilgenommen haben — eine Erzählung, die jedoch wenig glaubwürdig klingt. Die Loge „Zu den drei Kanonen" ging übrigens bald ein (1749). Die folgende Zeit kann übergangen werden. Auf Neugründungen folgten plötzliche Verbote und wieder Neugründungen. Eine gute Tat der Freimaurer, die auch von Maria Theresia sehr gelobt wurde, sei der Gerechtigkeit halber hier festgehalten. Es ist die Gründung des Waisenhauses „St. Johann der Täufer" in Prag. Trotzdem konnte die große Kaiserin einen tiefen Argwohn gegen die Freimaurer nie ganz unterdrücken. Bekannt sind ihre an den Staatskanzler Fürsten Kaunitz gerichteten Worte, die aus ihren letzten Regierungsjahren stammen und lauten: „Hör' Er, lieber Kaunitz, Er will uns etwas weiß machen, was Er selber wohl nicht glaubt. Der Josef wird auch noch auf Unsere Worte kommen und es bitter bereuen, sich mit diesen dangereusen Leuten so tief eingelassen zu haben. Gebt acht, wenn die einmal merken, daß beim Goldkochen, Schatzgraben und Geisterbeschwören nichts herauskommt, als Schande und Spott . . . dann werden sie auf einmal lernen einig sein, sie werden, damit sie nicht umsonst auf der Welt sind, Euch in das Handwerk pfuschen und ein bissel regieren wollen. Wir sagen Euch, das Haus werden sie Euch noch um-

[1]) Nach Freih. v. Helferts Vortrag am 30. März 1897 in Wien.

kehren und das Leben sauer genug machen. Wir werden's nicht erleben und sind dessen froh. Ihr aber seht zu, wie Ihr noch mit Euren Brüdern Freimaurern zurecht kommt!"[1])

Die große Kaiserin war, ohne je das Licht erhalten zu haben, sehend geworden. Was sie im Jahre 1768 klaren Verstandes voraussah, ging 150 Jahre später in Erfüllung.

Kaiser Josef II. war, entgegen der landläufigen Ansicht, bestimmt nicht Freimaurer. Aber er war vertrauensselig und kam ihnen in jeder Weise entgegen. Nur das eine verlangte er, daß sie alle Verbindungen zum Auslande aufgeben sollten, also gerade das, was der Freimaurerei zu jener Bedeutung verholfen hat, die sie nun einmal besitzt. Natürlich führten sie diesen Befehl (von 1783) nur zum Scheine aus. Josef II. Zuneigung für die Freimaurerei, der ja sein Vater angehört hatte, war so groß, daß er sich sogar Privatunterricht in den kabbalistischen Wissenschaften erteilen ließ.[2]) Bald aber war er, ohne es zu wissen, nur mehr von Freimaurern umgeben und umgarnt. Die Freimaurerei hatte einen solchen Umfang angenommen, ihre Organisation war derart ausgebaut worden, daß sie nicht bloß Adel und Militär, sondern auch Staatsbeamte, Privatpersonen und deren Untergebene umfaßte. Dabei stand sie mit dem Auslande nach wie vor in engster Verbindung, sie war voll von Geheimnissen und ihre Mitglieder auf Grund strengster Eide zur Verschwiegenheit verpflichtet; mit einem Wort — eine richtige Verschwörergesellschaft, die sich durch vorgeschützte Zwecke, wie Bildung, Wohltätigkeit u. dgl., einen Freibrief verschafft hatte und nun bestrebt war, alles in ihrem Sinne umzugestalten. „Da erkannte er (der Kaiser) — um mit Br .·. Kloß zu sprechen — daß eine Überwucherung im Maurerbunde stattgefunden hatte" und durch das kaiserliche Handbillet vom 1. Dezember 1785 wurde die Zahl der Logen .... beschränkt.[2])

Da er überdies in einem Handschreiben (Dezember 1785) mit Beziehung auf die Freimaurerei den unvorsichtigen Ausdruck „Gaukeleien" gebrauchte, hatte er bald den Haß der ganzen Loge gegen sich und mußte die Wahrnehmung machen, daß allenthalben gegen ihn gearbeitet wurde. Was aber der „Haß der ganzen Loge", die damals beiläufig 100000 Mitglieder in Europa umfaßte, zu bedeuten hatte, sollte Josef II. nur gar zu bald erfahren. Wenn 100000 der „ränkevollsten und in den wichtigsten Staats-

[1]) „Latomia" XXV, 1866, S. 15, 16.
[2]) Diese spielten damals in der Freimaurerei keine geringe Rolle.
[3]) Vgl. „Bauhütte" vom 30. Januar 1909, Nr. 5, S. 25.

ämtern stehenden Menschen" gegen ihn arbeiteten, konnte von einer Durchführung seiner großen Pläne nicht mehr die Rede sein. Professor Hoffmann, ein ehemaliger Freimaurer, der sehend geworden war, nennt einige Ereignisse aus den letzten Lebensjahren Josef II., die er den Freimaurern zur Last legt: „Der Türkenkrieg 1789/90 war ein Werk der geheimen Orden, angezettelt durch (den Freimaurer) Herzberg und seinen guten Freund Pitt. Der Schatz und die Armee des österreichischen Hofes sollte durch diesen Krieg erschöpft und verwüstet werden. Die Unruhen in Ungarn wurden in den Logen entworfen (!) und debattiert; Herzberg leitete sie."[1]) Überdies wurde dem Kaiser auch bekannt, daß die „merkwürdigsten Delinquenten" jener Zeit lauter Freimaurer oder Illuminaten waren, so der Kabinettsdirektor Günther, Szekely, Legisfeld, Sonnenfels u. a. „Diese Wahrnehmungen bewogen Josef II. zu dem ernstlichen Entschlusse, der Freimaurerei den Garaus zu machen."[2])

Kaiser Leopold II. war den Freimaurern ebenso günstig gesinnt wie ursprünglich sein Vorgänger Josef — belehrt uns das „Allgemeine Handbuch der Freimaurerei". Professor Hoffmann jedoch, dessen Rat in dieser Angelegenheit wiederholt vom Kaiser eingeholt wurde, versichert uns dagegen, daß Leopold II. sehr genau wußte, „daß ganz Europa und alle Monarchen in der Sklaverei der geheimen Orden lägen. Gleich beim Antritt der Regierung über die gesamten Erblande richtete er sein Augenmerk vorzüglich dahin, die Beziehungen und den unübersehbaren Einfluß dieser geheimen Orden zu sprengen und insbesondere sich selbst und seine Regierungspläne dem Einflusse, der Beherrschung, und den überall herumwirkenden Ränken der österreichischen Freimaurer zu entreißen; denn es ist unglaublich, welche Schliche und Kniffe gewisse Chefs derselben anwendeten, um ihn, wie Josef II., an ihrem Gängelbande und nach ihren Zwecken zu führen."[3]) Das klingt nun doch wesentlich anders als das Urteil des „Allgemeinen Handbuches der Freimaurerei". Daß der Kaiser genau unterrichtet war, geht übrigens auch aus dem schon zitierten Briefe seiner Schwester, der unglücklichen Königin Maria Antoinette, hervor, den sie am 17. August 1790 an Leopold II. richtete: „Prenez bien garde là-bas à toute association de franc-maçons.

---

[1]) Promemoria des Wiener Professors Hoffmann an Kaiser Franz I. 1793 mitgeteilt in dem Vortrage Dr. Freih. v. Fuchs, Wien 1897. Vgl. „Die Freimaurerei" Österreich-Ungarns, S. 118.

[2]) Ebenda, S. 119.

[3]) Ebenda S. 249; Vortrag des k. u. k. Kämmerers Ferdinand Graf Buquoy.

On doit déjà vous avoir averti; c'est par cette voie, que tous sel monstres d'ici comptent d'arriver dans tous les pays au même but. Oh Dieu garde ma patrie et vous de pareils malheurs!

(„Nehmen Sie sich dort wohl in Acht vor dem ganzen Freimaurerbund. Man dürfte Sie bereits gewarnt haben; auf diesem Wege hoffen alle Ungeheuer von hier in allen Ländern ans gleiche Ziel zu gelangen. Gott schirme mein Vaterland und Sie vor einem solchen Unglück!"[1])

Der Kaiser starb bereits nach zweijähriger Regierungstätigkeit (1792). Sein Nachfolger, Kaiser Franz, war von der Gefährlichkeit der Freimaurer so überzeugt, daß schon im Jahre 1794 ein Regierungserlaß erging, der die Freimaurerei in allen österreichischen Provinzen unterdrückte. Wie notwendig dieses Verbot war, bewies die 1795 aufgedeckte Verschwörung Hebenstreits und Prandstetters, die beide Freimaurer und bekannte Logenredner waren. Mitverschworen waren auch der Geheimsekretär (!) Leopolds II., de Riedel, und der ebenfalls bekannte Freimaurer Martinovic; sie hatten einen Überfall auf den Kaiser geplant, nebstbei sollten die französischen Gefangenen befreit und ein Teil der Stadt in Brand gesteckt werden. Gleichzeitig wurde in Innsbruck eine Jakobinerverschwörung entdeckt, die gleichfalls von Freimaurern angezettelt worden war.[2]) Nun wurde planmäßig und gründlich mit den geheimen Gesellschaften, namentlich mit der Freimaurerei, aufgeräumt. Am 23. April 1801 wurde eine Verfügung erlassen, der zufolge kein Staatsbeamter mehr einem Geheimbund angehören durfte. Jeder einzelne mußte dies eidlich erklären und sein Versprechen alljährlich erneuern. Wer es nicht tun wollte, dem stand es frei, um seine Entlassung anzusuchen.

Das Verbot erfüllte seinen Zweck; Adel, Militärs, Beamte und Geistliche — denn auch solche waren damals in der Freimaurerei tätig — kehrten den Logen den Rücken, die nun verödeten. Auch bei uns verbargen die Freimaurer nunmehr ihre politischen und umstürzlerischen Bestrebungen unter dem geheimnisvollen Teppich der Loge, holten sie aber von dort sofort wieder hervor, wenn sie Morgenluft witterten; so in den Jahren 1805 und 1809, als die Franzosen nach Wien kamen. Hören wir, was Br.·. Lewis in seiner „Geschichte der Freimaurerei in Österreich" darüber zu erzählen weiß; er stellt zunächst diese Tatsachen fest und betont dann, daß insbesondere im Jahre 1809 die von Wiener

[1]) Arneth, Briefwechsel Kaiser Josef II. usw. mit Marie Antoinette S. 250.
[2]) Ebenda S. 251 und 253.

Brüdern neugeschaffene „Große Nationalloge von Österreich" mit dem Groß-Orient von Paris eine Verbindung unterhielt. „Durch die Vermählung der Erzherzogin Marie Louise mit dem Kaiser Napoleon unterlag die Postverbindung mit Frankreich einer weniger strengen Aufsicht und so blieb die maurerische Korrespondenz zwischen der Wiener Loge und dem Orient von Paris der österreichischen Polizei verborgen. Man arbeitete im Stillen weiter, bis Napoleons Entthronung und das bekannte päpstliche Anathema im Jahre 1814 bewirkte, daß diese Tätigkeit eingestellt wurde."

Dieses meisterhafte Anpassen an die jeweiligen Verhältnisse, diese Zähigkeit und Zielstrebigkeit könnte einem fast so etwas wie Bewunderung abringen, oder auch etwas anderes. Aber hören wir weiter, was der hocherleuchtete Br .·. Lewis uns zu berichten weiß: „Im Jahre 1848 brachen unter Kaiser Ferdinand die Unruhen aus." („Unruhen" ist gewählt als Verdeutschung für das fremdsprachige Wort Revolution.) „Sie wurden von dem intelligenten Teile der Bevölkerung der Hauptstadt angeregt." Wir wissen schon, wer der intelligente Teil der Großstadtbevölkerung ist, es ist nicht der gebildete Teil, es ist eben der — intelligente Teil. „Als die Verleihung einer freien Staatsverfassung zugesagt war, hielt es der in Wien anwesende Br .·. Lewis für angemessen, die ersten Vorbereitungen zur Wiedereröffnung der im Jahre 1794 geschlossenen Loge „Zum heil. Josef" zu treffen. Es gelang dem Br .·. Lewis — wie uns Br .·. Lewis berichtet — im September 1848 die Zustimmung des Ministeriums des Innern zu erhalten und am 5. Oktober 1848 fand im Hause des Grafen Harnoncourt (I., Teinfaltstraße 76) die feierliche Wiedereröffnung der Loge „Zum heil. Josef" statt. Am 7. Oktober brach die Revolution aus. Das ist selbstverständlich nur ein unliebsamer Zufall, der von den Wiener Freimaurern mit tiefer Betrübnis aufgenommen wurde. „Aber leider — sagt Br .·. Lewis wörtlich — leider verstummten (!) die ersten Hammerschläge der Freimaurer in Wien nur zu bald. Die nach dem 6. Oktober 1848 eingetretenen stürmischen Zeitereignisse hatten diese beklagenswerte Folge nach sich gezogen." Daher: Nieder mit der Revolution! „Nach Herstellung der Ruhe begab sich Br .·. Lewis mit einigen anderen Brüdern zum Gouverneur von Wien, Feldmarschalleutnant Freiherrn v. Welden, um die Erlaubnis zu erlangen, sich wieder versammeln zu dürfen. In diesem Gesuche wurden Gottesglaube und Nächstenliebe als höchste Ziele der Freimaurer hingestellt, der Ausschluß jeder politischen Tendenz besonders hervorgehoben und endlich auf die Aufnahme des Prinzen von Preußen als Protektor aller preußischen Logen, wie auch auf König Friedrich Wilhelm III. als Mitglied des Freimaurerbundes hingewiesen, um dadurch den Beweis zu erbringen, daß die Freimaurerei nicht staatsgefährlich sein könne. Aber der „Finsterling" Freiherr v. Welden nahm die Abordnung befremdlicherweise höchst ungnädig auf und kehrte ihr sogar den Rücken. Ob er dabei zur Bekräftigung jene volkstümliche Redewendung gebraucht habe, die auf Götz von Berlichingen zurückgeführt wird, ist geschichtlich nicht erwiesen. Auch vom Minister des Innern, Dr. Bach, wurde Br .:. Lewis abgewimmelt. Da es in Wien unmöglich war, während des Ausnahmezustandes eine Logentätigkeit zu entfalten, versammelten sich die Brüder nun in der Kurstadt Baden und sandten von einer Festloge an das Kriegsministerium 80 (achtzig) Gulden zum Besten der k. k. Armeen in Italien und Ungarn, was in der Wiener Volkszeitung besonders hervorgehoben wurde. Aber auch diese „hochherzige" Handlungsweise prallte an dem Unverstand und der Borniertheit der Wiener Regierung ab, die sich noch immer nicht einreden lassen wollte, daß die Freimaurer ihr höchstes Ziel wirklich nur im „Gottesglauben" und in der „Nächstenliebe" erblickten; sie war vielmehr nach wie vor der Überzeugung, es hier mit einem Geheimbund gefährlichster Sorte zu tun zu haben, auf den man gar nicht scharf genug aufpassen konnte. Denn alles, was an Nachrichten aus Ungarn, aus Böhmen und Deutschland einlief, mußte sie in dem Argwohn bestärken, daß es sich hier um eine revolutionäre Bewegung handelte, die von der Freimaurerei ihren Ausgang nahm (siehe: Frankreich) und in allen Ländern, wo es zur 1848er Revolution kam, von den Freimaurern unterstützt und gefördert wurde. Dabei soll die Frage, ob und was sie Gutes brachte und wer schließlich den Hauptvorteil daraus zog, vollständig unerörtert bleiben. Hier handelt es sich bloß um eine Feststellung geschichtlicher Tatsachen, die einem Großteil der Gebildeten unbekannt sind, von den unteren Schichten des Volkes gar nicht erst zu reden.

Anfangs der Sechzigerjahre begegnet uns Br .:. Lewis, Professor der englischen Sprache, in Ungarn, „wo er sogenannte unregelmäßige Aufnahmen in den Orden vollzog, wofür er sich bezahlen ließ." In Österreich hatten nämlich die Logen ihre Tätigkeit vollkommen eingestellt, wenigstens getrauten sie sich nicht mehr ans Licht der Öffentlichkeit.

Mit der Verfassung von 1867 trat hierin eine wesentliche Änderung ein.

Vorher soll jedoch noch ein Ereignis besprochen werden, das uns wenigstens mittelbar betrifft, nämlich die Hinrichtung des Kaisers Max von Mexiko, welche ja ebenfalls mit den Freimaurern in Zusammenhang gebracht werden muß. Im „Budapesti Naplo“, einem von Freimaurern herausgegebenen Tagblatt, erschien am 15. Januar 1897 ein Aufsatz, der dem Andenken des Grafen Josef Zichy, des einstigen Obersthofmeisters des unglücklichen Kaisers, gewidmet war, woraus folgende höchst bemerkenswerte Stelle entnommen sei:

„Als der ritterliche Monarch bereits zum Tode verurteilt war und in Queretaro im Armensünderstübchen saß, sandte der Präsident der Republik, Juarez, seinen Adjutanten, den Baron Gagern, zum Kaiser. In Mexiko flüsterte man sich nämlich zu, daß Kaiser Max, der ein außerordentlich liberaler, von menschenfreundlichen Gefühlen durchdrungener Mann war, ein Freimaurer sei; da nun auch Juarez dem Orden angehörte, schickte er den Baron Gagern zu ihm, um im Gespräche herauszubringen, ob der Kaiser tatsächlich „Bruder“ sei. Falls das Gerücht auf Wahrheit beruhen sollte, war Gagern von Juarez ermächtigt, dem Kaiser mitzuteilen, daß im Hafen ein Schiff vor Anker liege und der Kapitän nur den Befehl erwarte, ihn, den Kaiser, entfliehen zu lassen. Gagern gelang es, den Kaiser allein zu sprechen und er suchte nun herauszubringen, ob dieser ein Freimaurer sei oder nicht. Aber der Kaiser wollte nicht Farbe bekennen: „Lassen Sie das“, sagte er, dann senkte er sein Haupt und versank in tiefe Gedanken. Gagern sah, daß er nicht ans Ziel komme, nahm verehrungsvollen Abschied und meldete Juarez, daß der Kaiser sich nicht erklärt habe. Der Präsident der Republik sah ernst vor sich hin und sagte finster: „Gott sieht in meine Seele, ich wollte ihn retten .... Es werde also der Wille des Gesetzes vollzogen ....“

Die Frage, ob Kaiser Max von Mexiko Freimaurer war oder nicht, ist bis heute nicht entschieden. War er es nicht, so hätte ihn einfach ein „Ja“ vom sicheren Tode errettet, er aber wollte selbst um den Preis seines Lebens nichts Unwahres behaupten. War er es hingegen, so wollte er offenbar seine ehemaligen Beziehungen zur Freimaurerei zu einer Zeit, da er ihr nicht mehr innerlich angehörte, nicht dazu ausnützen, um sich in Sicherheit zu bringen. In beiden Fällen ist die Seelenstärke dieses wahrhaft großen Mannes zu bewundern.

Kehren wir nun zur Freimaurerei in Österreich wieder zurück! Warum wurden denn die Logen auch nach der Erteilung der Verfassung von 1867 bei uns nicht anerkannt? Die Antwort darauf mögen uns die Freimaurer selbst geben: In der „Geschichte des Wiener nichtpolitischen Vereines Humanitas“[1]) findet sich die Äußerung, daß die Regierung sich stets geweigert hat, dem Vereine ein rechtliches Dasein zu gewähren, weil die Beiziehung eines staatlichen Beamten zu den Versammlungen rundweg abgelehnt wurde. Da die österreichische Regierung die Freimaurerei als politische Vereinigung betrachtete und politische Vereine sich die Anwesenheit eines Regierungsbeamten nun einmal gefallen lassen müssen, so war nicht einmal das ausgesprochen liberale Bürgerministerium in der Lage, die angesuchte Anerkennung zu erteilen.

Geheime Vereinigungen sind in Österreich verboten (§ 285 StGB.); dazu gehören naturgemäß auch jene, die, wenn auch ihr Dasein der Behörde bekannt ist, eine andere Verfassung oder andere Satzungen besitzen, als sie vorgeben, sowie auch jene, die insgeheim andere Zwecke verfolgen, als sie öffentlich vortäuschen. Für die Freimaurer ein schwieriges Dilemma; aber diese Klippe wurde in echt österreichischer Weise umschifft. Man erfand nämlich für die freimaurerischen Vereine ein höchst merkwürdiges Doppelleben: In Österreich sollten sie bloß als Wohltätigkeitsanstalten gelten und wirken, die eigentliche Logenarbeit hingegen, die durften sie mit Schurz und Handschuhen, mit Bändern und Bijous in Ungarn ausüben! Das ist nicht etwa ein schlechter Witz, sondern eine vorbildliche (!) österreichische Erfindung, die verdiente, in allen Kulturstaaten patentiert zu werden. Den Beweis für die Richtigkeit des Gesagten liefert uns die „Geschichte der Humanitas“ selbst, die unter anderen folgende wichtige Beschlüsse mitteilt: „Nur die Mitglieder der Loge Humanitas in Neudörfl in Ungarn können wirkliche Mitglieder des Vereines Humanitas (in Wien) sein;“ weiters: „Alle in Neudörfl an der Leitha aufgenommenen oder beigetretenen Brr .·. verpflichten sich, dem nichtpolitischen Vereine „Humanitas“ in Wien oder einer seiner Filialen beizutreten.“ Dann wird in Punkt 7 der erwähnten Beschlüsse noch festgesetzt, was alles in Neudörfl gemacht werden muß und was in Wien stattfinden darf: Alle maurerischen Arbeiten, welche nur in einer „echten und gerechten Loge“ stattfinden können, wie Aufnahmen, Beförderungen, Affiliationen, Beamtenwahlen, Ausschließungen usw. können nur in Neudörfl stattfinden; Meister-

[1]) Erschienen bei Prätorius, Wien, 1885.

beratungen dagegen, Unterrichtsabende und leitende Versammlungen sind in Wien abzuhalten. Schon aus diesen Satzungen geht also klar hervor, daß es sich nicht um gewöhnliche Vereine handelt, sondern um Freimaurerlogen, die allerdings nur unter gewissen Beschränkungen hier arbeiten konnten. (An Stelle von Neudörfl und Ödenburg ist mittlerweile Preßburg getreten.)

Infolge des staatlichen Verbotes konnte sich die Freimaurerei in Österreich nur langsam entwickeln. Der Gründung der Loge „Humanitas" (1869) folgen andere nach und gegenwärtig gibt es in Wien allein 13 Freimaurerlogen, wozu noch 16 Logen und Kränzchen in der Provinz kommen (1915). Die Namen und Stuhlmeister der Wiener Logen werden am Schlusse angeführt.

Die österreichischen Logen haben sich seit ihrer Neugründung, also ungefähr seit 1870, unter ungarischen Schutz gestellt und wurden auch von Abgesandten der Pester Großloge überwacht. Stuhlmeister und Meister von Wiener Logen bekleiden demnach auch in der ungarischen Großloge höhere Ämter, auch treffen wir sie mehrfach als Vertreter deutscher Großlogen an; so ist z. B. der Redakteur Heinrich Glücksmann (Wien) Vertreter des „Eklektischen Bundes" (Frankfurt a. M.), der Advokat und kaiserliche Rat Dr. Rumpler (Wien) Vertreter der Großloge von Hamburg, der Stuhlmeister der Loge „Zur Wahrheit", Friedrich Artner (Wien), „Vertreter der Großen Landesloge von Sachsen" und Br .·. Dr. Geza Winter (Wien) Vertreter der Unabhängigen Logen (Leipzig).

Unter ungarischem Schutz atmeten die österreichischen Logenbrüder naturgemäß auch den Geist der ungarischen Großloge ein. Es wurde schon früher im IX. Aufsatz: (Freimaurerei, Wohltätigkeit und Politik) darauf hingewiesen, daß die Politik in den ungarischen Logen eine außerordentliche Rolle spielt und der in ihnen herrschende revolutionäre Geist wurde durch einzelne Beispiele grell beleuchtet. Die österreichische Freimaurerei steht darin ihrer ungarischen Ziehmutter in keiner Weise nach. Der Zahl nach marschieren die österreichischen Freimaurer zwar nicht an der Spitze, im Gegenteil fast in keinem Lande Europas sind sie ziffermäßig so schwach wie hier; übersteigt doch ihre Gesamtzahl kaum die Zahl 1200; allein ihr Einfluß steht im umgekehrten Verhältnis dazu. Schon die „Acacia" gibt an,[1]) daß die

[1]) „Acacia" Juni 1908, Nr. 66, S. 420.

„Symbolische Großloge" von Ungarn", die einzige ordentliche Oberbehörde für ganz Österreich-Ungarn, jeder anderen Oberbehörde vollkommen gleichwertig und rücksichtlich ihrer Tätigkeit der französischen Maurerei sehr ähnlich sei; sie sei dort „die wirklich fortgeschrittene Fraktion der öffentlichen Meinung". Und ein Wiener Freimaurer, Br .·. Oskar Erstling, bestätigt und ergänzt dieses Urteil im „Zirkel"[2]) noch durch das wertvolle Einbekenntnis: „In Österreich lebt und regiert das freimaurerische Prinzip so kräftig wie gerade dermalen vielleicht nirgends auf der ganzen Welt." Zweifellos denkt Br .·. Erstling dabei zuvörderst an die gesamte liberale Presse, die ja von Freimaurern mit und ohne Schurz herausgegeben und geleitet wird. Man denke weiters an den unbeschreiblichen Jubel, mit dem seinerzeit Br .·. Enrico Ferrer auf dem internationalen Friedenskongreß in Prag begrüßt und gefeiert wurde! Aber das waren doch nicht lauter Freimaurer? — Gewiß nicht, denn nicht jeder Freidenker ist zugleich Freimaurer, wohl aber umgekehrt. Der Unterschied ist ein mehr äußerlicher, förmlicher; ihrem Wesen und ihren Zielen nach sind sie bei uns ebenso nahe verwandt wie in Spanien und Portugal. Alle, alle denken sie so, wie Br .·. Maeterlinck im Wiener Logenblatt „Der Zirkel", das von Br .·. Heinrich Glücksmann herausgegeben wird, seinerzeit gesagt hat: „Zögern wir nicht, unsere zerstörenden Kräfte bis zum Übermaß zu gebrauchen. Wir haben nicht zu fragen, was wir an die Stelle des Zerstörten setzen werden." Selbstverständlich; denn diese Frage ist ja für Freimaurer bereits längst erledigt: An Stelle der Monarchie hat eben nach der großen Weltrevolution die Republik zu treten; nach jener Weltrevolution, die auf vielen Freimaurerkongressen angekündigt und so lange herbeigesehnt wurde, bis wir jetzt mitten drinnen stehen und endlich die Kräfte erkennen, die seit langem bestrebt waren, von einem Punkt aus die Welt aus ihren Angeln zu heben ... Unsere Schuld ist es, diese feindlichen Kräfte nicht früher erkannt zu haben. Doch übertreiben wir nicht und klagen wir uns nicht selbst unnötigerweise an; denn unsere Schuld ist nicht um vieles größer als die eines Hausherrn, der es nicht vermag, in stockfinsterer Nacht einen Dieb oder Einbrecher zu erkennen .... Der Vergleich mag schroff und allzuscharf erscheinen; die Freimaurer selbst aber

---

[2]) „Der Zirkel", 13. Dezember 1908.

sind es, die durch eigenes Eingeständnis über die Art ihrer Arbeit diesen Vergleich geradezu herausfordern. Wie sagte doch das „Wiener Journal für Freimaurer" einst tiefsinnig und geheimnisvoll? — „Wir wandern, in dreifache Nacht gehüllt, mitten unter unseren Widersachern. Ihre Leidenschaften dienen uns als Triebfedern, durch die wir sie, ohne daß sie es gewahr werden, ins Spiel setzen, um sie unvermerkt zu zwingen, gemeinschaftlich mit uns zu arbeiten. Im eigenen Schatten einer Autorität[1]) arbeitet die Maurerei an dem großen ihr anvertrauten Werke.

[1]) D. h. geduldet von der Monarchie!

XVI.

## Die revolutionäre Freimaurerei in Ungarn.

Höchst auffällig ist das starke Anwachsen der ungarischen Freimaurerei während des Weltkrieges. Die „Symbolische Großloge von Ungarn" zählte im Jahre 1913 — also vor Ausbruch des Krieges — 91 Logen mit 6526 Brüdern; im Jahre 1918 dagegen 102 Logen mit 7414 Freimaurern, das ist ein Zuwachs von 12, bzw. 13 v. H., eine Steigerung, wie sie keine Großloge der ganzen Erde, nicht einmal die von Spanien, während des männermordenden Krieges aufzuweisen hat. Welche Schlüsse darf man daraus ziehen? Wären die ungarischen Freimaurer je eine verläßliche Stütze des Reiches gewesen, so könnte man daraus folgern, daß es ihnen um die Erhaltung des Staates zu tun war; so aber war es, um mit Maeterlink zu sprechen, eine Anspannung aller zerstörenden Kräfte bis zum Übermaß — und die Zerstörung ist, wie wir sehen, ja auch vortrefflich gelungen ... Dabei darf man nicht vergessen, daß diese 7414 Brüder nur die Zahl der wirklich tätigen Mitglieder darstellen. In früheren Jahren wurde der Unterschied deutlich hervorgehoben; so gab es im Jahre 1878 in Ungarn insgesamt 7341 Brüder, von denen 2781 als ausübende, tätige Mitglieder angeführt erscheinen. Im Jahre 1896 werden bloß 2805 Brüder ausgewiesen, d. h. die Zahl der eingetragenen und verpflichteten Mitglieder wird überhaupt nicht mehr angegeben, sondern bloß die jener Brüder, welche wirkliche Logenarbeit verrichten. Legt man, um die richtige Zahl von heute zu erfahren, das damalige Verhältnis zugrunde, so würde also die symbolische Großloge von Ungarn einen Mitgliederstand von etwa 20000 umfassen.

Der durchaus revolutionäre Charakter der Freimaurerei geht insbesondere aus ihrem Verhalten gegenüber den Führern der ungarischen Revolution vom Jahre 1848 hervor; gegenüber den Brr .·. Kossuth, Klapka, Pulßky usw.

Da könnte man nun freilich einwenden, daß es damals eine organisierte Freimaurerei in Ungarn noch gar nicht gegeben hat und daß die „äußerst geheime Loge“, die der Musikalienhändler Thoma in Pest gründen wollte, erst am 24. August 1848 ins Leben getreten ist, nämlich die Loge „Zur Morgenröte des höheren Lichts!“ Kossuth sollte ihr erst beitreten. Zugegeben! Dessenungeachtet bleibt aber die Tatsache bestehen, daß die Führer der Revolution mit den ausländischen Logen in engster Verbindung standen, von dort Unterstützung erhielten und nach der gewaltsamen Niederschlagung der ganzen Bewegung im Ausland Schutz und Deckung fanden. Kossuth wurde im Februar 1852 in Cincinnati (Amerika) in den Freimaurerbund aufgenommen, desgleichen Graf Gregor Bethlen und Paul Hajnik. Graf Julius Andrássy wurde am 24. April 1854 Mitglied der Pariser Loge „Mont Sinai“, Georg Klapka erhielt in der Turiner Loge „Dante Alighieri“ das Licht, der Bischof Hyazinth Rónay wurde in London, Bischof Michael Horvath in der Schweiz zum Freimaurer gemacht. Überhaupt gab es damals kaum einen der bedeutenderen ungarischen Verschwörer, der nicht im Ausland, sei es nun in Amerika oder England, in Frankreich, Italien oder in der Schweiz, von einer Freimaurerloge gedeckt worden wäre. Das ist dem Kenner der Verhältnisse nichts Auffälliges, nichts Neues. „Aufruhr und Empörung sind keine maurerischen Vergehen.“ „Die Empörung ist in gewissen Fällen eine heilige Pflicht.“ „Ein Freimaurer kann, ohne sich eines Verbrechens schuldig zu machen, kühn einen Schlag gegen die Tyrannei führen, sich mit anderen zu einer Verschwörung verbinden und dabei auch Mittel anwenden, die an sich verwerflich wären“ — derlei Aussprüche sind in der freimaurerischen Literatur nichts Seltenes, man begegnet ihnen sozusagen auf Schritt und Tritt.

Doch kehren wir zu unserem Ausgangspunkt, der ungarischen Bewegung des Jahres 1848, wieder zurück. Ungarns Krone wurde damals im Namen Kossuths durch die beiden Grafen Scherr-Thoß und Stephan Esterházy dem Herzog von Leuchtenberg angetragen. Da aber General Görgey, bei Vilagos von den kaiserlichen Truppen geschlagen, sich zur Übergabe entschließen mußte, kam es nicht dazu. Kossuth aber und „General“ Türr waren nach Turin übersiedelt, wo sie an den Arbeiten der Loge „Ausonia“ teilnahmen.[1]) Er war in ständiger Verbindung mit den Brr .·. Mazzini und Garibaldi. Das war nun erst die richtige Verbindung. „Krieg gegen Österreich!“ „Krieg den Barbaren!“ „Österreich muß verschwinden!“ das sind Wendungen,

[1]) Vgl. „Bauhütte“, 26. März 1910, Nr. 13, S. 103.

wie sie Mazzini ungezählte Male in seinen Werken gebraucht, Äußerungen eines Hasses, der sich mit dem eines Kossuth vollständig deckt.

Die österreichischen Staatsmänner waren den Führern des Geheimbundes in keiner Weise gewachsen. Durch Vermittlung eines Freimaurers, des Prinzen Jérôme Bonaparte, trat Kossuth im Mai 1859 auch mit Kaiser Napoleon III. in Verbindung, wie uns der Freimaurer Abafi in seinen „Beiträgen zu einer Geschichte der ungarisch-italienischen Legion“ berichtet. Napoleon war bereit, ein Hilfskorps von 20000 Mann für einen Einbruch nach Ungarn zur Verfügung zu stellen, wogegen die Brr .·. Kossuth, Klapka und Graf Ladislaus Teleki in Genua ein „ungarisches Nationalkomitee“ bilden sollten, um in Piemont ein ungarisches Heer aus Deserteuren zusammenzustellen. Der Aufruf hiezu erfolgte am 20. Mai 1859 von Genua aus. Honvédoffiziere strömten von allen Seiten zusammen, aber das ungarische „Heer“ bestand am 1. Juni 1859 aus einem einzigen Mann! Die Brüder schämten sich ihres Mißerfolges und gingen auseinander. Graf Gregor Bethlen auf das Schlachtfeld, Graf Alexander Teleki und „General“ Türr zu Garibaldi, Klapka und Pulßky blieben in Turin. Dann kam man auf einen ganz neuen Einfall, man reihte einfach die gefangenen kaiserlichen Soldaten ein und auf diesem völkerrechtlich durchaus nicht einwandfreien Wege brachte man es schließlich auf 4000 Mann, über welche dann Br .·. Kossuth, der eben aus London zurückgekehrt war, eine Heerschau abhielt. Bald darauf kam es zum Frieden von Villa-Franca.

Schon aus diesen wenigen Zeilen leuchtet hervor, daß der ganze unglückliche Feldzug von 1859 im wesentlichen ein Werk der Freimaurer ist. Aber die ungarischen Freimaurer gaben sich mii dem Endergebnis, das sie und ihre Mitverschworenen sehr enttäuschte, nicht zufrieden. Sie arbeiteten hartnäckig auf einen neuen italisch-ungarischen Krieg hin, dessen Bedingungen am 8. September 1860 zwischen den Brr .·. Klapka, Ladislaus Teleki und Kossuth einerseits und Cavour andrerseits festgesetzt wurden.

Auch an dem Kriege vom Jahre 1866 haben die Freimaurer ihren tatsächlichen Anteil; es genügt der Hinwei's auf die Brr .·. Klapka, und Graf Theodor Csaky, denen noch eine ganze Reihe von Namen hinzugefügt werden könnte.

Diese Tätigkeit ungarischer Freimaurer stammt übrigens noch aus einer Zeit, wo es gar keine festen maurerischen Organisationen in Ungarn gab; erst am 30. Januar 1870 wurde unter dem Großmeister Br .·. Franz Pulßky eine Johannisgroßloge errichtet und 1871 der ungarische Großorient gegründet. Diese Gründung ging von Frankreich aus, vom „Grand Orient de France". Für Ungarn kam also, wie der Großmeister Br .·. Pulßky gelegentlich betonte, das Licht aus dem Westen; „nur der Triumph des französischen Geistes kann Ungarn zum Heile führen." (Wie dieses „Heil" in Wirklichkeit aussieht, hat im November 1918 Br .·. Michel Graf Karolyi glänzend bewiesen!)

Am 23. März 1886 vereinigten sich dann die beiden maurerischen Behörden zur „Symbolischen Großloge von Ungarn", die also sowohl die Johannislogen, als auch die Hochgrade der schottischen Lehrart, das heißt also vom 4. bis zum 33. Grade, umfaßt. Nach dieser Feststellung kann es für uns eigentlich keine Überraschung mehr geben. Es kann uns nicht verwundern, daß ungarische Brüder auf den die Weltrevolution ankündigenden und vorbereitenden Kongressen in Paris (1889 und 1900) das große Wort führen, es wundert uns auch nicht, daß der portugiesische Revolutionär Dr. Sebastian Magalhães Lima von der ungarischen Großloge nach Pest eingeladen und dort feierlichst empfangen wird. Den aufmerksam lauschenden Zuhörern hielt er eine Rede äußerst lehrreichen Inhaltes. Das war kurz nachdem die Freimaurer in Portugal das Königtum gestürzt und die Republik eingeführt hatten. Der Inhalt der Rede ist nicht bekannt geworden, dagegen soll hier ein kurzer Bericht wiedergegeben werden, den die ungarische Großloge an das internationale Freimaurerbüro in Neuenburg (Schweiz) einsandte, worin es heißt: „Die treuen Anhänger der königlichen Kunst haben in unserem Vaterlande schwere Stunden vor sich. Von dem Pflichtbewußtsein, der Opferwilligkeit und von der Disziplin unserer Brüder, die auf getrennten Pfaden wandeln müssen, hängt die Zukunft Ungarns ab. Möge niemand, durch profane Mitteilungen verwirrt, ein vorschnelles Urteil über manche unserer Brüder fällen; denn oft setzen gerade diese ihr Bestes ein für den Sieg unserer Sache!" Dieser Bericht stammt aus dem Jahre 1912, er spricht für sich selbst und bedarf kaum irgendeines Zusatzes, wenn man es versteht, auch zwischen den Zeilen zu lesen.

Im höchsten Grade bemerkenswert ist auch der Besuch der ungarischen Großloge, den sie ihren serbischen Brüdern kurz vor Ausbruch des Weltkrieges abstattete. Die Bestrebungen der Freimaurer Serbiens mußten der ungarischen Großloge, mußten allen ungarischen Freimaurern bekannt sein; und trotzdem dieser Besuch? Es sei daran erinnert, daß der serbische Freimaurer Dr. Radoslav Kazimirovic auf seiner wiederholt genannten Rundreise zu den Logenzentren Europas zu allererst Ofenpest aufsuchte ... Und es sei weiters hervorgehoben, daß es keine Persönlichkeit auf der ganzen Erde gab, die in Ungarn — und namentlich in den Freimaurerkreisen — mehr verhaßt gewesen wäre, als der ermordete Thronfolger Erzherzog Franz Ferdinand ...

Und zum Abschlusse dieses Aufsatzes sei hier noch kurz die Tatsache festgehalten, daß die freimaurerische Tageszeitung „Vilag" („Die Welt") in Ofenpest vor etlichen Wochen die Wahl des englischen Großmeisters Herzogs von Connaught, des Bruders Eduard VII., zum König von Ungarn empfahl, desselben Br .:. Herzog von Connaught, den auch ein Teil der englisch-amerikanischen Tschechen noch *während* des Weltkrieges für den tschechoslowakischen Königsthron in Aussicht genommen hatte.

---

## XVII.

# Die revolutionäre Freimaurerei in Rußland.

Rußland ist sozusagen ein Schulbeispiel dafür, wie durch die Politik die Freimaurerei unter Umständen zugrunde gerichtet werden kann; denn gerade in Rußland fand die Freimaurerei wohlwollende Aufnahme und erst ihre politischen und revolutionären Bestrebungen, die nicht einmal vor Morden zurückschreckten, führten zu ihrer gewaltsamen Unterdrückung.

Es wird behauptet, daß schon Peter der Große Freimaurer gewesen sei. Das ist jedoch in keiner Weise erwiesen und aus verschiedenen Gründen auch wenig wahrscheinlich. Wohl aber mag es schon gegen Ende seiner Regierung — er starb 1725 — Freimaurerlogen in Rußland und Polen gegeben haben. 1743 wurde, wie uns die freimaurerische „Bauhütte" (1909, Nr. 5, S. 34) berichtet, die Petersburger Loge unterdrückt und diejenigen, „welche sie fortsetzen würden, mit Sklaverei bedroht". Unter den geheimen Verbindungen nahmen damals die „Rosenkreuzer" und die „Strikte Observanz" den ersten Rang ein. Auf den ersten Ursprung der Rosenkreuzer und ihre Geheimnisse des Lebenselixirs und des Steins des Weisen kann hier nicht näher eingegangen werden; die „Strikte Observanz" hingegen gehört trotz vielfacher Verleugnung zur Freimaurerei und ihr Hauptgrundsatz des **unbedingten Gehorsams** hat sich ja auch auf die schwedische Lehrart vererbt, deren bedeutendster Vertreter die „Große Landesloge der Freimaurer von Deutschland" ist.

Die Blütezeit der Freimaurerei fällt in Rußland in die Zeit Katharinas II. Die große Kaiserin, die gewiß nicht in dem Handwerk einer Phryne aufgegangen ist, war ihr gewogen und daher naturgemäß sehr bald von Freimaurern rings umgeben, genau so wie Kaiser Josef II. Die „Bauhütte" (1862) weiß darüber folgende ergötzliche Geschichte zu erzählen, welche die damaligen Zustände treffend veranschaulicht: Die Kaiserin fragte einmal den Polizeiminister, wer denn eigentlich an der Spitze der Freimaurerei stünde. Dieser antwortete: „Den Chef kenne ich genau, wenn Majestät befehlen, soll er sofort hier sein!" Da fragte die Kaiserin verwundert, woher er dies wisse? „Wie soll ich es nicht wissen, wenn ich doch selbst zu dieser Gesellschaft gehöre!" „Ich bin also ganz von Euch Freimaurern umgeben", erwiderte lachend die Zarin, „der Henker hole Euch alle!"

Um diese Zeit sollen bereits 145 Logen im Lande gearbeitet haben, was glaubwürdig ist, wenn man erwägt, daß neben der russischen Landesloge unter dem Fürsten Trubetzkoi noch eine schwedische Provinzialloge unter dem Fürsten Gagarin und überdies eine englische Provinzialloge unter Elagin bestand. Die Freimaurerei war Modesache geworden. Das Arbeiten an sich selbst, die Vervollkommnung des Einzelnen, das wirkliche Wohltun wirklich Leidenden gegenüber war bei vielen Maurern verloren gegangen, Lustgelage und kostspielige Torheiten verdrängten jede ernste Tätigkeit. Wahllos wurden Leute in den Orden aufgenommen, oft geschah es bloß der Gebühren halber und schließlich gab es in St. Petersburg fast niemand mehr, der nicht irgendeiner Loge angehört hätte — versichert uns Hofrat Reinbeck.[1]) Ja sogar Kutscher und Bediente errichteten Logen und warben Mitglieder um Mitglieder.

Zu allem Überfluß platzte in diese Gesellschaft noch der König aller Schwindler und Beutelschneider hinein, Josef Balsamo. Diesen duftenden Namen legte er jedoch raschestens ab, nachdem er seiner Vaterstadt Palermo, wo er wegen Rauflust, Fälschungen und Kuppelei vorbestraft war, den Rücken gekehrt hatte; er nannte sich nunmehr Graf Cagliostro und durchstreifte mit seiner Gemahlin, der „wunderschönen Lorenza", ganz Europa, um vornehme Dummköpfe beiderlei Geschlechtes in die Geheimnisse der „Ägyptischen Freimaurerei" einzuweihen. Damenlogen wurden gegründet, wo die schöne Lorenza den Hammer führte, während sie in den Herrenlogen Geister beschwor und Lebenselixire verkaufte und, wenn dieses Geschäft nicht mehr gehen wollte, „mit den Reizen ihres Körpers nachhalf." Und ihr Josef? Der wandelte nun wieder mit den Damen gar sonderbare Wege zur Vervollkommnung des Menschengeschlechtes.[2])

Das wurde nun selbst der Kaiserin Katharina, die sich ganz gewiß nicht durch besondere Sittenstrenge auszeichnete, zu toll und sie tat, was nur eine Frau, und zwar eine kluge Frau, in einem solchen Fall tun wird: Sie machte die armen, ausgeplünderten Opfer des Grafen Cagliostro und seiner wunderschönen Lorenza lächerlich und goß die ganze Schale ihres Spottes über diese Gesellschaft aus; sie schrieb sarkastische Komödien, in denen sie den „Betrüger" und seine „Verblendeten" auf das unbarmherzigste geißelte. Daß darin auch die Freimaurerei als solche nicht besonders gut behandelt wurde,

[1]) Zit. in Br. . ˙ . Dr. Emil Friedrichs' „Die Freimaurerei in Rußland und Polen, S. 39."

[2]) Friedrichs, ebenda, S. 42.

ist begreiflich, zumal von der edlen, rein menschlichen Seite der königlichen Kunst, in Petersburg wenigstens, längst nichts mehr zu sehen und zu spüren war.

Dann kam die französische Revolution (1789). Ganz allgemein bezeichnete man die Freimaurer als deren Urheber und Drahtzieher, ein Vorwurf, dessen Berechtigung ja die Freimaurer von heute, so weit sie nicht blind sind oder sich blind stellen, ohne weiters zugeben und zugeben müssen. Katharina war eine verständige und vorsichtige Frau; sie untersuchte daher nicht allzu lange und auch nicht allzu sorgfältig, sie hatte an dem genug, was sie selbst gesehen und was anderswo sich ereignet hatte, kurz, sie ließ alle Logen Rußlands ohne Ausnahme anfangs 1794 schließen. Bald darauf, am 17. November 1796, starb sie.

Paul I., Katharinas Sohn, war selbst Freimaurer. Die Logenbrüder erwarteten daher von ihm eine Aufhebung des Verbotes und allem Anschein nach sollte es auch dazu kommen. Paul berief tatsächlich die Freimaurer zusammen und beratschlagte mit ihnen in brüderlicher Weise, was nun geschehen sollte. Nach Abschluß der Beratungen umarmte er jeden von ihnen nach maurerischer Art und gab ihm den maurerischen Handschlag. Plötzlich aber erfolgte ein neuerliches Verbot, das noch dazu mit aller Strenge durchgeführt wurde. Der Grund für diesen raschen Stimmungswechsel wurde niemals vollkommen aufgeklärt. Möglich, daß man bei der Durchsicht der Akten auf Dinge gestoßen war, welche die Freimaurerei schwer belasteten. Kurz darauf wurde Paul I. von einigen Großen des Reiches ermordet, „weil sein Despotismus unerträglich war".

Sein Sohn und Nachfolger Alexander I. war nach dem Zeugnis der „Bauhütte"[1]) selbst Freimaurer und stand auch mit den Mördern in Verbindung (!). Br.·. Dr. Friedrichs bestreitet allerdings seine Zugehörigkeit zum Freimaurerbunde, gibt jedoch zu, daß er ihm freundlich gegenüberstand. Alexander duldete es zunächst, daß die Logen ihre Tätigkeit wieder aufnahmen, und später, im Jahre 1810, erkannte er sie ausdrücklich an. Abermals gehörten die vornehmsten Kreise den Freimaurerlogen an, die besten Männer Rußlands konnten sie zu den ihrigen zählen. In den Logenlisten finden wir z. B. den Fürsten Ypsilanti, den bekannten Vorkämpfer für Griechenlands Freiheit, den Minister Grafen Rasumowski, einen Prinzen Hohenlohe, sowie den Dichter und russischen Staatsrat Kotzebue.

---

[1]) „Bauhütte" vom 30. Januar 1909, Nr. 5, S. 34, 35.

Bald aber bekam Alexander I. vor seinen „Brüdern" Angst, die sich fortgesetzt steigerte; der Bund war ihm allzu einflußreich und allzu mächtig geworden. Dazu kam, daß die neugebildete Großloge „Asträa" den französisch-schottischen Hochgraden Eingang verschaffte, was gleichbedeutend mit der Einführung der hohen Politik in das Logenleben war.

Alexander I. gab daher am 6. August 1822 einen scharfen Erlaß heraus, durch welchen alle geheimen Gesellschaften, einschließlich der Freimaurerlogen, verboten wurden. In der Begründung wird betont, daß die Unruhen und Unordnungen nur durch geheime Gesellschaften hervorgerufen würden, von denen einige unter dem Namen von Freimaurerlogen anfänglich nur Zwecke der Wohltätigkeit verfolgten, andere jedoch sich heimlich mit politischen Angelegenheiten beschäftigten. Gleichzeitig sollten alle öffentlichen Beamten freimütig erklären, ob sie einer Freimaurerloge angehörten; im bejahenden Falle mußten sie schriftlich versprechen sofort ihren Austritt anzumelden oder aber den Dienst verlassen. Das hauptsächlichste Bedenken war hiebei der doppelte Eid; ein Beamter, der an eine Loge eidlich gebunden war, konnte und mußte gelegentlich mit seinem Amtseid in Widerspruch geraten.

Mehrfach wurde bereits darauf hingewiesen, daß sich die Freimaurer zu ihrer eigenen Deckung politische Hilfsvereine schaffen oder sich an solchen wenigstens stark beteiligen: So in Italien die Carbonari, in Portugal die Konstitutionellen, später die Freidenkergesellschaft und die „Weiße Ameise"; in der Türkei das „Komitee für Fortschritt und Wahrheit" usw. Genau dieselbe Erscheinung finden wir auch in Rußland. Dort arbeiteten sie an dem „Bunde des öffentlichen Wohles" mit, dessen Hauptzweck die Hinwegräumung des Herrschers war. Diese letztgenannte Tatsache wird von Br.·. Friedrichs bestätigt. Über die Ermordung Alexanders selbst gleitet er jedoch in auffallender Weise hinweg. Diese Gepflogenheit der Freimaurer, rasch an Dingen vorbeizugehen, die ihrer Sache gefährlich werden könnten, ist so bezeichnend, daß es vielen Lesern erwünscht sein wird, die betreffende Stelle im vollen Wortlaut kennen zu lernen. Br.·. Friedrichs schreibt also:[1])

„Es erfolgte im Jahre 1826 ein nochmaliges Verbot durch Nikolaus, das eigentlich überflüssig war, da die Logen gar nicht mehr bestanden. Hervorgerufen wurde es durch die Verschwörung der Dekabristen, jener Dezembermänner vom Jahre 1825, die zur

[1]) Friedrichs: Die Freimaurerei in Rußland und Polen, S. 52, Verlag Franz Wunder, Berlin.

Durchführung ihrer Ideale nicht vor dem Realsten alles Realen, dem Morde, zurückschreckten. Die Verschwörung wurde entdeckt. An ihrer Spitze standen Pestel, Fürst Sergei Trubezkoi, Nikita Murawew, Sergei Murawew-Apostol, Fürst Chakowskoi, Bestuschew, die alle Freimaurer gewesen waren." Diese Tatsache ist vor allem festzuhalten: Alle Verschwörer waren Freimaurer. Zugleich aber waren sie alle überdies die Häupter jenes revolutionären „Bundes des öffentlichen Wohles", die, wie Friedrichs selbst sagt, zwecks Durchführung ihrer Ideale vor dem Realsten, vor dem Meuchelmorde, nicht zurückschreckten. Daß Alexander I. diesen Männern des „Bundes des öffentlichen Wohles" selbst zum Opfer fiel, wird glatt verschwiegen. Das ist offenbar zu nebensächlich. Hauptsache ist für Br.·. Friedrichs, seine Brr.·. Freimaurer zu schützen und zu „decken". Daher betont er noch ausdrücklich, daß die Verurteilung der Verbrecher nicht etwa deshalb erfolgte, „weil sie Freimaurer, sondern weil sie die Häupter des „Bundes des öffentlichen Wohles" waren. Wie sagte doch der serbische Bombenwerfer und Freimaurer Cabrinović? „In der Freimaurerei ist es erlaubt zu töten" und „Franz Ferdinand wurde von den Freimaurern zum Tode verurteilt". Das ist die ungeschminkte, nackte Wahrheit; der „Mann aus dem Volke" ist zwar eines Mordes, aber keiner Lüge fähig. Übrigens — schlagen wir einmal das freimaurerfreundliche Konversationslexikon von Mayer auf: „Alexander starb unerwartet (!) am 1. Dezember 1825 in Taganrog" — heißt es dort; jedes Wort wahr und trotzdem der ganze Satz eine Lüge. So wird eben heutzutage Geschichte „gemacht" von jenen, die mit Stolz von sich selber sagen, daß sie „die Geschichte machen". Nikolaus I. hatte fest zugegriffen; die Untat an seinem Oheim wurde rasch gesühnt: Mehrere der Verbrecher mußten das Schaffot besteigen, die übrigen Verschworenen wurden „mit schweren eisernen Ketten am Bein, mit geschorenem Kopf und in Gefangenentracht auf elenden Karren ohne Sitz die 350 Meilen nach Sibirien geschleppt, wo sie verdorben und gestorben sind." — Es ist merkwürdig: Diese Gefühlsroheit, diese Mitleidslosigkeit gegenüber dem Ermordeten und dieses Mitempfinden, dieses frauenhaft zarte Mitleid mit den Mördern — das ist doch allen Freimaurern auf der ganzen Erde eigentümlich.

Seit 1826 hörte man dann nichts mehr von der Freimaurerei in Rußland. Andere geheime Gesellschaften tauchten auf und trachteten ihre „idealen" Zwecke mit Bombenanschlägen usw. zu verwirklichen.

Seit der Revolution vom Jahre 1905 aber macht sich in der Freimaurerei wieder eine regere Anteilnahme an den Vorgängen im Innern Rußlands bemerkbar. In erster Linie ist es die freimaurerische

„Acacia“, die ihren Gefühlen die Zügel schießen läßt und uns durch ihre Offenherzigkeit geradezu verblüfft:

„Alle Republikaner und um so mehr alle französischen **Freimaurer müssen glühende Wünsche hegen für den baldigen Triumph der russischen Revolution.**“[1]) Aber damals war das russische Volk für die Segnungen einer Revolution offenbar noch nicht reif und die frommen Wünsche der „Acacia“ gingen daher nicht in Erfüllung. Dagegen versuchte es die Freimaurerei neuerdings, von der russischen Regierung die gesetzliche Anerkennung zu erlangen. Minister Stoljipin jedoch blieb fest und ließ sich auch durch Attentate, die von „unbekannter“ Seite ausgingen, nicht einschüchtern. In dem ablehnenden Bescheid heißt es mit vollem Recht: Die **Wohltätigkeitsziele** der Freimaurerei lassen sich ganz gut auch durch offene Gesellschaften erreichen, die unter der Aufsicht der Regierung stehen; die **politischen** Ziele des Freimaurertums hingegen haben sich seit Beginn des vorigen Jahrhunderts, wo die Logen in Rußland verboten worden sind, **nicht im geringsten geändert.** Sehr wahr; der standhafte Minister Stoljipin, der sich in keiner Weise einschüchtern ließ und kein Waschlappen war, wie so mancher unserer Staatsmänner von heute und gestern, wurde anfangs November 1911 umgebracht. Täter unbekannt. Wer von dem Mord sich Vorteile versprochen haben mag, das bleibe der Phantasie des Lesers überlassen.

[1]) „Acacia“, April 1905, Nr. 28, S. 253 ff.

## XVIII.

# Die revolutionäre Freimaurerei der Engländer.

Die englische Freimaurerei ist in einem *wesentlichen* Punkte verschieden von der in anderen Ländern; sie wirkt nicht revolutionär gegenüber dem eigenen Staate selbst, sondern hat sich im Gegenteil zu einer Einrichtung entwickelt, die sich dem Staate überall dort zur Verfügung stellt, wo er ihrer bedarf, um in fremden Staaten revolutionäre Umtriebe zu begünstigen.

Das war nicht immer so. Auch in England gab es seinerzeit eine Richtung in der Freimaurerei, die einen Umsturz herbeiführen oder, genauer gesagt, die Rückkehr der vertriebenen Dynastie der Stuarts durchsetzen wollte. Das war die sogenannte *jakobitische Maurerei*, deren Hauptsitz in Frankreich war, wo ihre Anhängerschaft namentlich unter den englischen Truppen des vertriebenen Königs zahlreich vertreten waren. Daraus geht hervor, daß es sich nicht mehr um Werkmaurer gehandelt hat, sondern gleichfalls um eine Art Geistesmaurerei, die aber politische und dynastische Ziele verfolgte. *Jene* Geistesmaurerei hingegen, die im Jahre 1717 begründet wurde — und von dieser allein war bisher die Rede — hielt von Anfang an zur neuen Dynastie und stellte sich unter deren Schutz, wie aus einem uns erhaltenen Briefe des Predigers Anderson hervorgeht (sogenannte *orangistische* Maurerei).

Allein mit dem Tode des letzten Stuart, des Kardinals von York, der sich Heinrich IX. von England nannte, war dieser Trennungspunkt erledigt (1807). Die beiden Großlogen, an deren Spitze zwei Brüder König Georgs III. standen, versöhnten sich nun (1813) und bildeten zusammen die „Vereinigte Großloge von England“, die heute noch besteht. Die Pflicht, an Gott zu glauben, wurde damals ausdrücklich festgesetzt, jedoch eine bestimmte Konfession nicht vorgeschrieben.

Die englische Freimaurerei, wie sie in der „Großloge von England“ vereinigt ist, stellt sich als die gewaltigste Freimaurerorganisation der Welt dar; sie wird ziffermäßig allerdings durch die Freimaurerei in den Vereinigten Staaten Nordamerikas übertroffen, der jedoch die innere Geschlossenheit fehlt, da jeder Staat seine eigene, vollkommen unabhängige Großloge besitzt.

London allein zählte nach dem Stande von 1918 nicht weniger als 729 Logen; dazu kommen 1749 Logen in den Provinzen und 677 in den Kolonien und im Ausland; weiters gibt es in England 46 Provinzial-Großlogen, ferner 30 Distrikts-Großlogen in Indien, Australien, Süd-Afrika und anderen Kolonien, sowie in Argentinien, Japan und China. Sozusagen als Mittelbehörden zwischen den Logen und Provinzial-, beziehungsweise Distrikts-Großlogen bestehen nicht weniger als 1067 Kapitel, wovon in London allein 256 arbeiten, während in den Provinzen 620, in den Kolonien und im Auslande 191 Kapitel tätig sind. Auffallend ist endlich die hohe Anzahl der Unterrichtslogen, deren es in London 286, in den Provinzen aber 345 gibt.

Diesen Ziffern entspricht natürlich auch eine ganz außerordentlich hohe Zahl von Brüdern; sie wird geheim gehalten, dürfte aber schätzungsweise gegen eine Viertelmillion betragen, worin die Logenmitglieder in den Kolonien und im Auslande einbezogen sind, soweit sie der „Vereinigten Großloge von England" unterstehen.

Diese genauen Angaben sind notwendig, damit man sich einen annähernden Begriff von dem Umfang und der Bedeutung der englischen Freimaurerei machen kann. Ausdrücklich sei bemerkt, daß die 50000 Brüder in Schottland einer eigenen Großloge unterstehen, desgleichen die 18000 irischen Brüder, welche der Großloge von Irland in Dublin angehören und in den früher genannten Zahlen daher nicht inbegriffen sind.

Großmeister der „Vereinigten Großloge von England" ist der Herzog von Connaught, derselbe, dem vor kurzem die freimaurerische Tageszeitung „Vilag" in Ofenpest gerne als König von Ungarn gehuldigt hätte. Der Herzog von Connaught ist der B.·. „des größten Freimaurers der Welt", des verstorbenen Königs Eduard VII. Da Eduard VII. der Vater des Einkreisungsgedankens ist, so ist es angezeigt, mit wenigen Strichen die Stellung zu skizzieren, welche er in der Freimaurerei eingenommen hat. König Eduard VII. hat nach den Angaben englischer Freimaurer-Kalender im Jahre 1868 in Stockholm das Licht erhalten, und zwar wurde er vom König von Schweden in die Freimaurerei aufgenommen; seit 1874 war er

1. Großmeister der „Vereinigten Großloge von England". Außerdem bekleidete er im Jahre 1900, also noch als Prinz von Wales, folgende maurerischen Würden und Ämter:

2. Grand Principal Zorobabel, d. h. er war Chef des höchsten Generalkapitels der Royal-Arch-Maurer in England;

3. Großmeister der Großloge der Mark Master Masons in London;

4. Groß-Schutzherr (Grand patron) des höchsten Rates der 33 .·. in London;

5. „Souverän des Ordens" des Großpriorats (der Templer) im vereinigten Königreich;

6. Schutzherr (patron) der Großloge von Schottland;

7. „Souverän" des „Generalkapitels des religiösen und militärischen Ordens des Tempels in Schottland";

8. Erblicher Großmeister des — angeblich — 1314 von König Robert Bruce wiederhergestellten königlichen Ordens von Schottland „Heredom von Kilwining u. R. S. Y. C. S."; endlich

9. Schutzherr der Großloge von Irland. — Wozu diese Aufzählung? Könnte man da nicht gerade so gut seine übrigen Titel und Würden anführen? — Es handelt sich hier in den meisten Fällen weder um prunkhafte Titel ohne Inhalt noch um bloße Würden ohne Macht. Der Prinz von Wales und spätere König von England, Eduard VII., ist nicht zu vergleichen mit jenen Fürsten und Königen, welche im Maurerleben ein bloßes Scheindasein führten und nicht selten mit Hohn und Spott von ihren „Brüdern" überschüttet wurden; Eduard VII. gehörte nicht zu jenen gekrönten Häuptern, denen man bloß zum Scheine hohe Würden verlieh, ohne sie in die Geheimnisse einzuweihen; er gehörte nicht zu jenen Fürsten, für die man, statt ihnen die wirklichen Hochgrade zu verleihen, ein besonderes Rituale erfand, aus dem alles ausgemerzt worden war, was etwa ihren Verdacht hätte erregen können: Kurz Eduard VII. war wirklich ein „Wissender", er hatte nicht bloß die Titel und Würden, sondern auch die dazu gehörige Macht.

In der Regel ist der englische König ein bloßer Figurant, ein Schattenkönig ohne Einfluß, denn seit 1689 liegt der Inbegriff der Macht beim englischen Parlament, das tatsächlich regiert und alle Rechte namens des Volkes ausübt. Eduard VII. hingegen besaß die gesamte Fülle der Macht, allerdings nicht als König von England, Schottland und Irland, sondern als oberster Chef der Freimaurerei, dem alle anderen Freimaurer, mochten es nun Minister oder Parlamentarier, Lords oder Bürger sein, unterstanden. Wie verträgt sich dies aber mit den Grundsätzen der Freiheit und Gleichheit, zu denen sich die Freimaurer doch überall bekennen? — Ganz und gar nicht! Diese Grundsätze sind aber auch nur ein lockendes Aushängeschild für den „süßen Pöbel", in Wirklichkeit bestehen sie in der Freimaurerei ebensowenig, wie etwa in der freimaurererischen französischen Republik.

Es wurde bereits an anderer Stelle betont, daß in England noch mehr als anderswo alles, was Namen und Rang besitzt, desgleichen aber auch alles, was vorwärts strebt und hinaufkommen will, der Freimaurerei angehört. Der englische Hochadel — an der Spitze die Mitglieder der königlichen Familie — dann die Minister, die Parlamentarier beider Häuser, die Bankdirektoren, Zeitungsmänner, Advokaten, Geistlichen, natürlich auch der Großrabbiner usw., alle, alle sind in England Freimaurer.

Nun heißt es freilich, die englischen Freimaurer treiben keine Politik. Das ist ja bis zu einem gewissen Grade richtig; weder die Freimaurer als solche noch die Logen treiben eine Politik im Sinne ihrer französischen, italischen, spanischen, portugiesischen und ungarischen Brüder; denn für die Politik sorgt ihre Regierung und die englischen Freimaurer der ganzen Welt sind sozusagen deren Vollzugsorgane. Das ist es, was der berühmte Satz besagen will: „Die Größe Britanniens ist das Werk der Freimaurer![1]) Sie alle arbeiten bewußt und unbewußt im Geiste Chamberlains zugunsten der britischen Weltherrschaft. Der Einfluß einer Viertelmillion rühriger Leute, die durch geheime und geheimnisvolle Bande aneinander gekettet sind, kann gar nicht hoch genug eingeschätzt werden. Einer stützt und führt eben den anderen und die „Bruderkette" überspannt den ganzen Erdball, wobei man noch obendrein der Mithilfe der Brr∴ aller anderen Nationen überall versichert sein kann. Englische Logenblätter selbst sind es, die uns versichern, daß die guten Beziehungen zwischen England und den Vereinigten Staaten wesentlich gefördert wurden durch das brüderliche Zusammenwirken englischer und amerikanischer Freimaurer.[2])

Auch das ungemein starke Anwachsen des englischen Kolonialbesitzes in den letzten fünfzig Jahren beruht nicht zum geringsten Teil auf der tätigen Mithilfe der Freimaurer. Man bedenke nur, welche Erwerbungen Großbritannien allein in Südafrika gemacht hat! Die Voraussetzung für diesen Machtzuwachs, ja die Grundlage der englischen Weltherrschaft überhaupt, des Imperialismus im Sinne eines Chamberlain bildet eben, wie die Engländer selbst hervorheben, die englische Freimaurerei.

Dazu kommt aber noch etwas anderes. Wo immer sich in einem Lande Unruhen bemerkbar machten, da war England eifrig bemüht, diese Unruhen zu schüren und die Aufrührer mit Geldmitteln reichlich zu unterstützen. Das hat schon Deutschlands größter Staatsmann, Bismarck, mit scharfem Blicke klar überschaut: „Fremde Staaten mit Hilfe der Revolution bedrohen, ist heutzutage seit einer

[1]) „The Freemason's Chronicle", 1902, I, S. 319.
[2]) „The Freemason's Chronicle", 1901, II, S. 135.

ziemlichen Reihe von Jahren das Gewerbe Englands." Wer Bismarcks Zeugnis vielleicht nicht gelten lassen will, dem sei vorgehalten, daß der italische Ministerpräsident, Br.·. Salandra, am 3. April 1916, anläßlich eines Besuches des englischen Ministerpräsidenten, Br.·. Asquith, selbst an jene Dienste erinnerte, die seinerzeit die englischen Premiers Gladstone und Palmerston der italischen Revolution geleistet hatten. Welche Rolle die Brüder Buxton auf dem Balkan spielten, ist so allgemein bekannt, daß man darauf nicht näher einzugehen braucht. Ebenso wurde die revolutionäre Sache in Portugal, in Brasilien, in China, in Persien usw. von England aus mit Geldmitteln ausgestattet. Was aber hat das mit den Freimaurern zu tun? Sehr viel. Ohne Geld läßt sich heutigen Tages eine Revolution noch weniger machen, als je in früheren Zeiten. Das erste, was die Revolutionsmänner brauchen, ist daher Geld, Geld und wieder Geld. (Siehe Spartakusleute und die bolschewistischen Millionen!) An wen aber können sie sich ungefährdet wenden? Wenn sie Freimaurer sind — und das ist die Regel, denn die Freimaurerei bildet heutzutage eine Art wechselseitiger Versicherungsgesellschaft gegen Verhaftung und Hinrichtung — so brauchen sie bloß die Füße in den rechten Winkel zu stellen und die Hilfe ihrer Brüder anzurufen. Das weitere vollzieht sich dann mit derselben Regelmäßigkeit und Genauigkeit wie ein der Post übergebener Auftrag in Friedenszeit. Der Freimaurer empfiehlt den Bruder weiter, wieder an einen Freimaurer und so fort. Verschwiegenheit ist hier wirklich Ehrensache, denn kein Bruder darf den anderen je verraten, zumal Empörung und Aufruhr keine maurerischen Vergehen sind. So gelangt denn schließlich der Wunsch der Empörer zur Kenntnis eines Freimaurers, der in der Regierung sitzt, und wenn halbwegs Aussicht auf Erfolg besteht, so wird die geldliche Hilfe auch gewährt. Das macht weiter keine Schwierigkeiten; die Engländer sind geborene Kaufleute und ausgezeichnete Rechenmeister, sie wissen daher sehr genau, daß sie ihre Kosten immer wieder mit Zinsen und Zinseszinsen hereinbringen. Und vor allem — sie sind großzügig. Im englischen Budget besteht ein Ausgabeposten von kolossaler Höhe, über welche noch nie ein Finanzminister von einem Parlamentsmitglied um Aufklärung ersucht wurde. Das ist das berühmte Konto E, für das alljährlich 5 Millionen Pfund Sterling — nach unserem Gelde 125 Millionen Kronen — ausgeworfen werden. Wem diese Summen zunächst zur Verfügung stehen, ist ebenfalls bekannt: Dem „Agitationsamt für die Verwirklichung politischer Ziele"; dazu gehört die Unterstützung revolutionärer Bewegungen im Ausland ebenso wie die Veranstaltung und Durchführung politischer Meuchelmorde. Wir wissen auch, wo dieses seltsame, auf der ganzen Welt wohl einzig dastehende Amt seinen Sitz hat: in London, Southend, Hamptoncourt-street 112. Von diesem Agitationsamt wurden — nach einem sehr glaubwürdigen Bericht, den die „Hessische Landeszeitung“ über Kopenhagen erhalten hat, die geldlichen Mittel bereitgestellt, welche sowohl bei der Ermordung des französischen Sozialistenführers Jaurès, als bei der des russischen Ministers Grafen Witte nötig waren. Aus derselben Geldquelle flossen auch jene Summen, die für die Mordanschläge auf den König von Bulgarien, auf Sir Roger Casement (durch den englischen Gesandten Findlay in Christiania) und vielleicht auch bei dem Morde in Sarajewo in Anspruch genommen wurden. Jedenfalls ist es sehr bezeichnend, daß an der Spitze dieses Zweiges des Agitationsamtes — der „Mordabteilung“ könnte man sagen — ein gewisser Major Susley steht, von dem bezeugt ist, daß er mit dem Major Br.·. Tankosic, dem bekannten Anstifter des Mordes an dem Erzherzog Franz Ferdinand, in fortgesetzten Beziehungen stand.

Sehr bemerkenswert ist auch die Aussetzung von Kopfpreisen. Ein Fall wurde bereits früher erwähnt, nämlich daß 1870 die Pariser Loge „Henri IV.“ auf den Kopf König Wilhelms von Preußen und des Kronprinzen einen Preis von einer Million Franken aussetzte; die Mazzinistischen Komitees arbeiteten bekanntlich in Italien mit denselben Mitteln. Genau das gleiche tut aber auch England, und zwar nicht erst seit heute oder gestern, sondern schon seit Jahrhunderten. So setzte England, um nur ein geschichtliches Beispiel der Vergessenheit zu entreißen, auf den Kopf des Thronanwärters Karl Eduard von Stuart einen Preis von 30000 Pfund Sterling aus, ein Judaslohn, den sich allerdings niemand verdienen wollte. Dasselbe tat aber auch Br.·. Lord Kitchener, der für die Ermordung des türkischen Ministers des Innern, Talaat Bey, einen Preis von 20000 Pfund Sterling (500000 Kronen) aussetzte. Diese Tatsache wurde im Verschwörungsprozeß von Konstantinopel ausdrücklich festgestellt. Dessenungeachtet wurde aber Br.·. Kitchener von der „Vereinigten Großloge von England“ als Musterfreimaurer gefeiert; die Massenmorde an Burenfrauen und -kindern in den berüchtigten Konzentrationslagern Südafrikas hatten ihm also in den Augen der englischen Freimaurer ebensowenig geschadet wie die Anwerbung von Meuchelmördern! Worin also besteht dann noch ein Unterschied zwischen den serbischen Mordbuben und den englischen Freimaurern?

Aber vielleicht war diese Tatsache den englischen Brüdern damals noch nicht bekannt; so mußte ihnen doch zumindest jene Rolle bekannt sein, welche Br.·. Magalhães Lima in Portugal gespielt hatte;

trotzdem aber empfingen sie diesen portugiesischen Revolutionär, der im Besitze des „Geheimnisses" von dem bevorstehenden Königsmorde war — und es auch den französischen Brr.·. zur Kenntnis brachte — mit allen Ehren, die ihm als Großmeister gebührten, sie nahmen ihn ohne jedes Bedenken auf, genau so wie sie seinerzeit Br.·. Garibaldi und unzählige andere Rebellen aufgenommen haben, die bei ihnen Zuflucht, Trost, Beistand und Schutz gesucht haben. Empörung und Aufruhr sind eben keine maurerischen Vergehen und wer einen Schlag gegen die „Tyrannei" (Monarchie) führen will, darf sich dabei unter Umständen auch verwerflicher Mittel bedienen. Nur wenn man diese Anschauung, die nicht bloß gelegentlich von Freimaurern geäußert, sondern stets und immer wieder praktisch betätigt wird, als einen allgemein anerkannten Grundsatz der Weltfreimaurerei betrachten und gelten lassen will, erscheint das Rätsel gelöst und alle Widersprüche finden so ihre natürliche und einleuchtende Erklärung.

Die englische Freimaurerei also richtet sich weder gegen den eigenen Staat noch gegen das Königtum, sie richtet sich nicht gegen den Adel und auch nicht gegen die Kirche. Es wurde bereits früher hervorgehoben, daß die „Vereinigte Großloge von England" eine der ersten war, die alle Beziehungen zum „Grand-Orient de France" abbrach, als er 1877 das Weltbaumeister-Symbol abschaffte. Diese Beziehungen wurden auch, trotz vielfacher Bemühungen auf französischer Seite, bis zum Ausbruch des Weltkrieges nicht wieder hergestellt, denn die englischen Freimaurer fordern den Glauben an Gott, wenn sie auch das Religionsbekenntnis der freien Überzeugung des Einzelnen überlassen. Gegen den Adel aber können sie schon deshalb nicht auftreten, weil ein Großteil des hohen und niederen Adels ihren Reihen angehört und vielfach die entscheidenden Stellen innehat. So ist der Stellvertreter des Großmeisters Herzog von Connaught, der bekannte Lord Ampthill, der zugeteilte Großmeister ist der Baronet Thomas Frederick Halsey.

Welche Stellung nimmt also die Freimaurerei ein? Sie ist staatserhaltend und fördert zugleich in tatkräftigster Weise die englische Weltherrschaft; aus eben diesem Grunde wirkt sie den anderen Staaten gegenüber zersetzend und zerstörend, wofern sie sich dem englischen Imperialismus gegenüber ablehnend verhalten. Von republikanischen Neigungen oder Bestrebungen ist bei ihr so gut wie nichts zu verspüren. Das erklärt sich aber einfach aus der Tatsache, daß England schon seit 1689 Republik ist, allerdings eine Republik mit einem König an der Spitze, oder mit anderen Worten ausgedrückt, eine **parlamentarische Monarchie**. Paßt ihnen der König nicht, so haben sie immer die Möglichkeit, ihn abzusetzen oder die ganze Dynastie davonzujagen, so wie sie seinerzeit die Stuarts weggeblasen haben.

Das Band, das in England den Staat und die Freimaurerei so eng umschlingt, ist das der gemeinsamen Ziele und des gemeinsamen Vorteiles. Nach Weltbeherrschung strebt die Freimaurerei, nach Weltherrschaft strebt auch der britische Staat; der Vorteil der Freimaurerei hängt mit den Vorteilen des englischen Staates aufs engste zusammen; Wohl und Wehe des einen Teiles ist gleichbedeutend mit dem Gedeihen und Verderben des anderen. Das bringt es mit sich, daß auch die Arbeitsweise beider in vielen Punkten eine seltsame Übereinstimmung aufweist. Beide arbeiten mit Schlagworten, die auf die Irreführung der Massen berechnet sind. Es gibt in der Freimaurerei keine „Gleichheit"; die Tatsache, daß den Befehlen der höchsten Grade widerspruchslos von den unteren Graden gehorcht werden muß, ist ein blutiger Hohn auf die vielgerühmte Gleichheit. Es gibt auch keine Freiheit; die scharfe Zensur, der die Veröffentlichungen der Brüder unterliegen, steht in schreiendem Gegensatz zu jener Freiheit, die sie stets im Munde führen. Wie der Kampf gegen die „Tyrannei", gegen die „Barbarei", gegen die Unterdrückung geführt, und mit welchen Mitteln er geführt wird, haben wir bereits an zahlreichen Beispielen gesehen. Genau dieselben Schlagworte verwendet aber auch der **englische Staat**; auch er kämpft für die „Befreiung" der kleinen „unterdrückten" Nationen, er kämpft gegen die „Tyrannei" der Mittelmächte, gegen die „Barbarei", er kämpft selbstverständlich für die „Gerechtigkeit, Humanität und Zivilisation". Genau so steht es mit dem Schlagwort der Gerechtigkeit. „Gerechtigkeit gegenüber allen Nationen" ist die Losung, die von der Freimaurerei öffentlich ausgegeben wird, in Wirklichkeit verwandelt sie sich jedoch zur größten Ungerechtigkeit gegenüber den Deutschen. Der Presse Br.·. Northcliffes war kein Mittel zu schlecht, keine Lüge zu groß, keine Entstellung zu niedrig, um sie zu verwenden. Damit aber handelte er ganz im Geiste des größten Freimaurers des 18. Jahrhunderts, **Voltaires**, der seine Freunde wiederholt zur Lüge geradezu aufforderte: „Man muß lügen, wie der Teufel, nicht bloß zaghaft, sondern keck und folgerichtig bis zum Ende." Und an anderer Stelle: „Die Lüge ist nur dann ein Laster, wenn sie Böses stiftet; sie ist eine sehr große Tugend, wenn sie Gutes zeitigt." Genau nach dieser Richtschnur hat insbesondere während des Krieges auch die englische Regierung gehandelt, welche die ganze Welt mit einem Meer von Lügen überschwemmte.

Der Freimaurer bedient sich zur Erreichung seiner eigenen Ziele seiner „Brüder", die er vorschiebt und für sich arbeiten läßt; der ideal veranlagte Deutsche vielleicht weniger, um so mehr der praktisch denkende Engländer. Desselben Mittels bediente sich Englands Politik seit jeher und ganz besonders im Weltkrieg. Alle Staaten, mit denen es auf freundlichem Fuße stand oder auch nur losere Beziehungen unterhielt, wurden nach Möglichkeit in den Krieg hineingezwungen. Man denke an Portugal, an die kleinen mittelamerikanischen Staaten, wie Guatemala, Costa-Rika usw. Man denke an Japan, an Liberia und an jene Mächte, die, wie Brasilien, genötigt wurden, die Beziehungen zu den Mittelmächten abzubrechen. Von den eigenen Kolonialstaaten Kanada, Südafrika, Ostindien und Australien ganz zu schweigen. Durch wen aber wurden diese Staaten zu ihrer feindseligen Haltung bestimmt? Etwa durch die englische Regierung selbst? Das wäre vergebliche Mühe gewesen. Da wurden die Freimaurer in Tätigkeit gesetzt, in erster Linie selbstverständlich die eigenen Großlogen, in den Kolonien sowohl wie im Ausland. Und die dreißig englischen Distriktsgroßlogen in Indien, Australien, Südafrika und den anderen Kolonien, dann die in Argentinien, Japan und China haben gewiß ihre Schuldigkeit im vollsten Maße getan; sie erreichten das, was der englischen Regierung als solcher unerreichbar gewesen wäre. Und die 677 englischen Logen im Ausland sind gar gewaltige Mithelfer; rechnet man jede Loge im Durchschnitt bloß mit 100 Logenbrüdern, so ist das ein Heer von 67000 Ränkeschmieden, die bei der bekannten Beweglichkeit und Lebhaftigkeit der Freimaurer einen außerordentlichen Einfluß auszuüben in der Lage sein müssen, zumal wenn sie gleichgeartete Weisungen von seiten der Hauptstelle, der „Vereinigten Großloge von England", erhalten. Und nun gar erst ihr Einfluß auf die Brüder der anderen Staaten und Nationalitäten. Rechtzeitig hatte man dafür Sorge getragen, daß fremde Herrscher und machtvolle Persönlichkeiten dem Freimaurerorden eingegliedert wurden: So der Br. ·. Sultan von Zanzibar der Br. ·. Emir von Afghanistan, der japanische Staatsmann Br. ·. Vicomte Hayasi und hundert andere; sie gehörten englischen Logen an, andere wieder genossen als besuchende Brüder das Gastrecht der englischen Logen. Es wurde bereits darauf hingewiesen, daß die Gesamtzahl der Freimaurer auf der ganzen Erde 2172000 beträgt und von diesen höchstens 172000 als deutsch oder deutschfreundlich angesehen werden können. Die restlichen zwei Millionen standen teils von vornherein im feindlichen Lager, teils wurden sie durch die zähe und zielbewußte Arbeit der Freimaurer der feindlichen Staaten hiefür gewonnen.

Man hat sich unendlich viele Mühe gegeben, klarzustellen, wem es Deutschland und Österreich eigentlich zu verdanken hatten, einer Welt von Feinden gegenüberzustehen. Auf die albernsten, einfältigsten und sinnlosesten Erklärungen und Deutungen ist man verfallen; das nächstliegende wurde übersehen, weil sich nur wenige über das Wesen, den Umfang und die Bedeutung der Freimaurerei ein Urteil gebildet hatten und die Stimmen dieser wenigen im Geschrei der allzuvielen ungehört verhallen mußten. Hier aber liegt nun tatsächlich des Rätsels Lösung: Die Heranziehung einer solchen Unzahl von Feinden ist aus *einem* Punkte restlos zu erklären: *Aus der weltumspannenden, alles umfassenden Freimaurerei, an deren Spitze seit zwei Jahrhunderten England marschiert.*

---

## XIX.

# Die Freimaurerei in den nordischen Staaten.

Auch in der Geschichte Schwedens begegnen wir einem freimaurerischen Morde, dessen Erinnerung wieder aufgefrischt werden soll, weil er den Grundgedanken dieser Schrift erhärtet, daß die Freimaurer zwecks Erreichung ihrer Ziele unter Umständen auch vor verbrecherischen Mitteln nicht zurückschrecken.

Es handelt sich um ein Ereignis, das in die Zeit der „glorreichen" französischen Revolution fällt. Der Schweden-König Gustav III. war damals der Verbündete Ludwigs XVI. von Frankreich. Als dieser (im Juni 1791) nach Varennes flüchtete, wollte König Gustav mit seiner Armee bis gegen die französische Grenze vorrücken, um seinen Verbündeten zu empfangen und zu beschützen. Der Herzog von Südermanland, der damals Großmeister der Loge war, ließ jedoch seinen Bruder Gustav III. durch den Freimaurer Ankarström ermorden (16. März 1792). Diese Mitteilung stammt von dem Freimaurer L. Ch. Cadet-Gassicourt, einem Pariser Advokaten, der durch die Revolution sehend gemacht, der Freimaurerei empört den Rücken kehrte und seine Erlebnisse und Wahrnehmungen der Öffentlichkeit übergab.[1]) Sie wird uns überdies von anderer Seite bestätigt, und zwar ebenfalls von Freimaurern, die noch hinzufügen, daß die Ermordung sowohl Gustav III. als auch Ludwig XVI. bereits in einer Freimaurerversammlung in Frankfurt a. M. im Jahre 1786 beschlossen worden sei.[2]) Für sich allein mag diese Tatsache nichts beweisen, denn Morde kamen schließlich zu allen Zeiten und an allen Orten vor; im Zusammenhalt mit anderen gleichartigen Fällen spricht sie allerdings eine beredte Sprache.

Das Logenleben ist in Schweden stark entwickelt. Die „Große Landesloge von Schweden" in Stockholm wurde im Jahre 1760 gegründet, nachdem schon seit 1731 eine Johannisloge bestanden hatte.

---

[1]) Le tombeau de Jacques Molay etc., Paris 1794, zitiert in „Die Freimaurerei Österreich-Ungarns", Wien 1897, S. 185.

[2]) Ebenda, S. 189.

Jetzt unterstehen der schwedischen Großloge 13 Andreas- (Schotten-Logen) und 28 Johannislogen mit insgesamt 14811 Brüdern.

An der Spitze des ganzen Ordens steht als Ordensmeister König Gustav V. von Schweden. Landesgroßmeister ist nach altem Herkommen der Kronprinz (derzeit Gustav Adolf), ebenso bekleiden andere königliche Prinzen hohe Würden.

Die schwedische Lehrart der Freimaurerei wurde bereits an anderer Stelle hinlänglich genau besprochen, wobei auf die furchtbaren Eide und Strafen dieses Systems besonders aufmerksam gemacht wurde. Auch darauf wurde bereits hingewiesen, daß nach schwedischem System die Freimaurerei bis auf den jüdischen König Salomon zurückgeführt wird und daß die Würde des Ordensmeisters sich in seinem Geschlechte vererben soll. Nun wissen wir, daß das gegenwärtige Königshaus auf den französischen Marschall Bernadotte zurückzuführen ist, der, 1810 zum Thronfolger erwählt, im Jahre 1818 als Karl XIV. den schwedischen Thron bestieg. Marschall Bernadotte war am 26. Januar 1763 als Sohn eines kleinen Provinzadvokaten in Pau (Frankreich) geboren worden; wenn wir der Versicherung Glauben schenken dürfen, daß Bernadottes Eltern jüdischer Abkunft gewesen seien, so wäre das ein ganz reizender Witz, den sich da wieder einmal die Weltgeschichte geleistet hat. Oder war das vielleicht beabsichtigt??

In diesem Zusammenhang muß auch des „Unfalls" gedacht werden, den der verstorbene Oskar II., König von Schweden und Norwegen, erlitten hat. Er war als Freimaurer eifrig tätig, war Ordensmeister sowohl der Großloge von Schweden als der Großen Landesloge von Norwegen und „Past Grand Master" der Großloge von England; er war es auch, der den Prinzen von Wales, den späteren König Eduard VII. von England, in die Freimaurerei eingeführt hat. Als oberster Chef der Freimaurerei seines Landes führte er den Titel „Weisester Vikar Salomons" und wurde gelegentlich von freimaurerischen Blättern auch als „protestantischer Papst" und sogar als „Freimaurerpapst" bezeichnet. Dessenungeachtet hatte er in Freimaurerkreisen zahlreiche Gegner, die sich nicht scheuten, ihn in ihren Zeitungen anzugreifen und zu verhöhnen. Einmal hielt er in diesen Kreisen eine etwas salbungsvolle Rede, weshalb ihn die „Bauhütte"[1]) angriff und ihn warnte, innerhalb des Bundes die traurige Rolle eines Cagliostro (!) weiter zu spielen! Das war stark; aber es kam noch ganz anders. Norwegen war mit Oskar II. Regierungstätigkeit seit langem unzufrieden. Als alle wohlgemeinten Vorschläge

[1]) „Bauhütte", 1887, S. 133.

und Wünsche nichts fruchteten, wurde er kurzerhand seines Thrones entsetzt, und zwar war es die Loge von Karlstad, wo die Verhandlungen über die künftigen Beziehungen zwischen beiden Staaten stattgefunden hat.[1]) Nicht einmal seine Würde als Ordensmeister hatte ihn vor diesem Schicksal bewahren können.

Der gegenwärtige König von Norwegen, Br.·. Haakon, nimmt im Orden keine besondere Stellung ein. Ordensmeister ist gegenwärtig ein Bürgerlicher, der praktische Arzt Johann Gottfried Conradi, Ordensstatthalter ist ein Stadtsekretär namens Sörenssen usw.; man sieht, auch die Freimaurer des Nordens tragen dem demokratischen Zeitgeist Rechnung und sind bestrebt, den Einfluß des „erblichen" Königshauses von der „königlichen Kunst" fernzuhalten. Die Große Landesloge von Norwegen umfaßt 1 Stewardsloge, 3 Andreas-(Schotten)-Logen und 12 Johannislogen mit 4800 Brüdern.

Die große Landesloge von Dänemark, an deren Spitze König Christian X. als Ordensmeister steht, hat ungefähr die gleiche Mitgliederzahl, wie die von Norwegen, nämlich 4735 Brüder; sonst ist über sie nicht viel zu sagen.

[1]) Vgl. „Revue Maçonnique", Februar 1906, Nr. 311, S. 28.

XX.

## Die monarchisch-republikanische Freimaurerei in Deutschland.

Diese etwas sonderbare Überschrift wird durch die Tatsachen selbst gerechtfertigt.

Solange die Monarchie bestand, ließen es die drei altpreußischen Logen an Huldigungen dem Herrscherhaus gegenüber durchaus nicht fehlen. Kein Anlaß ging vorüber, ohne daß nicht eine mehr oder minder schwungvolle Ergebenheitskundgebung an den Kaiser gerichtet worden wäre. Zahlreiche Logen drücken schon durch ihren Namen staatstreue und monarchische Gesinnung aus; wir finden da Logen wie: „Friedrich zur askanischen Treue" (in Ballenstedt a. H.), „Wilhelm zur ostpreußischen Treue" (Bartenstein), „Friedrich Wilhelm zur Morgenröte" (Berlin), „Friedrich Wilhelm zur gekrönten Gerechtigkeit" (Berlin), „Friedrich zur Gerechtigkeit" (Berlin), „Friedrich Wilhelm zum eisernen Kreuz" (Bonn), „Luise zur gekrönten Schönheit" (Charlottenburg), „Wilhelm zur strahlenden Gerechtigkeit" (Kulm-Schwetz), „Friedrich Leopold zur Morgenröte" (Görlitz), „Hohenzollern treu und beständig" (Magdeburg), „Friedrich Wilhelm zur Wahrheit und Treue" (Rathenow), „Prinz von Preußen zu den drei Schwertern" (Solingen), „Hohenzollern" (Wiesbaden) usw. usw. Die meisten der eben genannten Logen, denen noch Dutzende mit ähnlichen Namen an die Seite gestellt werden könnten, gehören der „Großen Landesloge der Freimaurer von Deutschland" (in Berlin) an.

Ja, kann denn überhaupt an dem streng monarchischen Charakter der altpreußischen Logen auch nur einen Augenblick gezweifelt werden? Sind nicht hunderte von deutschen Offizieren Mitglieder der Freimaurerei? Haben sich nicht über 2000 Brüder im Weltkrieg das eiserne Kreuz verdient? Hat man in Freimaurerkreisen nicht gerade den altpreußischen Logen immer und immer wieder den Vorwurf gemacht, sie buhlten um Fürstengunst, weil ein Schutzherr aus königlichem Stamme an ihrer Spitze stünde? Und haben denn die übrigen Großlogen nicht alles getan, was von ihnen billigerweise verlangt werden kann? Wurden nicht z. B. von Br.·:. Bode Vorträge über den „Deutschen Siegeswillen" veranstaltet? Haben nicht fünf

Hamburger Logen allein 1000 Mark als U-Bootspende aufgebracht? Hat sich nicht der deutsche Großlogentag von 1917 wärmstens für die Kriegsbeschädigten eingesetzt? Haben nicht die Hamburger Großloge und die Großloge „Zur Sonne“ sogar die Beziehungen zur Schweizer Großloge „Alpina“ abgebrochen (1916), weil sie eine deutschfeindliche Haltung einnahm? Und wurden nicht die Beziehungen der deutschen Großlogen zu denen in feindlichen Ländern während des Weltkrieges abgebrochen?

Alles stimmt; nur der letztgenannte Satz bedarf einer kleinen Richtigstellung. Abgebrochen wurden bloß die Beziehungen zum französischen und italischen Großorient, die zu den Großlogen der üblichen feindlichen Länder sollten bloß „ruhen“. (Erklärung des deutschen Großlogentages vom 29. Mai 1915.) Was aber ist mit der kleinen U-Bootspende, mit den paar Vorträgen Br.·. Bodes und mit den verschiedenen Wohltätigkeitsakten eigentlich bewiesen? Was mit den Huldigungstelegrammen und mit den Logennamen? Gibt es denn keine stärkeren, keine überzeugenderen Beweise für die monarchische Gesinnung als das wenige, was da angeführt wurde?

Wenn man auch noch so vorurteilslos an die Sache herantritt und das ernste Bestreben hat, Beweise für die monarchische Gesinnung zu sammeln und vorzubringen — man findet keine.

Die Besuche, die im Jahre 1913 zwischen englischen und deutschen Freimaurern in Berlin und London ausgetauscht wurden, mag man immerhin als vaterländische Tat gelten lassen, um einem drohenden, alles verwüstenden Kriege vorzubeugen; sie wurden bekanntlich auch anders ausgelegt und nicht gerade zum Vorteil der deutschen Freimaurerei; ein Beweis für die monarchische Gesinnung kann darin keinesfalls erblickt werden.

Dagegen aber stoßen wir auf Schritt und Tritt auf recht unerfreuliche und oftmals geradezu bedenkliche Erscheinungen, auf Äußerungen und Handlungen, die auf jeden Unbefangenen befremdend wirken müssen.

Die drei altpreußischen Logen, also die „Große Mutterloge zu den drei Weltkugeln“, die „Große Landesloge der Freimaurer von Deutschland“ und die „Große Loge von Preußen, genannt zur Freundschaft“ (sämtlich in Berlin) haben bekanntlich seit Friedrich dem Großen eine ganze Anzahl von Hohenzollern-Fürsten zu den Ihrigen gezählt.

Friedrich der Große selbst erhielt allerdings in einer Hamburger Loge („Absalom“) das Licht; in das Geheimnis der Loge einzudringen gelang ihm jedoch niemals, ja er erfuhr nicht einmal etwas von den Hochgraden, die sich bald nach seiner Aufnahme

(1738) entwickelten und eine stets wachsende Bedeutung erlangten. Er stand der Logentätigkeit mit starkem Mißtrauen gegenüber und machte seinen Schutz wiederholt von der Erfüllung gewisser Bedingungen abhängig.

Friedrich Wilhelm III., König von Preußen, erhielt 1814 das Licht und war später Schutzherr der „Großen Landesloge von Preußen". Geheimnis, Zweck und Mittel der Freimaurerei blieben ihm zeitlebens unbekannt. Von einem ehemaligen Großmeister, dem Br∴ Grafen Haugwitz, entsprechend aufgeklärt, betrachtete er die Freimaurerei mit stetem Argwohn; da aber eine Anzahl seiner treuesten und verläßlichsten Beamten in die Logen eintrat, bestand zunächst keine wesentliche Gefahr. Kaiser Wilhelm I. befolgte dieselbe Taktik; als er noch König von Preußen war, ließ er zahlreiche zuverlässige Staatsbeamte in die Logen eintreten und suchte dadurch die Freimaurerei ihres staatsgefährlichen Charakters als Geheimbund zu entkleiden. Dessenungeachtet kam es bald zu scharfen Konflikten, so daß der König im Jahre 1864 den Logen sogar die Schließung androhen mußte, wenn sie sich weiter mit Politik beschäftigten! Bemerkenswert ist das Urteil, das der „Grand-Orient de France" über Kaiser Wilhelm I. fällt: Er hat sich niemals durch ernstliche Erfüllung seiner maurerischen Pflichten ausgezeichnet, ... hielt es aber dessenungeachtet für vorteilhaft, selbst an der Spitze einer Einrichtung zu stehen, die eine so weite Verbreitung in der Welt besitzt.[1])

Am meisten ehren die Freimaurer Kaiser Friedrich III., der als Kronprinz lange Jahre ihr oberster Schirmherr war; eine größere Anzahl von Logen ist ihm zu Ehren benannt. Aber auch dieser fürstliche Freimaurer war mit den Anschauungen seiner „Brüder" in vielen Punkten nicht einverstanden und wünschte vor allem, daß aus der Ordensverfassung und aus den Satzungen alles ausgemerzt würde, was irgendwie anstößig, bedenklich oder geschichtlich nicht haltbar wäre. Von dem seltsamen Geheimnis, das angeblich in der „Bundeslade" gehütet wurde, war schon früher die Rede. Aber alle Verbesserungsvorschläge des fürstlichen Schirmherrn stießen auf abweisenden Widerstand, so daß sich Kronprinz Friedrich schließlich genötigt sah, das Großmeisteramt niederzulegen. Alle diese Tatsachen sprechen gewiß nicht für die Auffassung, daß die deutsche Freimaurerei oder auch nur die altpreußischen Großlogen auf streng monarchischem Standpunkte stünden. Um jedoch die ganze Sachlage klar zu überblicken, ist es angezeigt, eine höhere Warte aufzusuchen, die einen weiteren Gesichtskreis bietet.

[1]) „Bulletin du Grand-Orient" 1888, S. 131.

Die deutschen Freimaurer werden naturgemäß nicht immer so reden können, wie sie vielleicht gerne möchten. Fragen wir also bei ihren Freunden, den italischen Maurern an, wie sie über die fürstlichen Brüder eigentlich denken. Daß Br.·. Bovio den jungen Kaiser Wilhelm II. — im Jahre 1892 — für „schwer krank" hielt, beweist wohl nichts; gar mancher gute Deutsche war damals über die Entlassung Bismarcks erbittert und mag ähnliche, vielleicht noch schärfere Worte gebraucht haben. Br.·. Aurelio Saffi spricht gelegentlich die Hoffnung aus, daß das junge (sozialdemokratische) Deutschland recht bald an die Stelle des kaiserlichen und „feudalen" Deutschlands treten werde.[1]) Wie das amtliche Logenblatt, die Rivista della Massoneria Italiana, den von Kaiser Wilhelm II. bestellten Schutzherrn der drei altpreußischen Großlogen Prinzen Friedrich Leopold, verhöhnt, möge man ebendort (S. 201) nachlesen. Festgehalten sei hier bloß die ganz eigenartige Trauerloge der italischen Freimaurer für Kaiser Friedrich III. Da zur selben Zeit der einstige Revolutionär und spätere Großmeister der italischen Großloge, Petroni, gestorben war, verband man beide Feierlichkeiten miteinander, und zwar derart, daß man des Verbrechers Petroni, der 18 Jahre im Zuchthaus gesessen hatte, an erster Stelle gedachte! Eine bloße Geschmacksverirrung? — Nein, eine bewußte Verhöhnung.

Und die französischen Brüder? — Dieselben Gedanken in anderer Fassung. Ihnen ist jeder Monarch schlechthin ein „Despot". Zwischen einem Caligula und einem Kaiser Friedrich III. besteht bei der eingerosteten Denktätigkeit der Franzosen nicht der geringste Unterschied. Ein Monarch ist ein Despot und damit Schluß: „Es ist einem Despoten trotz all seines guten Willens — er müßte denn abdanken — einfach ganz unmöglich, die Grundsätze der Freimaurerei mit der eigentümlichen Moral der „Staatskunst" .... zu vereinbaren. Auch Friedrich III. wäre dies nicht gelungen, trotz seines wohlwollenden Charakters." Natürlich, wenn zu den obersten Grundsätzen der Freimaurerei das Streben nach Einführung der Republik gehört, dann haben die französischen Brüder ja vollkommen recht; dann kann ein freimaurerischer Monarch gewiß nichts besseres tun, als schleunigst abzudanken, um den „Souveränen Maurerfürsten" Platz zu machen. Ob man sich aber dann nicht mit mehr Recht über Tyrannei und Despotismus wird beklagen müssen, wird die nächste Zukunft lehren. Hören wir noch, was uns der hochehrwürdigste Br.·. A. Pike, 33.·. zu sagen hat: „Die

[1]) „Rivista della Massoneria Italiana" 1889, S. 3 ff.

Häupter unserer geheimen Gesellschaft ließen die Mächtigen dieser Erde an den maurerischen Arbeiten teilnehmen, ohne ihnen mehr Einblick zu gewähren, als sie für gut fanden. Man tat dies zwar nicht, um ihren Schutz zu erlangen, sondern bloß, um sich ihre Duldung zu sichern. Sie (die Häupter der Freimaurer) sahen ruhig zu, wie die Freimaurerei scheinbar in eine möglichst bedeutungslose Wohltätigkeits- und Unterstützungsgesellschaft verwandelt wurde, welche die Großen dieser Erde ganz in ihren Händen zu haben glaubten, und ließen erklären, daß Religion und Politik der Freimaurerei völlig fremd seien.[1])

Bedarf es nach diesen Eingeständnissen noch weiterer Beweise? Wenn ja, dann sei zunächst auf das Verhalten mancher deutschen Logenblätter hingewiesen, die den mitgeteilten Zeitungsstimmen bedenklich nahekommen. Es war etwa um jene Zeit, als König Wilhelm I. den Logen ihrer politischen Umtriebe wegen die Schließung androhen mußte. Da schrieb die „Freimaurer-Zeitung" mit beißendem Hohn: „Unsere höchstgestellten Brüder scheinen zum Teil eine ganz eigentümliche Meinung von der Freimaurerei zu haben und sie statt eines Bundes von Gleichberechtigten (!) und Gleichverpflichteten für einen bequemen Schemel zu halten, der für schwache Beine wohl zu gebrauchen ist ... Die hohen olympischen Götter entziehen sich dem Treiben der gewöhnlichen Menschen, von denen sie nur allenfalls an den hohen Festen die pflichtschuldigen Weihrauchdämpfe brüderlichgnädigst und huldvoll entgegennehmen."[2]) Ähnlich schreiben aber auch andere Logenblätter, so insbesondere die „Bauhütte". — Aber das sind doch Beispiele, die weit zurückliegen! — Gewiß; doch in neuerer und neuester Zeit ist es nicht wesentlich anders. So hat der „Herold" einmal dem wegen Aufruhrs und zahlreicher anderer Verbrechen hingerichteten Enrico Ferrer einen $4\frac{1}{2}$ seitigen Nachruf gewidmet[3]) und ihn verherrlicht, wie noch nie ein Monarch, der auf friedlichem Wege gründliche Veränderungen durchgeführt hat, von Freimaurern gefeiert worden ist. Um nicht mißverstanden zu werden: Man kann jede geistige Bewegung verstehen und zu ihr in dieser oder jener Weise Stellung nehmen. Man kann den guten ihr zugrunde liegenden Kern herausschälen und verteidigen; in dem Augenblicke jedoch, wo sich die Minderheit herausnimmt, mit Gewalt die Mehrheit in ihren Bann zu zwingen, kann von einer Duldung und nachsichtigen Beurteilung nicht mehr die Rede sein; Gewalt kann eben nur mit Gewalt

[1]) Morals and Dogma, S. 819.

[2]) „Freimaurer-Zeitung", 26. November 1864, S. 130.

[3]) „Der Herold", 5. Dezember 1909, Nr. 45, S. 4.

abgewehrt werden. Bezeichnend ist es übrigens auch, daß der freimaurerische Berichterstatter des „Herold" seine Kenntnisse unmittelbar von einem Anarchisten und Freunde Ferrers herleitet, mit dem er nach eigenem Geständnis in vertrautem Briefwechsel steht ...

Aber nicht nur die Äußerungen freimaurerischer Blätter, auch die Handlungen ihrer Führer, der Großmeister, sind in hohem Grade bedenklich.

Trotzdem sie den hochpolitischen Charakter der italischen Maurerei kannten und kennen mußten, unterhielten sie zu ihr die denkbar besten Beziehungen, ja sie ließen sich widerspruchslos Briefe gefallen, in denen über den „Despotismus in der eigenen (deutschen) Heimat" losgezogen wurde.[1]) Die Großloge von Sachsen wieder feierte den italischen Großmeister Adriano Lemmi in einem überschwänglichen Schreiben geradezu als den „König der Freimaurerei nicht bloß in Italien, sondern in der ganzen Welt ..." Bei solchen Gefühlsausbrüchen ist es schließlich begreiflich, daß die nichtdeutsche Welt auf das von „Despoten" und „Tyrannen" beherrschte Deutschland mit einem mitleidigen Lächeln herabsah. Diese würdelose Auslandsanbetung wird mit Recht von Br.·. Wilhelm Ohr, den man als einen der charaktervollsten und edelsten deutschen Maurer betrachten darf, in schärfsten Worten getadelt, zumal sie uns alles andere, nur keine Hochachtung bei den Auslandsstaaten eingetragen hat.

Dieselbe Würdelosigkeit bekundeten die deutschen Großlogen Frankreich gegenüber. Die „Vereinigte Großloge von England" hatte die Beziehungen zum „Grand-Orient" 1877 abgebrochen und zwar wegen des Weglassens des Weltenbaumeistersymbols aus den amtlichen Akten. Die Engländer blieben fest und bald waren es die Franzosen, die um Wiederanknüpfung der Beziehungen ersuchten, allerdings ohne Erfolg. Ganz anders die Deutschen. Obwohl für die deutschen Freimaurer die Sache noch wesentlich schwieriger stand, weil sie die Beziehungen zum Grand-Orient doch wegen des unerhörten Verhaltens der zehn Pariser Logen gegenüber Kaiser Wilhelm I. abgebrochen hatten, waren gerade sie diejenigen, welche den Franzosen nachliefen und die Wiederaufnahme der Beziehungen gar nicht erwarten konnten. Daß es in erster Linie volksfremde Kreise waren, ist für die deutsche Freimaurerei keine Entschuldigung, sondern ein weiterer Vorwurf. Dieses Nachlaufen hat den Deutschen bei den

[1]) Wie z. B. in einem Schreiben des italischen Großmeisters Petroni an den Großmeister Feustel von der „Großloge zur Sonne" in Bayreuth. Abgedruckt in der Rivista della Massoneria Italiana 1883, S. 67.

Franzosen außerordentlich geschadet. Die Freimaurer Frankreichs haben schon vor Kriegsausbruch „mit größter Bestimmtheit und in Übereinstimmung mit der öffentlichen Meinung auf den Zusammenbruch des deutschen Staates gerechnet", versichert uns Br∴ Wilhelm Ohr, einer der besten Kenner der französischen Volksseele.[1]) Wieviel dazu das würdelose Benehmen der führenden deutschen Freimaurer beigetragen hat, mag sich jeder selbst ausrechnen.

Dazu kommt noch das sehr merkwürdige Verhalten gegenüber den serbischen Freimaurern. Obwohl die ganze Welt wußte, wie Serbien bereits durch Jahre hindurch den Frieden bedrohte, obwohl die serbische Freimaurerei genau so wie die ungarische oder italische ein ausgesprochen politischer Geheimbund war, stellten doch die Großlogen von Hamburg und Sachsen den Antrag auf deren Anerkennung. Allerdings die beiden Großlogen konnten sich darauf berufen, daß auch die ungarische Großloge kurz vor Kriegsausbruch die serbischen Freimaurer besucht und anerkannt hatte. Da die ungarische Großloge die serbischen Maurer stark begünstigte und dazu schon seit Jahrzehnten die besten Beziehungen zur Hamburger Großloge unterhielt, scheint auch von ihr der Antrag ausgegangen und gefördert worden zu sein. Vertreter der Hamburger Großloge war damals (nach Dalens Kalender) Karl Duschnitz, Kaiserlicher Rat und Fabrikant in Wien, früher Stuhlmeister der Loge „Zur Freundschaft" in Wien. „Kaiserlicher Rat und verkappter Republikaner?" — Das kommt in jenen Kreisen, denen die Wiener Logenmänner zumeist entstammen, sehr, sehr häufig vor. Es ist der bekannte Mimikry-Standpunkt: Heute Monarchist, morgen Republikaner, wie sich's eben „trefft".

Ob es auch hier Mitwissende des Mordanschlages gegeben hat? — Es lag etwas in der Luft; hunderte mögen darum gewußt haben, tausende haben es gefühlt, hunderttausende bloß dumpf geahnt, daß sich etwas Furchtbares ereignen werde. Doch lassen wir Vermutungen beiseite; Tatsache ist, daß unter der Leitung des jüdischen Großmeisters Kohn der deutsche Großmeistertag vom 31. Mai 1914 die Anerkennung des serbischen „Obersten Rates" beschlossen hat.

Tatsache ist weiters, daß genau vier Wochen später der Erzherzog-Thronfolger dem Anschlag serbischer Freimaurer zum Opfer gefallen ist. Man mag annehmen, daß damals recht unwissende, ahnungslose Leute als hochehrwürdigste Großmeister an der Spitze der deutschen Freimaurerei gestanden haben; weist man jedoch diese Annahme als beleidigende Zumutung zurück, so bleibt dann nur noch eine Mög-

[1]) Dr. Wilhelm Ohr, a. a. O. S. 180.

lichkeit übrig, die aber einer furchtbaren Anklage gleichzuerachten wäre. . . .

Von vornherein sei ohne weiteres zugegeben, daß die deutschen Freimaurer in ihrer überwältigenden Mehrheit mit diesen finsteren Plänen offenbar nicht das Geringste gemein haben; sie, die biederen kleinen Meister vom Stuhl, waren wohl zum größten Teil staatstreu und monarchisch gesinnt; man bedenke nur, aus welchen Kreisen sie sich zusammensetzten: Von 629 Stuhlmeistern und Vorstehern von Freimaurervereinen und Kränzchen waren 175 Schulmänner, 105 Ärzte und Apotheker, 40 Staatsbeamte, 40 Gemeindebeamte, 30 Architekten, 16 Theologen, 13 Rentner, 11 Militärbeamte und Offiziere und 2 Künstler; das gleicht auf den ersten Blick gewiß nicht der Zusammensetzung eines revolutionären Komitees. Dazu kommen allerdings noch 145 Vertreter von Handel und Industrie, die naturgemäß mehr dem Weltbürgertum zuneigen, dann 40 Juristen, die auf der ganzen Welt in allen Lagern zu stehen pflegen, und 12 Schriftsteller und Redakteure, die zweifellos eher Anhänger des republikanischen Gedankens sein dürften. Alles in allem überwiegt anscheinend der konservative, staatserhaltende Charakter. Die Führer aber scheinen auch in Deutschland ausgesprochene Republikaner zu sein. Die Namen der Großmeister der 8 Großlogen Deutschlands, welche am 31. Mai 1914 die Anerkennung des Suprême Conseil von Serbien ausgesprochen haben, seien daher zum bleibenden Gedächtnis hier mitgeteilt:

Es sind dies:

1. Der Großmeister der Großloge „Zur Sonne" in Bayreuth, Alexander Schilling, Landgerichtsdirektor und Hauptmann a. D.

2. Großmeister Adalbert Wagner, Generalleutnant a. D. von der Großen National-Mutterloge „Zu den drei Weltkugeln" in Berlin.

3. Landesgroßmeister Stanislaus Graf zu Dohna, Dr. phil., Hauptmann a. D., der Großen Landesloge der Freimaurer von Deutschland in Berlin.

4. Großmeister Dr. phil. Bruno Alwin Wagner, Professor, von der Großen Loge von Preußen, genannt „Zur Freundschaft" in Berlin.

5. Großmeister Wilhelm Süß, Direktor des Konservatoriums für Musik in Darmstadt, von der Großen Freimaurerloge „Zur Eintracht".

6. Landesgroßmeister Oskar Röder, Dr. phil., königlicher Ober-Medizinalrat, ordentlicher Professor an der königl. Tierärztlichen Hochschule in Dresden, von der Großen Landes-Loge von Sachsen.

7. Großmeister Br.·. Kohn der Großen Mutterloge des Eklektischen Freimaurerbundes zu Frankfurt a. M.

8. Großmeister Fr. Uhrbach, Kaufmann von der Großen Loge von Hamburg.

Daß sich darunter drei Offiziere befinden, ist allerdings auffällig. Vielleicht darf man annehmen, daß sie überstimmt wurden oder keine genaueren Kenntnisse über den wahren Sachverhalt besaßen. Dagegen wissen wir beispielsweise vom Großmeister Bruno Alwin Wagner, daß er schon am 23. September 1907 in der deutschen Loge „Goethe" in Paris „mit Worten und Gesten eines Sehers das Zukunftsbild einer allgemeinen Völkerverbrüderung entrollt und mit Großmeister Mesureur in langer, herzlicher Umarmung den Bruderkuß getauscht hat". Gerade Großmeister Br.·. Mesureur von der Grand Loge de France hatte tags zuvor ausdrücklich die Einmütigkeit der freimaurerischen Bestrebungen aller Völker ganz besonders betont; am 22. September 1907 hatte nämlich die Eröffnungsfeier der französischen Großloge in Paris stattgefunden, die eine großartige Kundgebung der Verbrüderung französischer, belgischer und deutscher Freimaurer war, wobei unter den 500 Teilnehmern fast alle Stuhlmeister der französischen Logen, ferner Vertreter von Belgien, Holland, Deutschland, Rumänien, Portugal, Griechenland und der Schweiz teilgenommen haben.

XXI.

# Durch die Weltrevolution zur freimaurerischen Weltrepublik.

An einem vollen Dutzend Staaten wurde bisher die revolutionäre Tätigkeit der Freimaurerei nachgewiesen. Der Geist ist im Grunde genommen stets der gleiche, das Endziel überall die Republik.

Aber auch in jenen Staaten, die bisher nicht besonders besprochen wurden, ist die Freimaurerei von dem gleichen Streben beseelt; so z. B. in Belgien.

Es wurde bereits betont, daß gerade in Belgien die politische Betätigung der Freimaurer zuerst offen und für alle sichtbar in Erscheinung getreten ist; vom „durchlauchtigsten Nationalgroßmeister", Br .·. Hasse, wurde im Jahre 1907 ausdrücklich zugegeben, daß die belgischen Logen sich zu wahren Schulen der Politik entwickelt haben.[1]) Der Geist, der in den Logen herrscht, ist streng republikanisch. Demgemäß wird bei Festlogen auch nicht auf den König toastiert, sondern auf das „souveräne Volk". Keinen Kenner der Verhältnisse kann es ferner besonders überraschen, daß als Vortragsgegenstand in belgischen Freimaurerkreisen auch „Die belgische Republik" erscheint. Wie sehr die dortigen Maurer an den revolutionären Geschehnissen des Auslands Anteil nehmen und wie eng verflochten ihre Beziehungen mit den Großorienten anderer Länder sind, geht aus einer viel bemerkten Rede Br .·. Fournemonts hervor, der im Jahre 1911 Großredner des belgischen Gr .·. O .·. war: „Erinnern Sie sich der tiefen Empfindung des Stolzes, die wir alle hatten, als wir kürzlich die Nachricht von der Revolution in Portugal erhielten. In wenigen Stunden war der Thron gestürzt, das Volk triumphierte, die Republik war erklärt. Es war wie ein Blitz aus heiterem Himmel für das unwissende Publikum ...." Jawohl! So ein Blitz aus heiterem Himmel überraschte auch uns hier in Österreich und in — Deutschland. Und die Unwissenheit der regierenden Kreise war eine so allgemeine, daß zum Beispiel der gewesene österreichische Justiz-

---

[1]) Bulletin du Gr .·. O .·. de Belgique 5907, I. S. 53 ff.

minister, Dr. R. v. Schauer noch im Mai 1918 von dem Wesen und den Endzielen der Freimaurerei keine blasse Ahnung hatte und ihre Logen allen Ernstes für vollständig harmlose humanitäre Vereine hielt ... Dem Harmlosen erscheint eben alles harmlos; aber an dieser Harmlosigkeit unserer harmlosen Regierungen ist eben Österreich zugrunde gegangen. Und Deutschland ebenso. Wenn Unwissenheit unter Umständen ein Verbrechen ist, dann — — doch hier schweigt des Sängers Höflichkeit. Die Deutschen im Reiche hatten eben ihr B-System, wir unser S-System; an sich tüchtige, einwandfreie Männer, aber von einer beispiellosen Schwachsichtigkeit und den außergewöhnlichen Verhältnissen in keiner Weise gewachsen.

Sollen wir, um auch die „Harmlosen" zu überzeugen, noch ein weiteres Beispiel herausgreifen? — Vielleicht einmal der Abwechslung halber eines aus der Neuen Welt: Brasilien! Wem hat denn der letzte Kaiser von Brasilien, Pedro II., seinen Sturz zu verdanken? Dem Marschall Deodoro da Fonseca; dieser war Freimaurer und die ganze revolutionäre Bewegung von den Freimaurerlogen angezettelt. Das stand nicht etwa in einem klerikalen Winkelblättchen, sondern in dem — in dieser Hinsicht wenigstens — gewiß verläßlichen freimaurerischen „Berliner Tageblatt".[1]) Ist es noch nötig, auf Griechenland hinzuweisen und jener Rolle zu gedenken, die ein gewisser Venizelos spielte? Dann sei unseren „Harmlosen" mitgeteilt, daß die Häupter jener Partei, die den Sturz des Königs Konstantin durchgesetzt haben, ebenfalls durchwegs Freimaurer sind und mit dem „Grand-Orient de France" in engsten Beziehungen stehen; denn der französische Großorient besitzt auch dort, wie überall auf der ganzen Welt, seine Auslandslogen, durch welche er die einheimischen Logen in seinem Sinne zu beeinflussen weiß.

Genug an dem. Planvoll, zäh, ausdauernd und mit unnachahmlichem Fleiße wurden diese Revolutionen vorbereitet. Auf der ganzen Welt sollten die Throne gestürzt und die Monarchen vertrieben werden. Nicht von gestern stammen diese finsteren Pläne, sie wuchsen vielmehr mit der Freimaurerei heran und reiften erst allmählich aus. Sie lassen sich bis in das Jahr 1740 zurückverfolgen, wenn wir bloß die Geistesmaurerei heranziehen. Wollten wir auch die Werkmaurerei ins Auge fassen, dann könnten Stellen zitiert werden, die sich auf Oliver Cromwell (1648) und auf die „glorreiche" Revolution vom Jahre 1688/89 (in England) beziehen. Aber lassen wir diese Ereignisse vollkommen beiseite, um nicht von der richtigen Fährte abgelenkt zu werden.

---

[1]) „Berliner Tageblatt" vom 10. Oktober 1910, Nr. 514.

Im Jahre 1740 hielt der damalige Großmeister, Herzog von Autin, auf einem Feste der Großloge von Frankreich eine Rede, in der er betont, daß die Freimaurerei zunächst deshalb gegründet worden sei, um allenthalben auf der ganzen Welt die republikanische Staatsform einzuführen. B.·. Wilhelm Ohr, der die Stelle wörtlich zitiert,[1]) gibt diesen revolutionären Geist der französischen Freimaurerei ohne Einschränkung zu, er räumt ohne weiteres ein, daß hier bereits der Geist von 1789 zu spüren ist, ja er läßt es gelten, daß derselbe Geist und dieselben Ideen damals auch die gebildeten Kreise Deutschlands beherrschten, die sie aus Frankreich unbesehen herübergenommen hatten.

Auch die beiden französischen Schriften: La Franche-Maçonne (1744) und Les Franc-Maçons écrasés (1746), von denen es zweifelhaft ist,[2]) ob sie als „Verräterschriften" oder als nur scheinbar gegen die Freimaurerei, in Wahrheit aber als freimaurerische Aufklärungsschriften anzusehen sind, bringen bereits den Gedanken der Weltrepublik und die Hauptzüge des Revolutionsprogramms von 1789 samt den Schlagworten Freiheit und Brüderlichkeit zum Ausdruck. Später, nach dem Sturz des Königtums, kam noch die „Gleichheit" hinzu.

Hier sei eine längere Einschaltung gestattet; es ist nämlich die Feststellung unbedingt nötig, daß es eine Gleichheit in der Freimaurerei überhaupt nicht gibt; man kennt nicht einmal Gleichheit zwischen Lehrling, Gesellen und Meister, wie Br.·. Ohr mit Recht hervorhebt; und nun gar erst die Hochgrade! „Es gibt nirgends weniger Gleichheit als in der französischen Freimaurerei mit ihrer Gliederung von 33 Graden. Ein Lehrling ist nicht einem Gesellen gleichgestellt, dieser nicht dem Meister. Der Meister ist dem „Ritter vom Rosenkreuz" untergeordnet, dieser wieder dem „Großen Ritter Kadosch", der sich vor dem „Groß-Inquisitor-Kommendator" beugen muß; und dieser muß selbst wieder dem „Prinzen vom königlichen Geheimnis" den Vortritt lassen. Über ihm steht der „souveräne Großinspektor", der wieder vom Mitgliede des Obersten Rates im Range übertroffen wird. Der Präsident des Obersten Rates ist der Höchst Mächtige Souveräne Großkommendator' ..." Eine nette Gleichheit fürwahr! — Entspricht dies aber auch den Tatsachen? Gewiß. Denn derjenige, der es uns mitteilt, ist der freimaurerische Schriftsteller Br.·. Dubois[3]) von der „Acacia":

---

[1]) Dr. Wilhelm Ohr, „Der französische Geist und die Freimaurerei". S. 30 f.
[2]) Ebenda, S. 35.
[3]) „Acacia", November 1907, Nr. 50, S. 285.

Aber auch Bruder Wilhelm Ohr, dessen Freimut angenehm berührt, berichtet uns genau dasselbe über den Ordensrat (Conseil de l'Ordre), der die eigentliche Leitung des französischen Groß-Orients innehat, und nennt ihn eine Oligarchie, die an Stelle der Demokratie getreten ist; überall gelte in der französischen Freimaurerei das aristokratische Prinzip; die obersten Behörden, so das große Ritual-Kollegium, ergänzten sich durch Zuwahl aus den Inhabern des 33. Schottengrades, den es selbst verleihe: „Fürwahr, eine ganz undemokratische Behörde."[1])

Es gibt in der Freimaurerei aber auch keine „Freiheit". Es gibt vor allem keine freie Meinungsäußerung, denn es besteht eine Zensur, deren Schroffheit sich mit der staatlichen Zensur gar nicht vergleichen läßt. Besonders gilt dies für Frankreich, während in Deutschland es im allgemeinen dem Taktgefühl des einzelnen Maurers überlassen bleibt, wie er die in seinem Eid gelobte Verschwiegenheit bewahrt.[2]) Ein Rundschreiben des Grand-Orient vom 1. Januar 1894 besagt ausdrücklich: Die Stuhlmeister und Redner müssen jede Gelegenheit ergreifen, ihre Umgebung daran zu erinnern, daß kein Maurer, unter keinerlei Vorwand das Recht hat, auch nur das Geringste über den Orden und seine Einrichtungen zu veröffentlichen; es wäre denn mit ausdrücklicher Erlaubnis und auch dann nur in der ihm vorgeschriebenen Art und Weise.[3])

Der französische Freimaurer hat aber nicht einmal das Recht der Gedankenfreiheit; er muß Republikaner und „antiklerikal" sein; was aber in der Logensprache „antiklerikal" heißt, wurde bereits früher gebührend hervorgehoben. Er kann auch nicht nach Belieben austreten; unter Umständen kann ihn vielmehr die Loge auch gegen seinen Willen als Mitglied weiterführen bis zu seinem Tode. Dagegen kann er — in Italien wenigstens — ohne weiteres aus der Freimaurerei ausgeschlossen werden, wenn es dem Großmeister gefällt. Br.·. Dr. Müffelmann bringt in seiner lesenswerten Schrift über die italische Freimaurerei einen solchen Fall, der außerordentlich lehrreich ist: „Am 4. Dezember 1914 wurde ein Br.·. Dr. B., Mitglied des Großen Ordensrates und Meister vom Stuhl der Loge in Belluno, vom italischen Großmeister auf telegraphischem Wege aus dem Orden ausgeschlossen; und da gibt es keinerlei Widerspruch und Verhör!"[4]) Durch ungezählte Beispiele könnte die „Frei-

[1]) Dr. Wilhelm Ohr, ebenda, S. 77.
[2]) Dr. Wilhelm Ohr, ebenda, S. 73.
[3]) Ebenda abgedruckt, S. 74.
[4]) Dr. Ludwig Müffelmann, „Die italische Freimaurerei und ihr Wirken für die Teilnahme Italiens am Weltkrieg." Berlin, 1915.

heit", wie sie die Freimaurer meinen, veranschaulicht werden; die wenigen, die hier vorgebracht wurden, dürften jedoch genügen.

Und die Brüderlichkeit? Die besteht allerdings, aber nur den „Brüdern" gegenüber; und auch da sind in mancherlei Hinsicht wesentliche Einschränkungen zu machen. Wenn man die erbitterten Kämpfe verfolgt, die in allen Ländern Freimaurer untereinander ausgetragen haben, so erhält man auch in dieser Beziehung einen Eindruck, der von Begeisterung für freimaurerische Ideale ziemlich weit entfernt ist. Wie aber haben sich diese schönen Schlagworte, die fast seit zwei Jahrhunderten von der Freimaurerei in die breitesten Volksmassen geschleudert und von diesen mit Heißhunger aufgegriffen worden sind, in Wirklichkeit bewährt? Graf Friedrich Schönborn, ehemals Justizminister in Österreich, hat im Hinblick auf die französische Revolution von 1789 sein Werturteil in folgenden überaus bezeichnenden Gedanken zusammengefaßt: „Mit Schwärmerei für Freiheit, Gleichheit und Brüderlichkeit hat es angefangen, um mit der rastlosen Arbeit der Guillotine zu enden und mit blutigen Kriegen zuerst Frankreich und dann ganz Europa zu verwüsten" — ein Satz, dessen innere Wahrheit von niemand bestritten werden kann.

Doch kehren wir zu dem Leitgedanken dieses Abschnittes zurück. Die Menschen von der Herrschaft der „Mächtigen" zu befreien, war auch der Zweck des Illuminatenordens, der in der zweiten Hälfte des 18. Jahrhunderts eine große Rolle spielte und mit der Freimaurerei vielfache Berührungspunkte besaß. Schon damals übte der Gedanke der Weltverbrüderung und Weltrepublik seinen Zauber aus und gewaltige Denker, wie z. B. Br.·. Immanuel Kant, traten für ihn ein. In breitere Schichten des deutschen Volkes fand jedoch das republikanische Staatsideal erst im 19. Jahrhundert Eingang. Vertreten wurde es namentlich durch den Revolutionär und Freimaurer Mazzini, dessen geheime Vertrauensmänner in ganz Europa emsig tätig waren. Für Mazzini ist die Republik „die einzige gerechte Regierungsform, die denkbar ist; das Volk ist alles." Aber das „Volk" ist nur dann „alles", wenn es den Standpunkt Mazzinis einnimmt und auf die Worte dieses Herrn und Meisters schwört; tut er dies nicht, dann ist es nur mehr ein „unwissender und verderbter Pöbel" (volgo ignaro e corrotto), eine Mehrheit von Idioten, eine betörte Menge, welche erst der Erziehung durch ihn (Mazzini) und seinesgleichen bedarf.[1]) Mazzini selbst ist nach eigenem Dafürhalten der durch „Tugend und Genie berufene Führer

---

[1]) Vgl. Hermann Gruber: „Mazzini, Freimaurerei und Weltrevolution" und die angeführten Belegstellen S. 33, 104 f.

des Volkes und der Menschheit", der das „souveräne Volk" vertritt. Selbstverständlich hat aber das „souveräne Volk", wenn es durch seinen, durch „Tugend und Genie" berufenen Vertreter ein Programm verkündet, dies auch anzunehmen. „Wenn das Volk (!) erklärt, daß dies oder jenes seine Glaubenslehre sei, so müßt Ihr ehrfurchtsvoll Euer Haupt beugen und euch jeder Handlung der Rebellion enthalten." Dieser eigenartig freiheitliche Satz stammt aus Mazzinis Werken selbst (und zwar aus dem XVIII. Band, S. 89). So war es immer, so wird es immer sein: Jede revolutionäre Bewegung, die „freiheitlich" beginnt, endet in Herrschsucht und Tyrannei, sobald die Freiheitsapostel selbst zur Herrschaft gelangt sind. Mit einer Unverfrorenheit sondergleichen gibt dies auch die freimaurerische „Rivista della Massoneria Italiana" ohne weiters zu: „Die revolutionäre Idee von gestern ist die konservative von heute." Wer erinnert sich da nicht an die Haltung der Tschechen, die im Reichsrate erklärten: „Es gibt keinen Hochverrat! Hochverrat ist kein Verbrechen!" und nun in ihrem tschechisch-slowakischen Staat jeden wegen Hochverrates verfolgen und mit dem Tod bedrohen, der als Deutscher bloß von seinem Wahlrecht in die Nationalversammlung Deutschösterreichs Gebrauch machen will!

Der republikanische Gedanke, der in Frankreich durch die Greuel der Revolution stark entwertet war, wurde also um die Mitte des 19. Jahrhunderts namentlich in Italien gepflegt und sprang dann wieder gegen Ende des Jahrhunderts auf Frankreich über. In Italien wie in Frankreich wurde der Hoffnung Ausdruck gegeben, daß sehr bald „das junge Deutschland des Gedankens und der Arbeit (die Sozialdemokratie) an die Stelle des feudalen, kaiserlichen treten werde"; dann werde auch die Angelegenheit Elsaß-Lothringens, welche den europäischen Frieden bedrohe, die gewünschte Erledigung finden.[1])

Viel schärfer noch wurde dieser Gedanke auf dem allstaatlichen Freimaurer-Kongreß in Paris 1889 zum Ausdruck gebracht, der als Jahrhundertfeier der großen, „glorreichen" Revolution von 1789 gedacht war. Der vom „Grand-Orient" bestellte Festredner, Br∴ Frankolin, führte damals unter dem stürmischen Beifall aller Kongreßteilnehmer unter anderem folgendes aus: „Der Tag wird kommen, an dem bei den Völkern, die weder ein achtzehntes Jahrhundert, noch ein 1789 hatten, die Monarchien und die Religionen zusammenstürzen werden. Dieser Tag ist nicht mehr ferne. Das ist der Tag, den wir ersehnen. An diesem Tage werden alle

[1]) Rivista massonica Italiana 1889 S. 82.

Enterbten befreit, alle Ungerechtigkeiten gesühnt, alle Privilegien beseitigt, alle vergewaltigten Provinzen (Elsaß-Lothringen, Posen, Galizien usw.) ihr Selbstbestimmungsrecht erhalten. Dann werden alle Großlogen und Groß-Oriente der ganzen Erde sich in einer Weltverbrüderung zusammenfinden. Die Spaltungen und die Landesgrenzen, durch welche die Freimaurerei getrennt ist, werden dann verschwunden sein. Das ist das glanzvolle Zukunftsideal, das uns vorschwebt. Unsere Sache ist es, den Anbruch des Tages dieser allgemeinen Verbrüderung zu beschleunigen." Diese Sätze — sagt Br.·. Wilhelm Ohr — der sie zitiert, sprechen eine so klare Sprache, daß nichts hinzuzufügen übrig bleibt. Immerhin wird aber hier nur von der zu erwartenden deutschen Revolution, von der Einführung der Republik und von der freimaurerischen Weltverbrüderung gesprochen.

Der Gedanke der Weltrepublik (République Universelle) dagegen gelangt mit voller Klarheit auf dem zweiten allstaatlichen Freimaurerkongreß in Paris (1900) zum Ausdruck, und zwar als Grundgedanke des ganzen Kongresses, denn fast jeder Redner beruft sich auf ihn und nimmt dazu Stellung.[1]) Vor allem Br.·. Quartier la Tente selbst, der den Antrag stellt, eine freimaurerische Weltgeschäftsstelle zu schaffen, die „darauf hinarbeiten soll, den Zusammenschluß aller freimaurerischen Kräfte der ganzen Welt für den Triumph der ihnen teueren Ideen und für die Errichtung der Weltrepublik (République Universelle) zu bewerkstelligen". Er erinnert an den bekannten Ausspruch des großen Archimedes: „Gebt mir einen Stützpunkt und ich werde die Welt aus ihren Angeln heben" und fährt sodann fort: In der Vereinigung der freimaurerischen Kräfte der ganzen Welt werden wir den Stützpunkt haben, mittels dessen wir die Welt aus den Angeln heben werden... Wahrlich ein bedeutungsvolles Wort...

Br.·. Dequaire-Grobel begrüßt diesen Antrag freudigst und meint, wenn dem Kongresse diese Tat gelungen ist, werden alle Freimaurer dann „zur Eroberung aller öffentlichen und politischen Gewalten in Europa und der ganzen Welt ausziehen... Zum Schlusse bringt er unter stürmischem Beifall Hochrufe auf die „von der Weltfreimaurerei zu errichtende Weltrepublik" aus.

Der Präsident des vorbereitenden Ausschusses Br.·. Bourceret spricht die zuversichtliche Hoffnung aus, der Ruf: Es lebe die Weltrepublik! werde bald kein platonischer (!) mehr sein...

[1]) Congrès maçonnique international de 1900 (amtlicher Bericht des Groß-Orients von Frankreich 1900 S. 38, 39).

Auch der vom Groß-Orient von Frankreich bestellte amtliche Redner, Br.·. René Renoult, bewegt sich im gleichen Gedankenkreis: „... In Ihre Heimatlogen zurückgekehrt, werden Sie vor allem berichten, wie wir und alle auswärtigen Delegierten der Weltrepublik zujubelten." Bemerkenswert ist auch die Rede des portugiesischen Vertreters, der damals (1900) mit den bezeichnenden Worten schloß: „... Ich bin sicher, bei meinen portugiesischen Brüdern nicht anzustoßen, wenn ich rufe: Es lebe die französische Freimaurerei! Es lebe die Weltrepublik!" Portugal war damals noch Monarchie; zehn Jahre später war die Tätigkeit der portugiesischen Freimaurer von Erfolg gekrönt und die Republik eingeführt! Aber nicht das allein: Auch in der Türkei war mittlerweile die Revolution geglückt und wenn die türkischen Freimaurer daraus nicht die letzten Folgerungen ableiteten, so geschah dies nur deshalb, weil sie sich dort noch viel zu schwach und unsicher fühlten, um in diesem ausgedehnten und so verschieden gearteten Reiche sofort die Herrschaft an sich zu ziehen.

Seither gab es noch eine ganze Reihe von allstaatlichen Freimaurerkongressen, die im selben Sinne arbeiteten; es gab auch außerdem eine ganze Reihe von freimaurerischen Verschwörungen und Putschversuchen, wie zum Beispiel in Spanien. Dann aber schloß sich in allen Staaten die Presse, die zum großen Teil in freimaurerischen Händen ist, enger und enger zusammen; dann schlossen sich auch die freimaurerisch regierten Staaten selbst immer fester aneinander, bis endlich die von dem größten Freimaurer der Welt, dem Br.·. Eduard VII., angestrebte und ersehnte Einkreisung der Mittelmächte zur Tat geworden war; und dann? Dann konnten programmäßig die Schüsse der serbischen Freimaurer losgehen ...

Mit der Uhr in der Hand konnten die „Wissenden" den Zeitpunkt des Unterganges der beiden „teutonischen Kaisermächte", denen von den Großorienten der ganzen Welt das Todesurteil gesprochen war, berechnen. Der Verrat im Innern erdolchte schließlich die noch immer siegreiche Armee von rückwärts und vor unseren Augen entstanden die von unseren Feinden so heiß ersehnten Republiken. Wir aber fragen uns, verbittert im Herzen und empört über die unerhörten und gleichwohl nutzlosen Opfer:

Von was für Idi-alisten sind wir eigentlich regiert worden?

XXII.

## Freimaurerei und Weltkrieg.

Diese letzte Abhandlung geht bereits über den Titel des Buches hinaus und könnte daher weggelassen werden; der Leser, der den bisherigen Ausführungen Zeile für Zeile gefolgt ist, muß ja von selbst zu dem vernunftgemäßen Schluß gelangen: Wenn die Freimaurerei wirklich die Weltrepublik angestrebt — und daran ist nicht zu zweifeln — wenn sie allenthalben zu diesem Zwecke Revolutionen angezettelt hat, und daran ist erst recht nicht zu zweifeln, dann ist sie gewiß auch nicht schuldlos an der ungeheuren, gewaltigsten Revolution, die es jemals gab, nämlich an dem Weltkrieg selbst. Schon die bloße Vermutung spricht dafür, daß ihr Anteil an dieser fürchterlichen Verheerung Europas bei weitem größer ist, als wir arglosen und harmlosen Deutschen von vornherein anzunehmen geneigt sind.

Während die pazifistischen Freimaurer das Schlagwort vom Weltfrieden in die Massen schleuderten, trieb die maßgebende französische und englische Freimaurerei eine Politik, die zur Weltrevolution, d. h. in Wirklichkeit zum Weltkrieg führen mußte.

Br.·. Wilhelm Ohr, der früher Pazifist und Weltbürger war und erst durch den Krieg zu einem volksbewußten Deutschen geworden ist, Bruder Ohr, der die französische Volksseele kennen gelernt und geistig erfaßt hat wie kaum ein anderer Deutscher vor ihm, sagt ohne Zögern und Bedenken: „Das ganze französische Volk ist schuld an der Katastrophe Europas, weil es das deutsche Volk nicht kennen lernen wollte, weil es in höchst gefährlichen Vorurteilen befangen, mit der elsässischen Frage gespielt hat, wie ein Kind mit dem Feuerzeug, und sich über Sinn und Geist des deutschen Wesens verhängnisvollen Täuschungen hingab". Anschließend daran sagt er aber noch etwas anderes, was wir hier besonders wollen: „Die Freimaurerei als eine der großen, leitenden Mächte trägt diese Schuld in erster Linie."[1]) Br.·. Ohr meint, die Freimaurerei hätte aufklärend und versöhnend wirken sollen, sie hätte den schiefen Volksauffassungen entgegentreten und der französische Großorient insbesondere hätte sein höchstes Idol,

---

[1]) Ebenda, S. 180 f.

die Gedankenfamilie von 1789, überwinden müssen." Br.·. Ohr erblickt also die Schuld der Freimaurer in einem bloßen Unterlassen; daß dies ein Irrtum ist, wurde bereits im 14. Aufsatze dieses Buches nachgewiesen, worin die Ermordung des österreichischen Thronfolgers auf Grund der übereinstimmenden Aussagen als ein Werk des französischen Großorients dargetan wurde. Aber auch Br.·. Ohr muß zugeben, daß „die Freimaurer Frankreichs auf den Zusammenbruch des deutschen Staates mit größter Bestimmtheit gerechnet haben."[1]) Der gebildete Franzose, sagt Ohr, sah in Deutschland nur einen Koloß auf tönernen Füßen. Was er in allen seinen Zeitungen über Deutschland las, das war ein furchtbarer Gegensatz zwischen dem Imperialismus des Kaisers, der in fieberhafter Machtgier sein Reich erweitern wollte und der sozialen Revolution ... Diese Revolution suchten die Freimaurer Frankreichs klug zu befördern ... Zugegeben, daß dies die Durchschnittsmeinung der französischen Maurer gewesen sein mag, so darf man doch nicht übersehen, daß die französische Ordensleitung eine sehr tätige, kraftvolle Politik trieb und daß um das „Geheimnis" — genau so wie bei früheren Ereignissen, die das unwissende Volk überraschten — doch nur wenige „höchst leuchtende" Brüder gewußt haben können; diese aber hatten sicherlich weder Anlaß noch Gelegenheit, dem Br.·. Ohr das Geheimnis vom 28. Juni 1914 auf die Nase zu binden.

Man muß sich nur in die damalige Lage hinein versetzen: Die Freimaurer Frankreichs kannten Österreich-Ungarn und Deutschland doch nur aus den Darstellungen unserer inneren Feinde. Sie kannten also bloß die zerstörenden Kräfte, nicht aber die staatserhaltenden. Ihr Gedankengang mag daher etwa folgender gewesen sein: Mit dem Tode des österreichischen Thronfolgers fallen alle Hemmungen; denn der alte, vierundachtzigjährige Kaiser kann unmöglich die Aufregungen überleben, der junge Kaiser hingegen ist zu unerfahren und viel zu gutmütig, kurz — Österreich-Ungarn muß zerfallen. Deutschland aber, von allen Seiten umstellt, wird es auf eine kriegerische Kraftprobe dann gar nicht erst ankommen lassen. Die Sozialisten und die zur Republik hinneigenden bürgerlichen Vertreter werden vielmehr mit dem Kaisertum Schluß machen und die Hohenzollern absetzen, um einen Krieg zu verhindern.

---

[1]) Ebenda, S. 180 f.

Die Hoffnung auf eine Revolution seitens der deutschen Arbeitermassen war in ausländischen Freimaurerkreisen eine ganz allgemeine und gelangte bei unzähligen Gelegenheiten zum Ausdruck. Daß dies der Gedankengang und die Leitsätze waren, geht unter anderem auch aus zwei wenig beachteten Tatsachen hervor: Aus dem planmäßigen Abziehen des Goldes aus dem Deutschen Reiche seitens der internationalen Geldmächte und aus der Mobilisierung, die in Rußland bereits im Vorfrühling von 1914 einsetzte. Mit der Möglichkeit eines großen Krieges dürften wohl alle gerechnet haben, aber bestimmt nicht mit einer vierjährigen Dauer.

Um es noch klarer auszudrücken: Die Freimaurer wollten die Weltrevolution der Weltrepublik wegen, das ist nach ihren eigenen Geständnissen erwiesen. Ein Weltkrieg dagegen erschien ihnen als ein Übel, das sie nicht um seiner selbst willen anstrebten, sondern eher zu vermeiden hofften. Für eine solche Handlungsweise besitzt unser österreichisches Strafrecht einen passenden Ausdruck in dem Begriffe des dolus indirectus, wie er beispielsweise beim Totschlag gefordert wird: Eine Handlung in feindseliger Absicht, wobei ein Mensch ums Leben kommt, aber ohne die Absicht zu töten.[1])

Die „wissenden" Freimaurerfürsten rechneten eben felsenfest mit einer Erhebung der Tschechen, wie sie ihnen von Br∴ Kramarsch und Br∴ Masaryk in Aussicht gestellt worden war, sie rechneten mit den Lostrennungsabsichten der Polen, Ruthenen und Südslaven, mit einem Abfall der österreichischen Italiener und der Rumänen in Ungarn. Sie rechneten auch auf die Hilfe der Sozialdemokraten, die hier wie im Reiche den Krieg verhindern würden, sie hofften schließlich auf die pazifistische Tätigkeit der liberalen Presse in den beiden Kaiserreichen und nicht zuletzt auch auf den Einfluß, den die deutschen Freimaurer auf die Erhaltung des Friedens nehmen würden. Mit einem jedoch haben sie nicht gerechnet: Mit der ungeheuren Erbitterung der Volksmassen über die serbischen Meuchelmörder. Politische Morde gehören bei uns — im Vergleich zu den romanischen Staaten — denn doch zu den größten Seltenheiten und so erklärt es sich, daß die Empörung eine ganz allgemeine war und die Kriegserklärung an Serbien als befreiende Tat empfunden wurde, nicht nur unter den Deutschen, sondern auch bei einem Teil der fremdsprachigen Völker Österreich-Ungarns.

Als nun aber der Krieg wirklich ausgebrochen war, taten die Großoriente alles, um ihn zu gewinnen, und hetzten einen Staat nach

[1]) § 140 StrG. lautet: Wird die Handlung, wodurch ein Mensch ums Leben kommt, zwar nicht in der Absicht, ihn zu töten, aber doch in anderer feindseliger Absicht ausgeübt, so ist das Verbrechen ein Totschlag.

dem anderen in den Weltkrieg hinein. Das wird heute auch von einsichtigen deutschen Freimaurern zugegeben, denen die hochpolitische Tätigkeit der Weltfreimaurerei scheinbar erst während des Krieges klar geworden ist.

So hat z. B. Br .:. Müffelmann eine Schrift herausgegeben, die in überzeugender Weise dartut, daß der Eintritt Italiens in den Weltkrieg ausschließlich das Werk der Freimaurer ist. Um Mißverständnissen vorzubeugen: Br .·. Müffelmann hebt ganz besonders hervor, daß nicht etwa einzelne Freimaurer, sondern die italische Freimaurerei als solche diese schwere Blutschuld auf sich geladen hat. Wenn Br .·. Müffelmann aber erst jetzt darauf kommt, daß „zwischen der Freimaurerei in Italien und der deutschen Freimaurerei tiefgründigste (!) Unterschiede bestehen", wenn er erst jetzt zur Einsicht gelangt, daß man bei der italischen Maurerei geradezu von einem „ausgesprochenen Despotismus" reden kann, so ist das reichlich spät, denn diese Unterschiede bestanden entweder schon seit Jahrzehnten und wurden absichtlich übersehen und verschwiegen oder sie bestehen überhaupt nicht, es wäre denn in der Form der Betätigung, nicht aber in den Endzielen.

Br .·. Müffelmann bringt eine ganze Reihe von Geheimerlässen und Rundschreiben des Großorients von Italien, aus denen klar hervorgeht, daß tatsächlich die oberste freimaurerische Behörde den Eintritt Italiens in den Weltkrieg zuerst moralisch vorbereitet und dann gegen den Willen der Volksmehrheit tatsächlich durchgesetzt hat. Festgehalten seien hier zunächst zwei Stellen aus einer Kriegsrede Br .·. Vaccaluzzos, die sich unsere „Harmlosen" vor Augen halten sollten: „Wenn eine große Angelegenheit die Welt bewegt, ... so geht sie von den Logen aus und diese treten mit dem Schwergewicht ihrer Kräfte in den Kampf." Das ist eine Wahrheit, die in profanen Kreisen bisher fast nirgends gewürdigt wurde, außer von den sogenannten „Klerikalen". Die andere Stelle, welche die italischen Brüder für die „Intervention", d. h. für den Krieg gegen Österreich entflammen sollte, setzt die Kriegsziele auseinander; sie ist deshalb bemerkenswert, weil ihr erster Punkt lautet: „Bündnis der Donauländer als Ersatz für das österreichische Kaiserreich". Daraus geht hervor, daß diejenigen, welche gegen den Anschluß an Deutschland und für ein „Bündnis der Donauländer" eintreten, im Geist und im Sinne der Logen arbeiten. Das steht vollkommen im Einklang mit den Tatsachen, denn auch die Wiener Logenbrüder geben bereits diese Wahlparole aus (siehe auch z. B. Dr. Blasel!). In einem anderen Schriftstücke des italischen Großorients werden die Stuhlmeister — darunter auch die der italischen

Auslandslogen in der Türkei, in Rumänien, in Tunis, in Nord- und Südamerika, zur politischen Spionage aufgefordert und an ihren unverbrüchlichen Gehorsam erinnert, den sie nach der fürs ganze Leben gültigen Ordensregel gelobt haben. „Diesen bewußten Gehorsam sollen die Stuhlmeister von den Logen verlangen, genau wie wir ihn aufs strengste von ihnen fordern werden."

Eine große öffentliche Kriegskundgebung der Freimaurer fand dann am 5. Mai 1915 anläßlich der Garibaldifeier in Quarto bei Genua statt; Br.·. d'Annunzio (Rappaport?) hielt die Kriegsrede und sämtliche 400 Logen Italiens nahmen im Auftrag des Großmeisters samt ihren Fahnen daran teil. „Alle Logen haben für diesen Tag nach Genua Abgeordnete und ihre Banner zu entsenden", heißt es in dem Rundschreiben des Großorients, in welchem auf die bedeutungsvollen Entschließungen dieses ereignisreichen Tages noch besonders hingewiesen wurde.

Wenn nun aber Br.·. Müffelmann so tut, als würde bloß der italische und allenfalls noch der französische Gr.·. O.·. im Gegensatz zur deutschen Freimaurerei hohe Politik betreiben und „Weltgeschichte machen", so ist er gründlich im Irrtum. Es wurde bereits früher in dem Aufsatz „Freimaurerei — Wohltätigkeit — Politik" ausführlich auseinandergesetzt, daß sich die Freimaurerei der ganzen Welt politisch betätige, im Gegensatz zur deutschen, bei der dies ja im allgemeinen nicht zutrifft. Aber wie geringfügig, wie verschwindend klein ist die Zahl der deutschen Maurer im Verhältnis zur Gesamtziffer! 62000 Freimaurern Deutschlands stehen 2172000 Maurer der übrigen Staaten gegenüber, also kaum 3 v. H. gegen 97 v. H.! Und wie gering ist erst ihr Einfluß im Ausland! Die deutschen Auslandslogen sind zumeist nur dem Namen nach deutsch, in Wirklichkeit jedoch international.

Man hat sich bei uns und im Reiche draußen gar oft gewundert, daß die Deutschschweizer während des Weltkrieges für das Deutsche Reich nur wenig Zuneigung bekundeten, während die französischen Schweizer mit ganzem Herzen auf Frankreichs Seite standen. Der Einfluß der Loge ist auch hier unverkennbar. Die schweizerische Großloge „Alpina" umfaßt 35 Logen und eine größere Anzahl von Kränzchen; davon sind jedoch bloß 11 Logen deutsch, 23 sind rein französisch und eine ist italisch. Unter den 4300 Brüdern befinden sich etwa 1500 Deutsche, 2700 Franzosen und etwa 100 Italiener. Mit anderen Worten: Es herrscht in der schweizerischen Freimaurerei das französische Element derart vor, daß das zahlenmäßige Verhältnis der zwei großen Nationen, die in der Schweiz leben, geradezu ins Gegenteil verkehrt wird; es stehen dort nämlich 64 v. H. Deutschen 28 v. H.

Franzosen und 8 v. H. Italiener gegenüber, während von den schweizerischen Freimaurern 64 v. H. Franzosen, 34 v. H. Deutsche und 2 v. H. Italiener sind.

Diesem überwiegenden Einfluß der französischen Freimaurer entsprach auch die Haltung der Großloge „Alpina" während des Weltkrieges. Es wurde bereits darauf hingewiesen, daß sich die „Freimaurerische Weltgeschäftsstelle" in Neuenburg (Schweiz) befindet; ihr Schöpfer ist der langjährige Großmeister der „Alpina" B.·. Quartier la Tente, der zu den angesehensten und einflußreichsten Maurern der gesamten Weltfreimaurerei gehört und noch im Jahre 1913 mit Br.·. Magelhães Lima den freimaurerischen „Weltbund" ins Leben rief. Quartier la Tente war derjenige, welcher auf dem allstaatlichen Freimaurer-Kongresse (Paris 1900) mit besonderem Nachdruck als Hauptziel der Freimaurerei die Schaffung der Weltrepublik bezeichnete.

Quartier la Tente, der bezeichnenderweise Professor der Theologie (!) ist, richtete bereits im Herbste 1914 haßerfüllte Angriffe gegen das Deutsche Reich. So sehr steht er unter französischem Einfluß, daß er urteilslos ihre Behauptungen und Verleumdungen wiedergibt: „Deutschland führt den Krieg mit einer Grausamkeit und einer Roheit, würdig wilder Horden." Daß in Wirklichkeit die „wilden Horden" aus dem Innern Afrikas usw. von den Verbandsmächten aufgeboten wurden und auf ihrer Seite kämpften, beachtete er weiter nicht. Dieser Geist aber beherrschte die ganze Großloge. So hielt auch Br.·. Renaud, der abtretende Großredner, bei der (63.) Jahresversammlung der „Alpina"[1]) eine Hetzrede, worin er insbesondere den „Überfall Belgiens" durch Deutschland in schärfsten Worten geißelte.

Da ist es denn sehr angezeigt, an einen Vortrag zu erinnern, den der belgische Sozialistenführer und Freimaurer Br.·. Vandervelde am 5. Juli 1913 im französischen Großorient[2]) vor zahlreichen Maurern gehalten hat; Vandervelde besprach damals unter anderem auch die „belgische Neutralität" und erörterte die Möglichkeit, daß es bei einem künftigen Kriege zwischen Frankreich und Deutschland zum Kampfgebiet werden könnte. Und nun kommt das Merkwürdige: Br.·. Vandervelde gestand, daß die Engländer der belgischen Regierung erklärt hatten, daß sie im Falle eines Konfliktes zwischen Frankreich und Deutschland dem deutschen Einbruch zuvorkommen und das bedrohte Belgien „vertei-

[1]) Bern, 30. Mai 1915.

[2]) Paris, Rue Cadet 16.

digen" würden ... Leider hatte kein Br.·. die Geistesgegenwart, der Hetzrede Br.·. Renauds durch den Hinweis auf diese Tatsache die Grundlage zu entziehen.

Die Großloge „Alpina" war während des Krieges alles, nur nicht neutral; auch Br.·. Mambretti (von der Loge „Il Dovere" in Lugano) richtete dort die gehässigsten Angriffe gegen Deutschland,[1]) ohne Widerspruch zu finden; schließlich sahen sich sogar die sehr geduldigen deutschen Großlogen genötigt, die Beziehungen zur „Alpina" abzubrechen.

Auch die franzosenfreundliche Stimmung in Belgien ist der Hauptsache nach ein Werk der Freimaurer, die ja in der Republik Frankreich ihr Ideal erblicken. Während des Weltkrieges haben sie sich gänzlich auf die Seite unserer Feinde gestellt, die angeblichen „deutschen Greueltaten" gesammelt und freimaurerische Untersuchungskommissionen eingesetzt; dabei fanden sie aber immer noch Zeit, ihre eigenen Dokumente und das Archiv rechtzeitig in Sicherheit zu bringen, was offenbar höchst notwendig gewesen ist.

Als besondere „Greueltat" wird den Deutschen bekanntlich vorgeworfen, daß sie an der englischen Miß Cavell die Todesstrafe vollzogen haben; aber sie übersehen dabei ganz, daß diese raffinierte Dame durch ihre eigenartige Tätigkeit den deutschen Truppen unendlich viel Schaden zugefügt und diese Strafe daher redlich verdient hat. Seitdem wird Miß Cavell von den Freimaurern als eine Art Heilige verehrt und dürfte in absehbarer Zeit der Jungfrau von Orleans an die Seite gestellt werden. Der Großorient von Frankreich hat auch tatsächlich bereits folgende bemerkenswerte Entschließung angenommen: „Die französischen, englischen, belgischen, italischen und russischen Freimaurer haben sich am 7. November 1915, 800 an der Zahl, zu einer feierlichen Sitzung zusammengefunden, sie grüßen mit Ehrfurcht und Bewunderung das Andenken der heldenhaften Miß Edith Cavell, die in feiger Weise in Brüssel durch die deutschen Barbaren ermordet wurde, und brandmarken aufs neue diese Handlungsweise eines Feindes, der sich in den Augen der zivilisierten Menschheit entehrt." Weitere Bemerkungen dazu sind wohl überflüssig.

Besonders klar läßt sich das Streben der Freimaurer, womöglich alle Staaten in den Krieg gegen Deutschland hineinzuhetzen, bei Spanien nachweisen. Ein Rundschreiben des spanischen Großorients vom Oktober 1914 spricht den Wunsch aus, daß Spanien aus seiner Neutralität heraustreten und an der Seite Frankreichs und Englands kämpfen solle. Ferner wünscht der Ordensrat, die spanischen Frei-

[1]) Tagung vom 20. und 21. Mai 1916; vgl. Latomia 1916, Nr. 13, S. 166.

maurer sollten sich Mühe geben, die öffentliche Meinung gegen Deutschland aufzubringen und alle Nachrichten weiter verbreiten, die in jenen Blättern erscheinen, die von den Logen abhängig sind. In Barcelona wurden stürmische Straßenkundgebungen veranstaltet, um den Krieg gegen Deutschland zu erzwingen; sie nahmen ihren Ausgang von der Ferrer-Gesellschaft, deren Haupt, Br.·. Alexander Lerroux, aus Paris nach Barcelona geeilt war, um das spanische Volk gegen Deutschland aufzuwiegeln. Weiters fanden Freimaurerzusammenkünfte in Rom und Paris statt, welche sich insbesondere mit der Frage beschäftigten, wie man den Eintritt Spaniens in den Weltkrieg auf Seite des Vierverbandes durchsetzen könnte. Gleichzeitig wurde der Beschluß gefaßt, daß die gesamte Freimaurerei daran arbeiten müsse, alle noch neutralen Länder auf die Seite des Vierverbandes hinüberzudrängen. Im Spätherbste 1916 stand die Sache der Alliierten nicht besonders günstig; denn das in den Krieg hineingehetzte Rumänien erhielt durch den ausgezeichneten deutschen Heerführer Mackensen furchtbare Schläge. Die Freimaurer der ganzen Welt gerieten in Erregung, weil sie befürchteten, daß der „preußische Imperialismus" vielleicht doch noch siegen würde. So wurden denn neuerliche Anstrengungen gemacht, um endlich Spanien aus seiner Neutralität herauszulocken. Aber die Bestrebungen des internationalen Freimaurerkongresses vom 31. Oktober 1916 in Lissabon blieben dank der festen Haltung der spanischen Regierung erfolglos.

Über diese Tatsachen kann schließlich selbst das freimaurerische „Bundesblatt"[1]) nicht hinwegsehen; es gibt zu, daß die ausländischen Großlogen „Brutstätten des Hasses gegen das Deutschtum" sind,[2]) insbesondere die spanische Großloge, die ganz unter dem Einfluß der Großoriente von Frankreich, Italien und Portugal stehe; ja, das „Bundesblatt" gesteht sogar offen zu, daß von den Großorienten der romanischen Länder jene Hetze ausgeht, die Spanien in den furchtbaren Weltkrieg hineinzerren soll. Da die deutschen Freimaurer dies selbst zugeben, ist eine weitere Beweisführung überflüssig.

Ähnlich steht die Sache in Portugal. Auch dort haben die Freimaurer seit Beginn des Weltkrieges für die Franzosen Partei ergriffen und Stimmung gemacht; niemand anderer als Br.·. Hervé war es, der den portugiesischen Ministerpräsidenten Br.·. Theophile Braga als den Urheber der franzosenfreundlichen Kundgebungen in Lissabon seit August 1914 bezeichnete. Und Br.·. Affonso Costa

[1]) Organ der „Großloge zu den drei Weltkugeln", Berlin.

[2]) Bundesblatt, 1916, 1. Dezember.

erklärte als Führer der Demokraten am 7. Juni 1915, daß die Demokraten eine nationale Politik verlangten und daß sie Portugals Teilnahme am europäischen Krieg geradezu als Grundlage ihres Programmes betrachteten!! In den europäischen Krieg einzugreifen und alle nötigen Opfer hiefür zu bringen, sei unerläßlich, denn je größer die Opfer seien, desto größer sei auch das Anrecht auf Ruhm und Entschädigungen beim Friedensschluß!!

Die sogenannte „Revolution" in Lissabon von Mitte Mai 1915 war nichts anderes als ein freimaurerischer Gewaltakt, von englischem Gelde bezahlt und mit Hilfe des Geheimbundes „Formiga bianca" (Weiße Ameise) durchgeführt, um Portugals Eintritt in den Weltkrieg zu ermöglichen. General Pimento Castro, der dies bisher verhindert hatte, mußte eben gestürzt werden, damit die Loge ihr Ziel erreichen konnte.

Ein lehrreiches Beispiel für die kriegshetzerische Tätigkeit der Freimaurerei bildet weiters Rumänien. Dort hatte sich in Bukarest am 21. Juni 1913 eine neue Loge gebildet, die zwar fast ausschließlich aus Deutschen bestand, aber einen französischen Namen annahm („Le Travail") und sich unter den Schutz des „Grand-Orient de France" begab. Der französische Großorient sandte nun während des Weltkrieges auch an diese Loge verschiedene aufreizende Rundschreiben und verlangte von ihr, daß sie die übermittelten Zirkulare an die ihr nahestehende Presse weitergebe, um auch in Rumänien eine feindselige Stimmung gegen Deutschland hervorzurufen. Die Loge „Le Travail" verwahrte sich dagegen auf das entschiedenste, bezeichnete den Grand-Orient als eine rein politische Verbindung — was er ja auch tatsächlich ist — und brach alle Beziehungen zu ihm ab. Es ist klar, daß die Loge „Le Travail", die sich seither „Zur Arbeit" nennt, nicht die einzige gewesen ist, die solcher Art vom Groß-Orient beeinflußt und gegen Deutschland aufgehetzt werden sollte. Vermutlich hat sie diesen Brief auch nur erhalten, weil man in Paris übersehen hatte, daß diese Loge aus Deutschen bestand; jedenfalls wird durch diese Tatsache die kriegshetzerische Tätigkeit des Grand-Orient in einwandfreier Weise erwiesen. Genau so wurden aber offenbar auch alle anderen 23000 Logen des Erdballes mit Zuschriften gehässigen Charakters überschüttet und bearbeitet, so daß wir schließlich die ganze Welt zum Feinde hatten und den Krieg verlieren mußten.

Auch in Griechenland ging die Hetze, welche den Staat in den Weltkrieg verstricken sollte, von freimaurerischer Seite aus. Br.·. Venizelos spielte dort eine ähnliche Rolle wie Br.·. Barzilai (Bürzel!) in Italien und an der Spitze der herrschenden „liberalen" Partei stehen, wie überall in allen Ländern, Freimaurer.

Nun zu England. Zunächst sei betont, daß die Kriegsziele der Entente eine auffallende Übereinstimmung mit den freimaurerischen Bestrebungen und Endzielen aufweisen. Schutz den kleinen Nationen, Befreiung der Völker vom „Despotismus", Beseitigung des preußischen Imperialismus, Kampf für Gerechtigkeit und Zivilisation, Kampf gegen die Barbarei, Errichtung des Völkerbundes (Weltrepublik!) waren seit Jahrzehnten bereits Schlagworte der Weltfreimaurerei, wie sie jetzt Kriegsziele der Entente geworden sind. Ganz nach der Art der Freimaurerei wurden im Kampfe gegen die Mittelmächte auch die allergröbsten Lügen und Verleumdungen nicht verschmäht. Von Br.·. Voltaire stammt bekanntlich das Wort: Die Lüge ist nur dann ein Laster, wenn sie Böses stiftet, sie ist eine sehr große Tugend, wenn sie Gutes bewirkt. An dieses Wort haben sich die Freimaurer der ganzen Welt ebenso gehalten wie die englischen, französischen und italischen Staatsmänner. Wie hoch die Kunst der Entstellung und Verdrehung bei unseren Feinden entwickelt ist, geht übrigens unter anderem aus folgender Gegenüberstellung hervor: Deutschland warf man das Streben nach Gebietserweiterung vor und versuchte damit sogar zu beweisen, daß es den Krieg verschuldet habe. Dabei hat aber Deutschland von allen Kolonialmächten den kleinsten auswärtigen Besitz, während Englands Machtbereich sich über den fünften Teil der Erde erstreckt; überdies hat England in den letzten 25 Jahren so viel an Kolonien neu erworben, wie vorher kaum in einem ganzen Jahrhundert! Dieses Beispiel dürfte genügen.

Will man nun den großen Anteil der Freimaurerei am Weltkrieg feststellen, so könnten einem leicht zwei Tatsachen entgegengehalten werden: Erstens, daß vor Ausbruch des Weltkrieges doch eine offenkundige Gegnerschaft zwischen dem französischen Groß-Oriente und der englischen Freimaurerei bestand, und zweitens, daß die englisch-deutschen Freimaurerbesuche in Berlin und London (1913) doch auf alles eher als auf kriegerische Absichten von seiten der Engländer schließen ließen. Darauf ist folgendes zu erwidern: Daß eine gewisse Gegnerschaft zwischen dem „Grand-Orient" und der „Vereinigten Großloge von England" bestand, steht außer Zweifel; sie beruhte aber, wie bereits früher erwähnt, auf rein religiösen Gründen und wurde im Augenblick des Kriegsausbruches im beiderseitigen Vorteil zurückgestellt. Die Freimaurerbesuche in London und Berlin hingegen beweisen nur, daß die Engländer überaus kluge Leute sind. Es ist nämlich nicht bloß denkbar, sondern sogar sehr naheliegend, daß diese Besuche von der englischen Regierung aus staatlichen Gründen gefördert und gewünscht wurden, um für den Ernstfall einflußreiche

Kräfte zu binden, nämlich die 62000 deutschen Freimaurer; will man aber dies nicht gelten lassen, so besteht doch weiters die Möglichkeit, daß sich die Engländer die internationalen Beziehungen der Freimaurerei für den Bedarfsfall (Friedensunterhandlungen) sichern wollten. Hatten sich doch schon bei der italischen Revolution die englischen Staatsmänner Gladstone und Palmerston der Freimaurer als Unterhändler bedient und kein geringerer als Br.·. Asquith war es, der an diese geschichtlichen Denkwürdigkeiten anläßlich seines Besuches in Rom (3. April 1916) ausdrücklich erinnerte: „Es ist keine Übertreibung, wenn ich sage, daß die Vorkämpfer der nationalen Erhebung Italiens, Mazzini, Garibaldi und Cavour, in ihrem Kampfe unablässig von der beständigen Anteilnahme, der uneingeschränktesten Zuneigung und den lebhaftesten Hoffnungen des englischen Volkes begleitet waren. In der Tat ist das nationale Leben unserer beiden Völker, Herr Ministerpräsident, (gemeint ist Br.·. Salandra!) .... großenteils aus denselben Quellen gespeist und vom selben Geiste beseelt." („Aus denselben Quellen gespeist" ist hübsch ausgedrückt; siehe Konto E im englischen Budget mit 125 Millionen Kronen jährlicher Ausgaben für die Unterstützung „politischer Werbetätigkeit!"). Dieselbe Rede hätte übrigens Br.·. Asquith gerade so gut in Lissabon halten können, denn auch die revolutionäre Erhebung der Portugiesen (1910) wurde zweifellos aus denselben Quellen — siehe Konto E — „gespeist".

Noch ein Wort über die englische Presse. Daß die Zeitungsmenschen großenteils Freimaurer sind, bezeugt uns in einwandfreier Weise Br.·. Lord Ampthill, der Großmeisterstellvertreter (Pro Grand Master) der „Vereinigten englischen Großloge": „Der Freimaurerei gehören zahlreiche Journalisten an, deren Macht in Wirklichkeit unbegrenzt ist."[1]) Journalisten sind nun in der Regel keine fanatischen Wahrheitsapostel und wenn sie Br.·. Voltaires Brüder sind, erst recht nicht. Wie sie sich insbesondere in England betätigt haben, sagt uns der englische Abgeordnete Snowden im „Labour Leader" vom 9. Januar 1917: „Europa wird von den niedrigsten Leidenschaften beherrscht und durch Lügen einer Zeitungspresse verhetzt, die fast ausschließlich von den unwissendsten und grundsatzlosesten Schurken unseres Landes geleitet wird. Es sind das Tintenkulis, die von ein paar Leuten gekauft sind und Schauermärchen schreiben, die sie selbst nicht glauben, Drückeberger, welche den Tod und die Leiden nicht kennen, in die sie ihre Mitbürger mitleidslos hineintreiben." Diese scharfen Worte eines ehrlichen Volksmannes sind

[1]) „The Freemason", London, 5. Whitefriars-Street, 1910/11, S. 190.

augenscheinlich auf die Northcliffepresse gemünzt, die tatsächlich während des Krieges einen ungeheuren Einfluß auf die Bildung der öffentlichen Meinung in ganz Europa und weit darüber hinaus ausgeübt hat. In ganz Europa! Denn auch wir hatten (und haben) unsere Northcliffepresse, die gegen bar oder auch ohne Bezahlung die Sache unserer Feinde vertreten und wesentlich dazu beigetragen hat, daß wir, um den Sieg unserer Waffen betrogen, uns heute in dieser erbärmlichen Lage befinden. Br.:. Northcliffe selbst, ein Urenkel des Herrn Isaak Stern aus Frankfurt a. M., rühmte sich dessen, daß 52 englische, russische, französische und italische Blätter „den Krieg gemacht" hätten.[1])

Sollen wir nach diesen Feststellungen nun noch der Tätigkeit eines Lloyd George gedenken, der in ganz England als gewalttätiger Demagog und gewerbsmäßiger Lügner („The lying minister") gebrandmarkt war, bevor er das Amt eines Ministerpräsidenten übernahm?

Genug an dem; die Engländer waren samt und sonders würdige und gelehrige Schüler ihres großen Meisters, des Br.·. König Eduard VII., der ihnen allen als „größter Freimaurer der modernen Zeiten" gilt.

Hat man einmal einen tieferen Einblick in die Zusammenhänge der Weltfreimaurerei gewonnen und sie als eigentlich treibende Kraft klar erkannt, welche die Weltrevolution, d. h. also den Weltkrieg anstrebte, um die Weltrepublik auf den Trümmern der alten zerfallenen Reiche aufzubauen, so kann man sich der deutschen Freimaurerei nicht mehr ohne Bitterkeit zuwenden.

Sogar Br.·. Ohr kommt zu dem Ergebnis, daß die Abwehr der deutschen Freimaurer auf die fortgesetzten Angriffe seitens der außerdeutschen Großoriente „stets äußerst matt" geblieben sei. Die deutschen Freimaurer, sagt Ohr, hatten den Blick auf ein hohes Ideal gerichtet und so „verlor man ein wenig die Wirklichkeit aus dem Auge".[2]) Seine Arbeit ist eine offene Absage an Wesen und Geist des Großorients von Frankreich. Fast aus jeder Zeile liest man die schweren inneren Kämpfe heraus, die in seiner Seele die Freimaurerei mit dem erwachten deutschen Volksbewußtsein auszufechten hatte. Und schon in der Einleitung spricht Br.·. Dr. Ohr die Befürchtung aus, daß nach dem Krieg allzuschnell die Versöhnungsmeier auftreten werden, um der französischen Maurerei das Wort zu reden und über den Rhein hinüber das zerrissene Bruderband neu zu knüpfen. Er

[1]) Vgl. dazu M. Löb: „König Eduards unselige Erben" und „Der papierene Feind", Augsburg 1918.
[2]) Wilhelm Ohr, ebenda, S. 186.

meint aus echtem deutschen Idealismus heraus werde dies geschehen. Hier beurteilt Br.·. Ohr seine Brüder vielleicht doch zu günstig. Nicht so sehr aus Idealismus wird dies geschehen, sondern aus Unverstand, aus Unwissenheit und auf Grund jener Michelhaftigkeit, die den Deutschen und natürlich auch den deutschen Maurern nun einmal eigen ist.

Diese Michelhaftigkeit oder sagen wir: diese Harmlosigkeit hat es ja auch zuwege gebracht, daß die deutschen Maurer mit den romanischen Großorienten (Paris, Rom, Madrid, Lissabon) in Verbindung getreten sind, obwohl ihnen ihr hochpolitischer und ausgesprochen revolutionärer Charakter bekannt sein mußte. Wollten doch deutsche Maurer mit französischen noch am 8. August 1914 zusammenkommen, da die Deutschen trotz des Sarajewoer Mordanschlages nicht an den Krieg glaubten!

Aber auch aus früheren Ereignissen im Maurerleben scheint hervorzugehen, daß sich die deutschen Freimaurer niemals des großen Unterschiedes zwischen ihrer eigenen Auffassung und der ausgesprochen politischen Richtung der ausländischen Freimaurerei bewußt geworden sind. Man bedenke doch, daß alle acht deutschen Großlogen den revolutionären Großorient von Italien ohne weiters anerkannt haben! Man erinnere sich, wie deutsche Freimaurer, und zwar die Kölner Loge „Freimut und Wahrheit", im Jahre 1907 die französischen Brüder mit „feurigsten Sympathiekundgebungen" empfangen haben; Stuhlmeister dieser Loge war damals ein Hauptmann, erster Vorsteher sogar ein Oberstleutnant, zugleich Chef des Kölner Artillerie-Depots!

Aber auch die Harmlosigkeit der deutschen Maurer müßte doch irgendwo eine Grenze haben. Wenn zum Beispiel auf den freimaurerisch-pazifistischen Konferenzen im Haag (23. bis 25. August 1913) die anwesenden deutschen Maurer vom belgischen Senator Br.·. Lafontaine dahin belehrt wurden, daß das „militaristische, von Waffen starrende Deutschland Bismarcks das Haupthindernis für die Annäherung zwischen beiden Völkern" (Franzosen und Deutschen) wäre, so hätte doch ein deutscher Maurer die Pflicht gehabt, dem französischen Br.·. zu erwidern, daß die Franzosen mit der Abrüstung vorangehen sollten, die Deutschen würden dann schon von selbst nachfolgen. Die Franzosen haben ersichtlich das Gegenteil davon getan, indem sie statt abzurüsten die dreijährige Dienstpflicht eingeführt und Deutschland dadurch zu weiteren Rüstungen gezwungen Und wenn derselbe Br.·. Lafontaine die deutschen Freimaurer gar dahin belehrt: Ihre Aufgabe, deutsche Maurer, ist es, Deutschland wieder zu seinem alten Ideal, ein Volk der Denker, Dichter und Künstler zu sein, zurückzuführen, so ist das eine Zumutung, die jeder deutsche Maurer als eine Herausforderung hätte empfinden müssen. (Übrigens haben wir dieses freimaurerische Wort auch während des Weltkrieges oft genug vernommen, wieder ein Beweis dafür, wo die kriegshetzerischen Elemente eigentlich zu suchen sind.) Und wenn sich Br∴ Lafontaine dann gar den Satz leistete: „Der Deutsche pflegt bei allem, was er in Angriff nimmt, den Dingen auf den Grund zu gehen, selbst wenn er dabei schließlich bei der Revolution ankommen sollte", liegt es doch auf der Hand, daß deutsche Freimaurer, die das schweigend anhören, eben dadurch ihre Zustimmung ausdrücken; dann stehen sie aber auch nicht mehr mit ihrer Seele auf seiten Deutschlands, sondern sie sind vom politischen Geiste des französischen Groß-Orients bereits derart durchdrungen, daß sie bereit sind, eine solche Revolution in Deutschland entweder selbst herbeizuführen oder doch wenigstens zu fördern. Daß die Widerstandskraft solcher Freimaurer dann lahmgelegt ist, versteht sich von selbst: Und so erklärt sich auch die schwankende, zweifelnde und unsichere Haltung, die die deutschen Großlogen — und auch viele Logen — während des Weltkrieges eingenommen haben; so erklärt sich weiters auch die sehr matte Abwehr der deutschen Freimaurerei gegenüber den Angriffen des französischen Groß-Orientes während des Weltkrieges, die sogar Bruder Ohr mißbilligt; so erklären sich endlich auch die Kämpfe und die arge Verwirrung, in der sich die deutsche Freimaurerei namentlich zur Zeit des Ausbruches des Weltkrieges befand.

Man darf nun nicht etwa glauben, daß Äußerungen, wie die des Senators Br∴ Lafontaine, ganz vereinzelt dastehen. Nein, auf jedem Freimaurerkongreß wurden die deutschen Logenmitglieder von ihren romanischen Brr∴ mehr oder minder zart daran erinnert, daß sie eigentlich noch sehr rückständig seien, den Zeitgeist nicht erfassen könnten und doch endlich zur Revolution übergehen sollten.

Ungeachtet dieser tiefgehenden Unterschiede wurden die Beziehungen der deutschen Freimaurer zu ihren französischen und italischen Brüdern im Weltkrieg doch nicht sofort, sondern nach längerem Zögern abgebrochen; Italien gegenüber am 10. Januar 1915.

Auf die ungeheure Verbreitung der Freimaurerei in Nordamerika, insbesondere in den Vereinigten Staaten, wurde bereits hingewiesen; es gibt dort etwa 60 Großlogen mit rund 14000 Logen und 1½ Millionen Mitgliedern; vom deutschen Großlogenbund sind allerdings nur 16 Großlogen anerkannt, die etwa 500000 Freimaurer umfassen dürften. Weiters bestehen aber in Nordamerika noch 32 farbige Großlogen mit über 1000 Logen. Aus diesen Ziffern allein kann man schon auf die Bedeutung schließen, welche der Freimaurerei in Nordamerika zugesprochen werden muß.

(Im Staate [nicht Stadt] Neuyork allein zählen die Freimaurer 187000 Brüder!)

Daß Roosevelt, der jüngst in den ewigen Orient eingegangen ist, Freimaurer war, ist bekannt; Wilsons Zugehörigkeit zum Orden wurde bestritten, nach amerikanischem Zeugnis ist er jedoch ebenso wie Bryan bestimmt Freimaurer.[1]) Die sich widersprechenden Meldungen sind in den meisten Fällen so zu erklären, daß jemand einer Loge, beziehungsweise Großloge angehört, die von deutscher Seite nicht anerkannt ist. Es ist in Nordamerika überhaupt die Wahrscheinlichkeit größer, daß eine führende Persönlichkeit Logenmitglied ist, als daß sie es nicht ist. Denn ohne Zugehörigkeit zur Freimaurerei ist dort ein politischer oder geschäftlicher Aufstieg nahezu unmöglich. So erklärt sich, daß im Repräsentantenhaus zwei Drittel der Mitglieder Freimaurer sind; ebenso nehmen sie im Senat mehr als die Hälfte der Sitze ein.

Die politische Haltung der amerikanischen Freimaurer war zu Beginn des Weltkrieges schwankend. Es gab anfangs z. B. eine Strömung, welche gegen die Ausfuhr von Waffen und Munition scharfen Widerspruch erhob. Bald aber überwog die Meinung, daß eine Republik doch nur auf seiten jener Mächtegruppe stehen könne, die erklärte, für die republikanische Staatsform und für die Völkerverbrüderung einzutreten. Auch da gab es natürlich Widersprüche in Menge, denn der bloße Hinweis auf das zaristische Rußland war geeignet, diesen Standpunkt sofort zu widerlegen.

Der Chef der schottischen Hochgradmaurer, Br .·. Moore, 33 .·., gab daher höchst vorsichtig tastend, zunächst folgende Losung aus:

Wir haben die größte Hochachtung vor dem deutschen Volke ... Aber die Freimaurerei ist gegen den Militarismus und unsere amerikanischen Ideale haben für das Gottesgnadentum der Könige nicht viel übrig.[2]) Unter den deutschamerikanischen Maurern regte sich kein Widerstand; für das Gottesgnadentum der Könige hatte in der Tat niemand etwas übrig und für den Militarismus braucht man gerade auch nicht zu schwärmen, selbst wenn man ein guter Deutscher ist. Mit Hilfe der königlichen Kunst war also die richtige Plattform gefunden und nun konnte allmählich die Hetze gegen Deutschland losbrechen. Sie brach auch los, und zwar packte man den amerikanischen Freimaurer bei seinen eigenen unantastbaren Idealen, indem man sagte: „Die Errichtung der Vereinigten Staaten Europas würde Kriegen für alle Zukunft vorbeugen."[3]) Das war zwar eine

[1]) Vgl. Kölnische Volkszeitung Nr. 280 vom 10. April 1917.
[2]) In der Freimaurerzeitung „The New Age", Neu-York, Oktober 1915, S. 187.
[3]) „The American Freemason", Iowa, 1916, S. 185.

törichte Phrase, sofort zu widerlegen durch den Hinweis auf den Krieg zwischen Amerika und Spanien, aber sie war zugkräftig und wirkungsvoll. Oder: „... Durch die Freimaurerei als Vorkämpferin für Gerechtigkeit, Recht und Wahrheit wird das goldene Zeitalter der allgemeinen Völker- und Menschenverbrüderung herbeigeführt werden."[3]) Auch das war eine Phrase und wenn man heute zum Beispiel die Portugiesen fragen wollte, so würden sie das gegenwärtige Zeitalter der freimaurerischen Republik gewiß nicht das goldene, sondern eher das papierene nennen.

So wurde von freimaurerischer Seite allmählich der Boden vorbereitet und die große Tagespresse tat solange mit, bis es schließlich zur amerikanischen Kriegserklärung kam. Aber das Volk wollte es so!? — Nein! Das amerikanische Volk wollte denn Krieg gewiß nicht; die Maurerfürsten wollten den Krieg, um „der Gewaltherrschaft der Könige und Junker" ein Ende zu machen und sich ihrer Throne zu bemächtigen. — Was ja auch geschehen ist.

Auch in Mittelamerika, wo ebenfalls acht oder neun Großlogen bestehen, wurde in gleicher Weise gearbeitet und tatsächlich einige Staaten in den Krieg hineingepreßt.

Viel beachtenswerter sind jedoch die freimaurerischen Umtriebe in Südamerika, vor allem in Argentinien. Dort arbeitet der Groß-Orient von Argentinien mit mehr als hundert Logen, dem aber bis heute von seiten des deutschen Großlogenbundes die Anerkennung versagt geblieben ist. Außerdem bestehen in Argentinien noch zahlreiche Auslandslogen, von denen 7 unter dem Schutz der Großloge von England, 15 unter dem italischen, 15 unter dem spanischen Groß-Orient stehen, während eine unter dem Grand-Orient de France arbeitet. Diese Auslandslogen bearbeiteten nun gleich zu Beginn des Weltkrieges die argentinische Großloge, welche wegen ihrer Nichtanerkennung auf die Deutschen ohnedies erbittert war; das Ergebnis war zunächst eine mächtige Sympathiekundgebung zugunsten Frankreichs und für die „edle" Sache, die es vertrat. 13 Logen drückten dem französischen Gesandten in Buenos Ayres ihre Glückwünsche aus! Daraufhin wurde von den Freimaurern eine eigene Werbekommission geschaffen, welche alle argentinischen Logen in dem Sinne bearbeitete, sich für Frankreich und England zu erklären und gegen die „teutonische Barbarei" Stellung zu nehmen, „um die ganze Welt davor zu schützen, ein Opfer des absolutistischen Despotismus zu werden." Dann, nachdem die Logen gewonnen waren, setzte der Pressefeldzug ein und es wurde in einer so entsetzlichen und planmäßigen Weise

[1]) „The American Tyler-Keystone", April 1916, S. 78.

gelogen und verleumdet, daß der Universitätsprofessor Dr. **Ramos** in Buenos Ayres öffentlich erklärte, dieses bewußte Lügen und Verhetzen „sei eine der seltsamsten Erscheinungen der Weltgeschichte."[1])

Also auch in Argentinien ging die kriegshetzerische Tätigkeit der Hauptsache nach von den Freimaurern aus!

Ähnlich steht es mit Brasilien, wo ein Großorient mit 852 Logen und 28853 Brüdern besteht, dessen Leitung der Senator und Großmeister Br∴ Lauro Sodré innehat; Großsekretär ist (1918) der Dir. Alcibiades Furtado in Rio de Janeiro. Br∴ Sodré spielte auch eine bedeutende Rolle in der neugegründeten „Liga pelos alliados", die ganz auf Seite der Alliierten steht und ebenfalls „im Namen der Wahrheit, Gerechtigkeit und Vernunft" gegen den deutschen Militarismus und Imperialismus kämpft. Diese Schlagworte verraten besser als alles andere den Ausgangspunkt dieser deutschfeindlichen Gründung, nämlich die romanische Freimaurerei.

Genau so geht auch in Uruguay, um noch ein drittes Beispiel zu nennen, die deutschfeindliche Strömung von den Freimaurern aus. Präsident der Republik Uruguay ist der Freimaurer Br∴ Dr. Feliciano Viera, viele andere Logenmitglieder nehmen hohe staatliche Stellungen ein. Übrigens war schon der Vorgänger Dr. Vieras, Präsident Battle, ein Freimaurer und wütender Feind der Deutschen. Aber auch in den übrigen südamerikanischen Staaten treten die Freimaurer als Feinde Deutschlands auf, so z. B. in Columbien, wo die dort arbeitenden spanischen Logen mit Begeisterung für Frankreich arbeiteten. Alles in allem: Die Freimaurerlogen in Südamerika sind tatsächlich nichts anderes als politische Klubs, nur bei weitem gefährlicher als solche, weil sie sich mit dem Zauber des Geheimnisvollen umgeben und ihre Arbeiten im Verborgenen treiben.

---

[1]) Kölnische Volkszeitung, 10. Februar 1916, Nr. 117.

XXIII.

## Das freimaurerische Friedensprogramm Wilsons.

Daß den Freimaurern ein großer Teil der Schuld am Ausbruche des Weltkrieges zur Last zu legen ist, dürfte auf Grund dieser Darlegungen für jeden, der vorurteilslos und unbeeinflußt den Sachverhalt prüft, hinlänglich klar gestellt erscheinen. Man muß dabei bedenken, daß doch nur ein Teil der offen vorliegenden Beweise in unserer Darstellung benützt werden konnte und daß, wenn man alle freimaurerischen Zeitschriften, Broschüren und insbesondere die verschlossen gehaltenen Geheimarchive zur Verfügung hätte, die Beweise vertausendfacht werden könnten.

Es sei jedoch nochmals betont, daß es den Freimaurern anscheinend nicht um einen Weltkrieg mit seinen furchtbaren Verheerungen und Verwüstungen zu tun war, sondern um eine Weltrevolution, die ihre Ideale, vor allem den Sturz der europäischen Dynastien und die Einführung der Weltrepublik verwirklichen sollte. Wenn dieser Gedankengang richtig ist, so müßte er auch durch das Endergebnis bestätigt werden. Es müßte also auch das Wilsonsche Friedensprogramm, das den Gipfelpunkt der durch den Krieg bedingten historischen Entwicklung darstellt, in seinen Hauptforderungen den freimaurerischen Zielen entsprechen, dies um so mehr, als ja Wilson selbst Freimaurer ist.

Und in der Tat, wenn wir das Friedensprogramm Wilsons Zeile für Zeile durchgehen, so finden wir, daß gerade die Hauptpunkte von freimaurerischem Geiste durchdrungen sind. Allerdings gibt es darin auch eine ganze Reihe von Bestimmungen, die offensichtlich in keinem Zusammenhange mit den freimaurerischen Grundsätzen stehen. Das sind jedoch nur solche, die der Krieg selbst nötig gemacht hat und die geradesogut in irgendeinem anderen feindlichen Friedensvorschlag stehen könnten. Diese sollen daher nicht weiter berührt werden.

Hingegen ist gleich der erste Punkt des Wilsonschen Programms bemerkenswert: Öffentlichkeit der Friedensverhandlungen — ein Schlagwort für das urteilslose Volk von echt freimaurerischer Prägung. Gerade diejenigen, die alles im geheimen machen, die ihre Brüder durch Eide und Gelöbnisse zur strengsten Geheimhaltung verpflichten, rufen nach Öffentlichkeit, um dann, wenn die Betörung der Massen gelungen ist, nach dem „altbewährten" System weiterzuarbeiten. So hat denn auch die Pariser Friedenskonferenz gleich zu Beginn ihrer Verhandlungen im Januar 1919 erklärt, daß aus „technischen Gründen" eine öffentliche Führung der Beratungen leider unmöglich sei!

Ähnlich steht es mit dem 2. Punkte: Vollkommene Freiheit der Schiffahrt! Ebenfalls ein tönendes Schlagwort, denn es zeigt sich bereits jetzt, daß England niemals willens ist, seine Vorherrschaft auf dem Meere aufzugeben. Man wird zwar der Türkei die freie Durchfahrt durch die Dardanellen aufzwingen wollen, England dagegen macht keine Miene, die Herrschaft über den Suezkanal oder über die Straße von Gibraltar aufzugeben.

Punkt 4 verlangt die Abschaffung des Militarismus, eine Forderung, die von den Freimaurern unzählige Male und bei jeder Gelegenheit gestellt wurde. In der Kundgebung des Obersten Rates des französischen Groß-Orients vom 13. Dezember 1914 heißt es ausdrücklich, daß der preußische Militarismus um jeden Preis vernichtet werden muß. Wohlgemerkt — der preußische Militarismus! Steht doch jetzt schon fest, daß Frankreich auch nach Friedensschluß ein Millionenheer unter Waffen halten will. Ebensowenig ist England geneigt, seinen Marinismus aufzugeben, d. h. seine Riesenflotte wird weiterhin den englischen Imperialismus der ganzen Welt aufnötigen.

Der 8. Punkt betrifft Elsaß-Lothringen, dessen Rückgabe an Frankreich verlangt wird. Auch das ist eine freimaurerische Forderung, die in den letzten 40 Jahren immer aufs neue erhoben und selbst in Gegenwart deutscher Freimaurer nachdrücklich vertreten wurde.

Die Forderung des 9. Punktes, Grenzberichtigung gegen Italien, entspricht gleichfalls den freimaurerischen Grundsätzen, wie sie vom Großmeister Mazzini schon vor einem halben Jahrhundert aufgestellt und von sämtlichen Freimaurern der Welt grundsätzlich gutgeheißen wurden.

Genau so ist auch das Verlangen nach Autonomie der Völker Österreich-Ungarns eine Forderung, die jederzeit von den freimaurerischen Brüdern hüben und drüben offen und ungescheut erhoben wurde.

Auch die Aufteilung der Türkei, 12. Punkt, gehört zum freimaurerischen Gedankenkreis. Br∴ Mazzini sagte schon vor 50 Jahren: „Zwei große Kaiserreiche sind es, welche in Europa das Gebäude des Despotismus und die Verneinung des Nationalitätengrundsatzes stützen: Das österreichische Kaiserreich, welches in seiner unverrückbaren Starrheit das europäische China darstellt und das türkische Reich, das als Vertreter des asiatischen Prinzips und als Papsttum des Orients dem europäischen Fortschritt im Wege steht."[1])

[1]) Mazzini, Opere XIII, 178/179.

Der 14. Punkt endlich: **Vereinigung aller Nationen zu gegenseitiger Bürgschaft** (anders ausgedrückt: zum „Völkerbund", zur „Weltrepublik" oder „Republikenpyramide") ist so ausgesprochen freimaurerischer Natur und wurde auf den freimaurerischen Tagungen der letzten 30 Jahre so oft und so eingehend behandelt, daß darüber wohl kein Wort mehr zu verlieren ist.

Wie diese Völkerverbrüderung in Wirklichkeit aussieht, zeigt uns die Gegenwart: **Hunger und Elend, rücksichtslosester Gewaltfriede!** Und dies alles, nachdem und trotzdem wir unsere eigenen „Despoten" verjagt und diese freimaurerische Forderung erfüllt haben, um aus Wilsons Hand Frieden und Brot zu empfangen.

Oft und oft wurde vor dem Kriege gestritten, ob die Freimaurer der ganzen Erde als ein einheitlicher Weltbund mit gleichen Bestrebungen und gleichen Zielen aufzufassen sei oder nicht. Von **maßgebenden** deutschen Freimaurern wurde wiederholt der erste Standpunkt nachdrücklichst vertreten. Es sei nur erinnert an die Äußerung des Großmeisters Br.·. Gartz (Große Landesloge der Freimaurer von Deutschland in Berlin), der ausdrücklich die **Einheit** der Freimaurerei betonte **trotz** der Verschiedenheit ihrer Form. Weiters sei verwiesen auf den sehr geachteten deutschen Freimaurer B.·. Ludwig Keller, der in seinen bedeutenden Arbeiten über die Geschichte und das Wesen der Freimaurerei stets den Gedanken vertritt, daß sie als eine **Einheit** aufzufassen sei, die sich über die ganze Erde erstrecke.

Jetzt ist der Tag gekommen, den die Freimaurer so lange erwarteten, so heiß ersehnten. Der Tag, an dem, um mit Bruder Frankolin zu sprechen, „alle Enterbten befreit, alle Ungerechtigkeiten gesühnt, alle Vorrechte beseitigt, alle vergewaltigten Länder ihr Selbstbestimmungsrecht wieder erhalten sollten." **Jetzt** also werden „alle Großlogen und alle Großoriente der ganzen Welt sich in einer Universalverbrüderung zusammenfinden. Die Spaltungen und die Landesgrenzen, durch welche die Freimaurerei getrennt ist", sind verschwunden. Das „glanzvolle Zukunftsideal", das den Freimaurern vorschwebte, ist nun erreicht.

Wahrhaftig, dieses glanzvolle Zukunftsideal, das Bruder Frankolin am 17. Juli 1889 mit so schwärmerischer Begeisterung aufstellte, es ist des Schweißes dieser Edlen wert!

Die alte Welt, die konnten die Brüder Freimaurer allerdings in Trümmer schlagen.

**Werden sie aber auch die Kraft finden, den Menschheitstempel neu aufzubauen?**

---

# Schlußwort.

In meinem Kramarsch-Buche habe ich die neuslawische Bewegung als eine der sieben Hauptursachen des Weltkrieges bezeichnet und Kramarsch als deren Anstifter hingestellt. Die Ereignisse haben mir im vollsten Umfange recht gegeben und jene maßgebenden Persönlichkeiten, welche meinen Ausführungen zu wenig Glauben schenkten, mögen es mit ihrem Gewissen abmachen, ob und insoweit sie an dem entsetzlichen Zusammenbruch mitschuldig sind. Es hat sich wieder einmal die alte Wahrheit bestätigt, daß in Zeiten höchster Gefahr nichts so verderblich wirkt, wie eine schwächliche, schlecht unterrichtete, zaghafte und planlose Regierung. Von meinen damaligen Ausführungen habe ich demnach nichts zurückzunehmen; nur das möchte ich auf Grund erweiterter Einsicht in die Verhältnisse richtigstellen, daß die im Kriege verwendeten Schlagworte: von der deutschen Barbarei, vom preußischen Militarismus, von der Befreiung der kleinen unterdrückten Nationen, vom Kampfe für Humanität, Zivilisation, Kultur usw. nicht von Kramarsch erst erfunden, sondern von ihm aus dem Sprachschatze Br.·. Mazzinis übernommen wurden, der sie schon 50 Jahre vorher im Kampfe gegen Österreich verwendet hat. Sie sind zu Schlagworten der Weltfreimaurerei geworden und da Kramarsch gleich vielen anderen slawischen Führern zu den wissenden Maurern gehört, so ist es nur natürlich, daß er die Sprache seiner Brr.·. spricht.

Das vorliegende Werk steht demnach in keinerlei Hinsicht im Widerspruch mit meinem früheren Buch, sondern bildet dessen naturgemäße Ergänzung, indem es eine andere Hauptursache des Weltkrieges bloßlegt, die mindestens ebenso hoch einzuschätzen ist, wie die neuslawische Bewegung. Beiden gemeinsam ist der unversöhnliche Haß gegen die Mittelmächte, gegen das Deutschtum, gegen die Machtstellung des Deutschen Reiches, gegen die kaiserlichen „Despoten" und gegen alles, was christlich ist und heißt; kurz — gegen die „teutonische Barbarei", wie sie es nennen.

Der Ariadnefaden, der sich von Prag nach Paris hinüberzog, mußte mich mit Notwendigkeit zu den Freimaurern führen; als ich später die Gewißheit erhielt, daß auch Kramarsch der Dreipunktebrüderschaft angehöre, war es für mich längst keine Überraschung mehr.

So also kam ich zur Freimaurerei.

Bald sprach sich's im Freundes- und Bekanntenkreise herum, daß ich mich zurzeit mit dieser Sache beschäftige. Und ohne viel dazu beizutragen, versprach mir bald dieser, bald jener ein interessantes Buch, das ich unbedingt lesen und benützen müßte. Der eine sandte ein paar Bände des „Herold", ein anderer ältere Jahrgänge der Bauhütte, wieder ein anderer verschaffte mit die „Revue Maçonnique", die „Rivista Massoneria", „Freemasons Chronicle", dann brachte mir die Post eine ganze Anzahl Bände ausgesprochener Geheimliteratur, deren gütige Spender ich bis heute nicht erraten habe; dann wieder erhielt ich einige alte Jahrgänge der „Latomia", kurz und gut, ich bekam mit der Zeit so viel Material in die Hand, daß ich schon die Befürchtung hegte, den Stoff nicht bewältigen zu können. Allen edlen Spendern sage ich an dieser Stelle herzlichen Dank. Bald hatte ich eine ganze Bibliothek beisammen, die sich zurzeit auf nahezu hundert Nummern beläuft. Etwa 5000 Notizen, die ich mir daraus machte, bildeten die Vorarbeit für die Ausführung. Vieles, allzu vieles fast, ließ ich wegen Raummangels unberücksichtigt, denn das Buch mußte kurz, inhaltsreich und daher lesenswert sein, um unmittelbar auf das Volk zu wirken.

Gewiß wäre es mir leichter gefallen, ein paar dicke Bände von mehreren hundert Seiten zu schreiben, denn an Material fehlte es mir nicht; ich widerstand dieser Versuchung und faßte mich so kurz als nur immer möglich.

So manches Zitat verdanke ich den sachkundigen Schriften Hermann Grubers, der zu den genauesten und belesensten Kennern der Freimaurerei gehört und von den Brüdern selbst ohne Nachprüfung zitiert wird, ein Zeichen seiner unbedingten Verläßlichkeit. Von anderen Gegnern der Freimaurer, aus deren Schriften ich Stellen entnahm, seien besonders erwähnt Dr. Peter Gerhard (Freimaurerei und Politik) und Dr. Brauweiler; stark benutzt habe ich auch das reichhaltige Vortragswerk: Die Freimaurerei Österreich-Ungarns; ebenso leistete mir gute Dienste Dr. Walthers Buch über die Freimaurerei, dem namentlich französische Quellenstellen entnommen wurden.

Die freimaurerischen Bücher und Zeitschriften selbst sind stets in Fußnoten oder im Text ersichtlich gemacht, so daß ich dem Leser eine ermüdende Aufzählung ersparen kann.

Allerdings wurde ich von mehreren Seiten auf die Gefahren aufmerksam gemacht, die mit einer solchen Veröffentlichung freimaurerischer Geheimnisse für mich verbunden wären. Man erinnerte mich an das Schicksal des französischen Abgeordneten Syveton, an die Ermordung William Morgans, an das geheimnisvolle Ende des Marquis de Morès, an die unaufgeklärten Todesfälle des Hauptmanns Valerio und des Präfekten Laurenceau, an das Verbrechen, das zu Kriegsbeginn an Jean Jaurès begangen worden war und an ein Dutzend anderer Fälle, die meinem Gedächtnis bereits längst entschwunden sind; all das konnte mich von meinem Entschlusse nicht abbringen, unserem armen, niedergetretenen und geknebelten deutschen Volk wenigstens die Augen zu öffnen.

Dazu kommt die Überlegung, daß die Freimaurer, wie allgemein bekannt, außerordentlich kluge und vorsichtige Leute sind. Würden sie gegen mich irgend etwas unternehmen, so würde die ganze Welt mit Fingern auf sie als die geistigen Urheber und Anstifter hinweisen, was ihnen gewiß höchst unerwünscht wäre und ihrer Sache außerordentlichen Schaden bringen müßte. Auch können sie nicht wissen, ob nicht von irgendeiner Seite nach alttestamentarischem Grundsatze Aug um Aug, Gleiches mit Gleichem vergolten würde. Man kennt heute Namen und Wohnort der „Maurerfürsten", man würde sie im Bedarfsfall auch ohne Zuziehung eines Sherlok Holmes zu finden wissen. Selbst jenen kleinen, zarten Herrn in mittleren Jahren kennt man, der jüngst die Leitung der neuen Großloge übernommen hat; er scheint zwar eine schier unerklärliche Scheu vor der Öffentlichkeit zu besitzen und trachtet das Geheimnis seines Namens um jeden Preis zu wahren: die Öffentlichkeit aber hat keine Scheu vor ihm, dem obersten Schutzherrn der „Humanität" der trotz Republik und Logenfreiheit noch immer in „dreifache Nacht gehüllt" unter uns wandeln will. Daraus folgt, daß meine Freunde unbesorgt und beruhigt schlafen können ....

Das Buch mußte geschrieben werden, es war eine sittliche Notwendigkeit. Und es mußte von einem deutschbewußten Politiker stammen, nicht von einer Seite, die man als „klerikal", als „ultramontan" oder „jesuitisch angehaucht" verdächtigen konnte. Die „Klerikalen" haben wahrlich genug auf diesem Gebiete getan, um die Bevölkerung aufzuklären; wenn ihnen nicht geglaubt wurde, so ist es zum guten Teil unsere eigene Schuld.

Nun noch ein Wort über die Republik. Aus meinen Ausführungen wird jeder unbefangene Leser den Schluß gezogen haben, daß ich für die republikanische Staatsform nicht allzu viel übrig habe. Mein Standpunkt ist eben der:

Eine gute von Deutschen geleitete, deutschösterreichische Republik, in der jeder vom besten Wollen für das Gesamtwohl erfüllt ist, ist mir hundertmal lieber, als eine schlechte Monarchie.

Eine gute Monarchie hingegen, mit einem befähigten, gut beratenen, klugen, arbeitsfreudigen, tüchtigen, verläßlichen deutschen Kaiser an der Spitze ist mir tausendmal lieber als eine Willkür- und Advokatenrepublik unter einem „Maurerfürsten" vom Schlage eines Eisner, Lenin, Radek oder Kohn.

## Die Stuhlmeister der 13 Wiener Logen in den letzten fünf Jahren (vgl. S. 122).

| Freimaurerlogen | 1914 | 1915 | 1916 | 1917 | 1918 |
|---|---|---|---|---|---|
| 1. Humanitas | Dr. N. S. Rumpler, Wien | Rumpler | Dr. phil. Ad. Kapralik, Wien, IV., Frankenberggasse 14 | Kapralik | Kapralik |
| 2. Zukunft | Dr. Alex. Holländer, Wien, I., Rathausstr. 20 | Holländer | Holländer | Holländer | Rud. König, Wien, XIII., Kupelwieserg. 12 |
| 3. Sokrates | Dr. Karl Ornstein, Wien, VI., Mariahilferstr. 5 | Ornstein | Dr. Emil Frankl, Advokat, Wien, I., Fleischmarkt | Dr. E. Frankl, Wien, I., Renng. 9 | Frankl |
| 4. Eintracht | E. V. Schick, Wien, I., Walfischg. 6 | Schick | E. V. Schick, Wien, IV., Preßg. 8 | Jos. Eberle, Druckereibes., Schottenfeldg. 38 | Eberle |
| 5. Schiller | Dr. Karl Gombrich, Adv., Wien, I., Mölkerbastei 3 | Gombrich | Gombrich | Gombrich | Dr. med. Isid. Lederer, Wien, IV., Schleifmühlg. 9 |
| 6. Freundschaft | Adalbert Reiß, Wien, X./s, Rotenhofg. 29 | Reiß | Dr. Albert Engel, Advokat, Wien, I., Hoher Markt 9 | Dr. Ad. Röder, Advokat, Wien, I., Singerstr. 27 | Röder |
| 7. Treue | Dr. med. A. Heller, Wien, IV., Preßg. 17 | Heller | Heller | Franz Fischer, Wien, Strohg. 8 | Fischer |
| 8. Goethe | Felix Kopeczky, Wien, I., Zelinkag. 5 | Kopeczky | Kopeczky | Kopeczky | Kopeczky |
| 9. Lessing zu d. 3 R. | Martin Bergmann, Adr.: Dr. J. Schuber, Wien, I., Seilerg. 3 | Bergmann | Bergmann | Bergmann | Bergmann |
| 10. Pionier | Rich. Teweles, Wien, VII., Mariahilferstr. 76 | Teweles | Teweles | Teweles | Dr. Alex. Fuchs, Advokat, Wien, I., Wipplingerstr. 6 |
| 11. Kosmos | Alfred Kirsch, Kaufmann, Wien, XVIII., Köhlerg. 14 | Kirsch | Kirsch | Jaques E. Heim, Adr.: B. Grünfeld, Wien, VI., Gumpendorferstr. 53 | J. E. Heim, Kommissions- u. Ausfuhrgeschäft, Wien, V., Margarethenstr. 107 |
| 12. Zur Wahrheit | Friedr. Artner, Wien, I., Franz Josefs-Kai 45 | Artner | Artner | Artner | Artner |
| 13. Gleichheit | Bernh. Schiller, Wien, II., Engerthstr. 150 | Schiller | Schiller | Schiller | Schiller |

# Namen- und Sachverzeichnis.

## A.


Abafi Br .·. . . . . . . . . . . 127
Abdul Aziz . . . . . . . . . . 100
Abdul Hamid . . . . . . 57, 100 f
„Absalom", Loge . . . . . . . . 150
„Acacia" 12, 41, 44, 54, 57, 68, 69, 76, 86, 87, 88, 100, 101, 102, 122, 135, 160
Adelige als Freimaurer . . 115, 117
Adler Viktor Dr. . . . . . . 59, 73
Adonhiram s. Hiram
Agitationsamt, engl. . . . . . 140
Ahmet Riza Br .·. . . . . . . . 103
Akazie . . . . . . . . . . . 35
D'Alembert Br .·. . . . . . . . 84
Alexander I. . . . . . 132, 133, 134
Alfons XIII. . . . . . . . 95, 96
„Allgemeine Gesetze der Freimaurerei in Italien" . . . . . . . . . 45
„Allgemeines Handbuch der Freimaurerei" . . . . . . . . . 116
Alliance Israelite . . . . . . 61, 62
Almereyda Br .·. . . . . . . . 80
„Alpina", schweiz. Großloge 43, 150, 170, 171, 172
Altar . . . . . . . . . . . . 50
Altpreußische Großlogen 53, 55, 56, 77, 79, 98, 149, 150
Ampthill Lord . . . . 61, 142, 176
„Amenité", Loge . . . . . . . . 89
Anarchisten . . . . 94, 96, 109, 154
Anderson Jakob, Prediger 13, 22, 37, 51, 52, 135, s. auch „Konstitutionsbuch"
Andrássy Julius, Graf . . 62, 68, 126
André Br .·., Kriegsminister . . 77, 89
Andreas hl. . . . . . . . . . 25
Andreasgeselle . . . . . . . . 29
Andreaslehrling . . . . . . . . 29
Andreaslogen . . . 29, 55, 147, 148 s. auch Schottenlogen
Andreasmaurerei . . . . . . . 25
Andreasmeister . . . . . . . . 29
„A la gloire du Grand Architecte de l'Univers" . . . . . . . . 43
Ankarström . . . . . . . . . . 146
Annexion Bosniens und der Herzegowina . . . . . . . . . . 102
d'Annunzio Br .·. . . . . . . 6, 170
Antisemitismus, Abwehr des . . 54
Apotheker als Meister vom Stuhl . 156
Arbeiten, maurerische . . . . 20, 121
Arbeitslogen . . . . . . . . . 20
Archi Berith . . . . . . . . . 60
Archimedes . . . . . . . . . . 164
Architekten als Meister vom Stuhl 156
Argentinien . . . . . 137, 144, 181
Aristokratisches Prinzip . . . . 161
Armbruster . . . . . . . . . . 79
Armeekorps mazedonisches . . . 101
Arneth . . . . . . . . . . . . 117
Artner Friedrich, Stuhlmeister 54, 55, 122 s. auch Tabelle (S. 189)
Ärzte als Freimaurer . . . . . 156
„Asträa", Großloge . . . . . . 133
Asquith Br .·. . . . . . 140, 176
Attentate gegen Monarchen . . . 110 s. auch Morde
Auerbach Dr. Br .·. . . . . . . 53
Aufseher Bruder . . . . . . . . 33
Aulard A. . . . . . . . . . . 86
„Ausonia", Loge . . . . . . . . 126
Australien . . . . . . . . 137, 144
Autonomie der Völker Österreich-Ungarns . . . . . . . . . . 184
„Avanguarda", Zeitschrift . . . . 97


## B.


Bacci Ulisse Br .·. . . . . . . 45, 75
Bach Dr. . . . . . . . . . . . 119
Baden bei Wien . . . . . . . . 119
Bakonyi Samuel, Br .·. . . . . . 68
Ballenstedt a. H. . . . . . . . 149
Balsamo Josef . . . . . . . . 131 s. auch Cagliostro
Banffy Baron . . . . . . . . . 68

„Barbarei" . . . 143, 175, 182, 184
Barcelona . . . . . . . . . 173
„Baron Hirsch", Loge . . . . . 60
Barrère Br.·. . . . . . . . . 80
Barrès Maurice . . . . . . . 80
Bartenstein . . . . . . . . . 149
Barzilai Br.·. . . . 6, 58, 58, 174
 s. auch Bürzel
Battle, Präsident . . . . . 182
Bauchzeichen . . . . . . . . 33
Bauhütte (Versammlungsort) . 20, 49
„Bauhütte", Zeitschrift 50, 64, 71, 82, 95, 115, 126, 130, 132, 147, 153, 188
Baukörperschaften . . . . . . 11
Baumeister allerhöchster aller Welten u. ä. . . . . . . . 38, 43
Bayern, König von . . . . . . 76
Bayern, Kronprinz von . . . . 76
Beamte als Freimaurer 133, 151, 156
Beauharnais Eugen v. . . . . 87
Bédarride Michel . . . . . 27, 59
Bedientenlogen . . . . . . . 131
„Befreiung der kleinen Nationen" 143, 186
„Befreiung der Völker" . . . . 175
„Beiträge zu einer Geschichte der ungarisch-italienischen Legion" von Abafi . . . . . . . . 127
Bekleidung maurerische . . . . 32
Belleisle, Marschall . . . . . 113
Belluno . . . . . . . . . . 162
Bergmann Martin, Meister vom Stuhl der Wiener Loge „Lessing", s. Tabelle (S. 189)
Berillon Br.·. . . . . . . . . 14
„Berliner Tageblatt" . . . . 98, 159
Bernadotte, Marschall . . . . 87, 147
Bestechung . . . . . . . . . 82
Bestuschew, Verschwörer . . . . 134
Bethlen Gregor, Graf . . . 126, 127
Beyer J. L. Br.·. . . . . . . . 21
Bibel . . . . . . . . . . 22, 52
Bijou . . . . . . . . 32, 33, 121
Bildung . . . . . . . . . . 115
„Bildung", Verein . . . . . . 70
Bismarck, Fürst . . . . . 139, 152
Blanc Louis, Geschichtsschreiber . 30
Blank Andreas Br.·. . . . . . 39
Blasel, Dr. . . . . . . . . . 169
Blome John D., Br.·. . . . . . 79
Bnai Brith . . . . . . . . . 64
Boas . . . . . . . . . . . 50
Bode, Br.·. . . . . . . . . 149
Bolo Pascha Br.·. . . . . . . 80
Bonaparte Jérôme . . . . . . 127
Bonaparte Josef 95; s. auch Napoleon
Bonifacio auf Korsika . . . . . 85
Bonn . . . . . . . . . . . 149
„Bouclier du Nord" . . . . . . 56
Bouilly Br.·. . . . . . . . . 35
Bouley Br.·. . . . . . . . . 77
Bourbonen franz. . . . . . . . 84
 „ span. . . . . . . . . 95
Bourceret Br.·. . . . . . . . 164
Bovio Br.·. . . . . . . . . . 151
Boykott österreichischer Waren in der Türkei . . . . . . . . 102
Braga Theophilo, Br.·. . . . . 173
Brasilien . . . . . . . . 144, 182
Braun Dr. S., Br.·. . . . . . . 55
Brauweiler Dr. . . . . . . . 189
Breidenstein John . . . . . . 79
Bretonischer Klub . . . . . . 86
Briand Aristide, Br.·. . . . . 10, 80
Brissot Br.·. . . . . . . . . 85
Brouwers L'Action de la Franc Maçonnerie . . . . . . . . 30
Brodt Fritz Br.·. . . . . . . . 79
Bruderkette . . . . . 21, 33, 34, 139
Bruderkuß . . . . . . . . 21, 157
Brüderlichkeit . . . . . . . 162
Brustzeichen . . . . . . . . 33
Bryan . . . . . . . . . . . 180
B-System . . . . . . . . . 159
Bubna Graf . . . . . . . . . 113
„Budapesti Naplo" . . . . . . 120
Bundesrat der Großloge von Frankreich . . . . . . . . . . 111
Buenos Ayres . . . . . . . . 181
„Bulletin du Grand Orient de Belgique" . . . . . . . . 80, 111
Bulletin du G.·. O.·. 46, 47, 151
Bulletin de Travaux du Suprême Conseil de Belgique . . . . . 42
Bulletin des Internationalen Büros 103
Bündnis der Donauländer . . . 170
Bürgerkönig . . . . . . . . . 88
Bürgerministerium . . . . . . 121
Bulot Br.·. . . . . . . . . . 96
„Bund des öffentlichen Wohles" 133, 134
„Bundesblatt" . . . . . . . 98, 173
Bundeslade . . . . . . . . 50, 151
Buquoy Ferdinand, Graf . . . . 116
Bürzel (s. Barzilai) . . . . 58, 175
Burton Brüder . . . . . . 101, 140
Burton Noel . . . . . . . 101, 102

## C.

Cabrinovič . . . 105, 107, 108, 134
Caccia Waldemar . . . . . . . 79
Cachin Br.·., Minister . . . . . 80
Cadet Gassicourt L. Ch. . . . 84, 146
Cagliostro, Graf . . . . . 131, 147
Caillaux, Ministerpräsident . . . 80

Carasso Emanuel, Meister vom Stuhl . . . . . . 57, 100, 102
Carbonari . . 42, 88, 91, 109, 133
Carducci Giosue Br.·. . . . . . 47
Carlos, König von Portugal . . 97
Carnot Br.·., Präsident . . . 89
Cassia . . . . . . . . . . . 35
Cavell Miß . . . . . . . . . 172
Cavour . . . . . . . . 127, 176
Chakowskoi, Fürst . . . . . . 134
Chamberlain . . . . . . 60, 139
Chiger S. N. . . . . . . . . 70
China . . . . . . . . . 137, 144
Chiossone Br.·. . . . . . . . 90
Christian X., König von Dänemark 148
Christiania . . . . . . . . . 141
Ciganović . . . 104, 105, 106, 108
Clemenceau Br.·., Ministerpräs. 80, 89
Christentum s. Freimaurerei u. Ch.
Christliches Prinzip . . . . . 53, 63
Christus . . . . . . . . . 38, 46
Cincinnati . . . . . . . . . 126
Cocq Br.·. . . . . . . . . . 42
Cohen David Br.·. . . . . 57, 103
Cohn. s. Kohn
Cohn Eugen . . . . . . . . . 79
Collegia fabrorum . . . . . . 11
Columbien . . . . . . . . . 182
Condorcet Br.·. . . . . . . 84, 85
Congrès maçonnique international du Centenaire . . . . . . . 7
Congrès maçonnique international de 1900 . . . . . . . . . 164
Conradi Johann Gottfried, Ordensmeister . . . . . . . . 148
Conseil de l'ordre . . . . . . 44
s. auch Ordensrat
Costa Affonso Br.·. . . . . . . 173
Costa Nika . . . . . . . . . 144
Crispi Francesko Br.·. . 48, 75, 93
Cromwell Oliwer . . . . . . . 159
Csaki Theodor, Graf . . . . . 127
Culm-Schwetz . . . . . . . . 149
„Courrier Européen" . . . . . 98
Cremieux Isaak Br.·. . . . . 59, 88

## D.

Dädalus Theo., Schriftsteller . . 60
Dalens C. v., s. Kalender
Damenlogen . . . . . . . 13, 131
„Dangereuse Leute" . . . . . 114
„Dante Alighieri", Loge . . . . 126
Danton . . . . . . . . . . 84, 85
Dasaguilier Theophil, Naturforscher 52
David Br.·. . . . . . . . . . 113
Deák Franz . . . . . . . . . 62
Debierre Br.·. . . . . . . . . 80
Deckung, ehrenvolle . . . . . . 54
Degen . . . . . . . . . . 32, 33
Dekabristen . . . . . . . . . 134
Delassus Monsignore . . . . . 47
Delcassé Br.·. . . . . . . 10, 89
„Del Lugos", Loge . . . . . . 68
„Demokratia", Loge . . . . . . 54
Demokratie . . . . . . . . . 161
Demokratischer Zeitgeist . . . . 148
Deodoro da Fonseca Br.·., Marschall 159
Depretis Br.·. . . . . . . . 45, 75
„Der französische Geist und die Freimaurerei" (Ohr) 37, 67, 77, 82, 166
„Der giftige Kern" (Gruber) . . 75
„Der Prozeß gegen die Attentäter von Sarajewo" (Pharos) . . 105
Desmons Br.·. . . . . . . . . 80
Desmoulins Br.·. . . . . . . . 85
„Despot" . . . . 152, 154, 185, 186
„Despotismus" . . 81, 169, 182, 185
Deutschenhaß . . . . . . . 77, 187
Deutschland Theodor, Br.·. . . . 70
Deus meumque jus . . . . . 45
Diderot Br.·. . . . . . . . . 84
„Die italienische Freimaurerei und ihr Wirken für die Teilnahme Italiens am Weltkrieg" (Müffelmann) . . . . . . . 77, 162
„Die Freimaurerei in Rußland u. Polen" (Friedrichs) . . . . . 131
„Die Freimaurerei Österreich-Ungarns" . . . . 68, 84, 146, 188
Diestel Ernst, Br.·. . . . . . . 39
Distriktsgroßlogen, englische . 137, 144
Dohna, Stanislaus Graf zu . . . 156
Dollarismus . . . . . . . . . 66
Dolus indirectus . . . . . . . 168
Donaubündnis s. Bündnis
Doumer Br.·. . . . . . . . . 80
Dreipunktebrüder . . . . . 20, 186
Drei Schläge . . . . . . . . . 35
Dreizahl . . . . . . . . . . 20
Drury Lane . . . . . . . . . 60
Dublin . . . . . . . . . . . 137
Dubois Br.·. . . . . . . . . 161
Dupuy Br.·. . . . . . . . . . 80
Duschnitz Karl, Br.·. . . . 54, 155

## E.

Eberle Josef, Meister vom Stuhl s. Tabelle (S. 189)
„Echo de Paris" . . . . . . . 80
Echte und gerechte Loge . . . . 121
„Ecrasez l'infame" . . . . . . 42
Eduard Albert, Prinz . . . . . 60

Eduard VII., König von England 6, 60, 129, 137—138, 147, 165
Egalité Br ∴ . . . . . . . . 88
Eid . . 17, 18, 33, 67, 115, 133, 161
Einkreisung der Mittelmächte 137, 165
„Eintracht", Loge . . . . . 55, 70
  s. Tabelle (S. 189)
Eisler Dr. S. Br ∴ . . . . . . . 55
Eisner Kurt . . . . . 58, 59, 188
Ekleff Karl Friedrich . . . . . 28
Eklektischer Bund 39, 53, 56, 65, 66, 79, 109, 122
Elagin . . . . . . . . . . . 131
Ellenberger Br ∴ . . . . . . . 28
Ellenbogen Br ∴ . . . . . . . 73
Elissen Abraham Br ∴ . . . . . . 53
Elsaß-Lothringen . 163, 164, 166, 184
Emir von Afghanistan . . . . . 144
Ena von Battenberg . . . . . 96
Engel Albert Dr. . . . . . . 55
  s. Tabelle (S. 189)
Entartungserscheinungen . . . . 46
Entente . . . . . . . . . . 175
Entthronung des Sultans Abdul Hamid . . . . . . . . 100 f.
Entthronung des Königs Konstantin von Griechenland . . . . 159
Entthronung des Königs Manuel von Portugal . . . . . 98, 111
Entthronung des Königs Oskar II. von Norwegen . . . . . . . 147
Entthronung Pedros II. von Brasilien 159
Enver Pascha . . . . . . . . 102
Enzykliken gegen die Freimaurerei 42
Enzyklopädisten . . . . . . . 41, 84
Eötvös Josef, Baron . . . . . 62
Erkennungsworte . . . . . . . 34
Erkennungszeichen . . . . . . 35
„Erklärung der Menschen- und Bürgerrechte" . . . . . . 83, 86
„Erleuchteter Vertrauter der St. Johannisloge" . . . . . . 29
Erstaunungszeichen . . . . . . 33
Erstling Oskar, Br ∴ . . . . . 123
Erteilung des Lichtes . . . . . 19
Esperantokongreß . . . . . . . 8
Esterházi Stephan, Graf . . . . 126
Euklid . . . . . . . . . . 11
Ex oriente lux . . . . . . . 51

## F.

Faure Felix Br ∴, Präsident . 89
Februarrevolution . . . . . . 59
Feldzug von 1859 . . . . . . 127
Feustel, Großmeister . . . . . . 154
Ferdinand, Kaiser von Österreich . 118
Ferdinand II., König von Neapel 48, 93
Ferrari Ettore . . . . . . . 6
Ferrer Enrico 69, 95, 96, 134, 154
Ferrer-Gesellschaft . . . . . . . 173
Findel J. G. Br ∴ . . . 63, 64, 82
Findlay, Gesandter . . . . . . 141
„Findlingshort" . . . . . . . . 71
Fischer Franz, Stuhlmeister, s. Tabelle
Fleißner Alexander . . . . . . 55
Foerster, Professor . . . . . . 9
Formiga bianca s. „Weiße Ameise" 109, 174
Forte Nikolas . . . . . . . . 103
Fournemont Br ∴ . . . . . 98, 158
„Frankfurter Zeitung" . . . . 57
Frankl Dr. E. . . . . . . . . 55
  s. auch Tabelle (S. 189)
Frankl Julius Dr. . . . . . . . 55
Franklin Benjamin . . . . . 6, 83
Franko Joao, Ministerpräsident . 98
Frankolin Br ∴ . . . . . . 163, 185
„Franz Deák", Loge . . . . . . 54
Franz I., Kaiser von Österreich . . 117
Franz Ferdinand, Erzherzog, Thronfolger 1, 104, 107, 108, 110, 112, 129, 134, 155
  s. auch Morde
Franz Joseph I., Kaiser von Österreich . . . 76, 82, 92, 110, 167
Franz Stephan von Lothringen, Großherzog . . . . . . . . 114
Freemasons Chronicle, The 2, 6, 82, 83, 139, 177, 189
Freidenker . . . . . . 44, 97, 123
Freidenkergesellschaft . . . 109, 133
„Freie Schule" . . . . . . . . 71
„Freier Gedanke" . . . 96, 97, 109
Freiheit als Schlagwort 142, 161—162
Freiheit, Gleichheit, Brüderlichkeit, 11, 43, 72, 86, 103, 138, 160, 162
Freimaurerbesuche, deutsch-englische 176
Freimaurerbüro, Internationales, in Neuenburg . . . . . . . 128
Freimaurerei, ägyptische . . . . 131
Freimaurerei in Argentinien . . 182
Freimaurerei in Australien . . . 5
Freimaurerei in Brasilien . . . 182
Freimaurerei in Columbien . . . 183
Freimaurerei in Dänemark . . . 148
Freimaurerei in Deutschland 4, 149—157
Freimaurerei in England 4, 136—145
Freimaurerei in Frankreich 4, 81—89
Freimaurerei in Irland . . . . 4
Freimaurerei in Italien . 4, 90—94
Freimaurerei in Nordamerika 5, 180
Freimaurerei in Norwegen . . . 148
Freimaurerei in Österreich 2, 113—123
Freimaurerei in Portugal . 4, 96—99
Freimaurerei in Rußland . 131—135
Freimaurerei in Schottland . . . 4
Freimaurerei in Schweden . 146—148

Freimaurerei in der Schweiz 4, 170, 171
Freimaurerei in Serbien . 104—112
Freimaurerei in Spanien . . 95—96
Freimaurerei in Südamerika . . 183
Freimaurerei in der Türkei . 100—103
Freimaurerei in Ungarn . . 125—129
Freimaurerei in Uruguay . . . . 183
Freimaurerei und Christentum 37—48
Freimaurerei und Politik 66—80, 189
Freimaurerlogen der ganzen Erde 4
Freimaurerkongreß in Paris 7, 42, 128, 163, 164, 171
Freimaurerkongreß von 1916 . . 173
Freimaurerpapst . . . . . 48, 147
Freimaurerversammlung in Frankfurt am Main . . . . . . 146
„Freimaurer-Zeitung" . . . 87, 153
„Freimut und Wahrheit", Loge 77, 178
„Freundschaft", Loge . . . . 55, 70 s. Tabelle
Fried A. H., Br.·. . . . . . . . 9
Friedenskonferenz im Haag . . . 9
Friedenskonferenz in Paris . . . 185
Friedenskongreß in Prag . . . . 123
Friede von Villa-Franca . . . . 127
Friedrich der Große . . . . . . 150
Friedrich Wilhelm III. . . . 119, 151
Friedrich III., Kaiser 28, 50, 151, 152
Friedrich, Kronprinz . . . . . 151
Friedrich Leopold, Prinz . . . . 152
„Friedrich Leopold zur Morgenröte", Loge . . . . . . . . 149
„Friedrich Wilhelm zum eisernen Kreuz", Loge . . . . . . . 149
„Friedrich Wilhelm zur gekrönten Gerechtigkeit", Loge . . . . . 149
„Friedrich Wilhelm zur Morgenröte", Loge . . . . . . . . 149
„Friedrich Wilhelm zur Wahrheit und Treue", Loge . . . . . . 149
„Friedrich zur askanischen Treue", Loge . . . . . . . . . . . 149
Friedrichs Emil, Dr. 131, 132, 133, 134
Fuchs Alexander, Dr., Meister vom Stuhl; s. Tabelle (S. 189)
Fuchs, Frh. v., Dr. . . . . . . . 116
Fünf P. d. v. M. Gr. . . . . . . 33
„Für Einheit und Fortschritt" . . 101
Fürstenkongreß in Verona . . . 86
Fürsten der Maurerei . . . . 30, 31
Fürst aller Orden . . . . . . . 58
Fürst der Gnade . . . . . . . . 26
Fürst des königlichen Geheimnisses 27
Fürst des Tabernakels . . . . . 27
Fürst vom Libanon . . . . . 26, 58
Füße in den rechten Winkel stellen 35, 51, 64 u. a. a. O.
Furtado Alcibiades . . . . . . 129

## G.

G . . . . . . . . . . . . 22, 38
G . . . n . . . . . . . . . 52
Gagarin, Fürst . . . . . . . . 131
Gagern Carlos v. Br.·. . . . . . 40
Gagern, Baron . . . . . . . . 120
„Galilei", Loge . . . . . . . . 55
Galizien . . . . . . . . . . . 164
Gambetta . . . . . . . . . . 59
Garibaldi 6, 42, 43, 75, 89, 91, 94, 126, 127, 142, 176
Garibaldi-Denkmal . . . . . . 47
Garibaldi-Feier . . . . . . . . 170
Gartz Br.·. . . . . . . . . . . 79
Gedankenfreiheit . . . . . . . 161
Gegenkirche . . . . . . . . . 41, 69
Geheime Vereinigungen . . . . 121
Geheimliteratur, freimaurerische . 187
Geheimnis . . . . . . . . . . 29
Gemeindebeamte als Meister vom Stuhl . . . . . . . . . . . 156
Geidel F. H. Br.·. . . . . . . . 66
Geistesmaurerei . . . 2, 13, 49, 136
Geistliche als Freimaurer . . 117, 126
Gelbert Charles . . . . . . . . 79
Gelöbnis . . . . . . . . . . 18, 52
Genua . . . . . . . . . . . . 127
Geometrie . . . . . . . . . . 38
Georg III., König von England . . 136
Gerechtigkeit . . . . . . . . . 143
Gerechtigkeit, Kampf für . . . . 175
Gerechte und vollkommene Logen . 13
Gerhard Paul Dr. . . . . . 68, 189
„Geschichte der Freimaurerei in Österreich" . . . . . . . . . 117
„Geschichte der Freimaurerei in Portugal" . . . . . . . . . 98
„Geschichte der Humanitas" 120, 121
Gesellenzug . . . . . . . . . 33
Gesellschaft der Freunde der Konstitution . . . . . . . . . . 86
Gesellschaftsordnung . . . . . 82
Gewaltfriede . . . . . . . . . 186
Gewissensfreiheit . . . . 44, 45, 52
Gibraltar Straße von . . . . . 183
„Giornale d'Italia" . . . . . . . 101
Giovine Italia . . . . . . . . . 90
Gladstone . . . . . . . . 140, 176
Glaser Marcell Dr. . . . . . . . 54
Gleichberechtigung der Juden . . 61
Gleichberechtigung, menschliche . . 81
Gleichheit . . . . . . . . 143, 160
„Gleichheit", Loge . . . . . 55, 70 s. Tabelle (S. 189)
„Globe" . . . . . . . . . . . 34
Glück Friedrich Br.·. . . . . . . 54
Glücksmann Heinrich Br.·. 54, 122, 123
Gnosis . . . . . . . . . . . 22, 38

Goblet d'Alviella . . . . . . . 11
Görgey General . . . . . . . 126
Görlitz . . . . . . . . . . . 149
„Goethe", Loge . . . 70, 71, 79, 157
f. Tabelle (S. 189)
Goldenberg Julius Dr. . . . . 31, 54
Goldschmidt M. . . . . . . . 79
Gombrich Karl Dr., Meister vom Stuhl, f. Tabelle (S. 189) . . . 55
Gott . . . . . . . . . . . 38
Gottesglaube . . . . . 44, 119, 142
Gottesgnadentum . . . . . . . . 181
Gottesleugner . . . . . . . . 37
Gotthold Br.·. . . . . . . . 64
Grabez . . . . . . . . . . 107
Grade, niedere . . . . . . . . 3
Grad vom königlichen Gewölbe . . 26
Graïnha Borges . . . . . . 98, 99
Grand Loge de France 41, 44, 66, 79, 84, 85, 112, 157, 160
Grand Orient de Belgique 77, 79, 111, 158
Grand Orient de France 1, 4, 7, 9, 11, 38, 44, 46, 56, 59, 66, 76, 77, 79, 82, 85, 89, 103, 104, 109, 110, 112, 117, 127, 142, 150, 151, 154, 157, 158, 159, 161, 164, 170, 171, 173, 174, 176, 178, 179, 181
Grand Orient Ottoman . . . 56, 103
Grand patron . . . . . . . . 138
Grand Prinzipal Zorobabel . . . 137
Gregor XVI., Papst . . . . . . 42
Grenzberichtigung gegen Italien . 184
Grevy, Präsident . . . . . . . 89
Griff . . . . . . . . . . . 18, 33
Grobel Deguaire Br.·. . . . . . 165
Große Freimaurerloge „Zur Eintracht" (Darmstadt) . . . . . 156
Große Landesloge der Freimaurer von Deutschland 18, 22, 23, 28, 33, 39, 50, 52, 55, 66, 77, 79, 130, 149, 150, 156, 185
Große Landesloge von Sachsen 56, 66, 104, 122, 154, 156
Große Landesloge von Norwegen 147, 148
Große Landesloge von Schweden 11, 17, 18, 19, 29, 146, 147
Große Loge von Hamburg 55, 56, 66, 79, 104, 122, 150, 155
Große Loge von Preußen, genannt zur Freundschaft 55, 150, 151, 156
Große Mutterloge des Eklektischen Freimaurerbundes in Frankfurt, f. Eklektischer Bund.
Große National-Mutterloge zu den drei Weltkugeln in Berlin 23, 39, 43, 55, 66, 150, 156
Große Nationalloge von Österreich 117
„Großer Auserwählter" . . . . 58
„Großer Oberpriester" . . . . . 26
„Großer Ritter Kadosch" f. Ritter
„Großer schottischer Ritter" . . . 26
Großes Ritual-Kollegium . . . . 161
„Großfürst von Jerusalem" . . 26, 58
„Groß-Inquisitor Kommendator" 27, 160
Großlogen, altpreußische; f. dort
Großlogen, deutsche . . . . 156—157
Großlogen, farbige . . . . . . 180
Großlogen, jüdische . . . . . . 56
Großlogenbund, deutscher 65, 103, 109, 180, 182
Großlogentag, deutscher . . 109, 150
Großlogentag 34, in Berlin . . 56
Großlogentag in Frankfurt . . . 104
Großloge von England, f. Vereinigte
Großloge von Frankreich, f. Grand Loge de France
Großloge von Irland . . . 137, 138
Großloge von Schottland . . . . 138
Großloge von Spanien . . . . . 173
Großloge, symbolische, von Ungarn 68, 69, 72, 73, 79, 122, 125, 128, 155
Großloge „Zur Sonne" in Bayreuth . . . 39, 150, 154, 156
Großmeister Architekt . . . . . 26
Großmeister der acht Großlogen Deutschlands . . . . . 156—157
Großmeister, erblicher . . . . . 138
Großorient von Argentinien . . . 182
Großorient von Belgien, f. Grand Orient de Belgique
Großorient von Frankreich, f. Grand Orient de France
Großorient von Italien 5, 42, 43, 45, 57, 92, 100, 101, 103, 110, 150, 170, 173, 178, 182
Großorient, Vereinigter, von Lusitanien . . . . . . . . . 97
Großorient von Portugal . . 111, 174
Großorient von Spanien 95, 97, 173, 181
Großorient von der Türkei f. Grand Orient Ottoman
Großorient von Ungarn . . 54, 127
Großserbische Bewegung . . . . 109
Gruber Hermann 57, 75, 81, 82, 83, 162, 189
Grundmann Nathan Br.·. . . . 71
Guatemala . . . . . . . . 5, 144
Günther, Kabinettsdirektor . . . 116
Gustav III., König von Schweden 146
Gustav V., König von Schweden . 147
Gustav Adolf, Kronprinz . . . . 147


## H.


Haakon, König von Norwegen . . 148
Haase . . . . . . . . . . . 59

Händedruck . . . . . . . . . . 33
Haiti . . . . . . . . . . . 5
Hajnik Paul . . . . . . . . 126
Haltung der deutschen Großlogen im Weltkrieg . . . . . . . 179
Halsey Thomas Frederick Br .·. . 142
Halszeichen . . . . . . . . 33
Hamburger Großloge; s. Große Loge von Hamburg
Hammer . . . . . . . . . 21, 33
Handschuh . . . . . . . . . 121
Harden Maximilian . . . . . . 58
Harmlosigkeit . . 159, 169, 178, 179
Harnoncourt, Graf . . . . . . 118
Hasse Br .·. . . . . . . . . 158
Haugwitz, Graf . . . . . 86, 151
Hayasi Vicomte Br .·. . . . . . 144
„Haynal“, Zeitschrift . . . . . 62
Hebenstreit Br .·. . . . . . . 117
Heim J. E., Meister vom Stuhl; s. Tabelle (S. 189)
„Heim für obdachlose Familien“ . 70
Heinrich IX., König von England . 136
Helfert v., Freiherr . . . . . . 114
Heller A. Dr., Meister vom Stuhl . 55 s. auch Tabelle
Helvetius Br .·. . . . . . . . 84
Henne am Rhyn Br .·. 16, 21, 27, 35, 39
„Henry Bernstein“, Loge . . . . 60
„Henri IV.“, Loge . . . . 76, 141
Heredom von Kilwining . . . . 138
„Herold“, Zeitschrift 14, 41, 69, 99, 103, 187
Hertz Philipp, Großmeister . . . 53
Hertzbach Bernhard . . . . . 78
Hervé Gustave Br .·. . . . . . 80
Herzberg Br .·. . . . . . . . 116
Herzen Alexander . . . . . . 90
Herzog von Autin . . . . . . 160
Herzog von Connaught 60, 129, 137, 142
Herzog von Leuchtenberg . . . . 126
Herzog von Parma . . . . . . 93
Herzog von Südermanland . . . 146
Hevesi Br .·. . . . . . . . . 8
Hieber Otto Br .·. . . . . . . 23
Hilfsvereine, politische . . . . 133
Hiram (Abonhiram) 11, 12, 23, 34, 36, 39, 51
Hiram Br .·. . . . . . . . 40, 75
Hiramsloge . . . . . . . . . 60
Hirschler Ignaz Br .·. . . . . . 62
Hocherleuchteter Vertreter der St. Andreas-Loge . . . . . . . . 29
Hochgrade 19, 25, 26, 30, 32, 33, 55, 78, 79, 128, 133, 151, 160
Hochgradmaurerei . . 31, 44, 54, 181
Hochgradwesen . . . . . . . 103
Hochverrat . . . . . . . . . 163
„Hochwürdigster Großmeister“ . . 57
Hock Frh. v., Abg. . . . . . . 71
Hoditz, Graf . . . . . . . . 114
Höchster Rat der 33 .·. in London 138
„Höchstleuchtender Kommandeur mit dem roten Kreuz“ . . . . . 29
„Höchstleuchtender Salomonsvertrauter“ . . . . . . . . . 29
„Höchst mächtiger Souveräner Großkommendator“ . . . . . 160
Hoffmann, Professor . . . . . 116
Hohenlohe, Prinz . . . . . . 133
„Hohenzollern“, Loge . . . . . 149
„Hohenzollern treu und beständig“ . 149
Holländer Alexander Dr., Meister vom Stuhl . . . . . . 55, 72, 73 s. Tabelle (S. 189)
Honis Samuel . . . . . . 28, 56
Horkheimer Br .·. . . . . . . . 53
Horvath Michael . . . . . . . 126
Humanitäre Vereine . . . . . . 71
Humanitärer Verein „Einigkeit“ . 70
Humanität, s. Wohltätigkeit
„Humanitas“ Loge . . . 55, 70, 72 s. Tabelle (S. 189)
Humbert II., König von Italien 93, 94
„Humboldt“, Loge . . . . . . 55

## J.

Jhuken Chas G., Br .·. . . . . 79
„Il Dovere“, Loge . . . . . . 172
Illuminaten . . . . . . . 116, 162
Imperialismus 60, 139, 167, 173, 175, 182, 184
Indien . . . . . . . . . . 137
Industrielle als Meister vom Stuhl 156
In eminenti . . . . . . . . 42
Insel der Seligen . . . . . . 73
Internationale Beziehungen . 97, 112
Internationales freimaurerisches Büro (Neuenburg) . . . . . 6, 7
Internationale freimaurerische Konferenz im Haag . . . . . . 8
Internationale Freimaurerkonferenz in Luxemburg . . . . . . 7
Internationale Gesinnung . . . 56
Intervention Italiens . . . . 169
Irredentisten . . . . . . . . 92
Irreligious libertine . . . . . 37

## J.

J. . . . . . . . . . . . 34, 52
Jachin . . . . . . . . . . 50
Jakobinerklub . . . . . . . . 86

Jakobinerverschwörung . . . . 117
Jakobitische Maurerei . . . . . 136
Jakobsleiter . . . . . . . . 50
Japan . . . . . . . . 137, 144
Jaurès Jean . . . . . . . . 187
Jefferson Br.:. . . . . . . 6, 83
Johannislogen 25, 29, 54, 146, 147, 148
Johannismaurerei . . . . 25, 51
Johannismeister . . . . . . . 52
Josef II., Kaiser . 114, 115, 116, 130
Josefine, Kaiserin . . . . . . 87
Journalisten als Freimaurer . . 177
Juarez . . . . . . . . . . . 120
Judenlogen . . . . . . . . . 53
Judentum . . . . . . . 49—65
„Jung-Deutschland" . . . . . 90
„Jung-Europa" . . . . . . . 90
„Jung-Italien" . . . . . . . 90
„Jung-Polen" . . . . . . . 90
Jungtürken . . . . . . 100 f, 109
Juristen als Meister vom Stuhl . 156

## K.

„Kaiser des Ostens und Westens" 31, 59
„Kaiser Friedrich zur Bundestreue", Großloge . . . . . . . 56
Kaiserstein Wenzel, Graf . . . 113
„Kalender für Freimaurer" (C. v. Dalens) . . . 54, 55, 64, 70, 155
„Kalman Könyves", Loge . . 55, 68
Kanada . . . . . . . . . . 144
Kant Immanuel . . . . . . . 162
Kapralik Ad., Dr. phil., Meister v. Stuhl, s. Tabelle
Kardinal von York . . . . . . 136
Karlstad . . . . . . . . . . 148
Karl Albert, König (Piemont) . 93
Karl Albert, Kurfürst . . . . . 113
Karl I., Kaiser von Österreich 88, 167
Karl XIV., König von Schweden . 147
Karl Eduard von Stuart . . . . 141
Karolyi Michel, Graf . . . . 128
Katharina II. . . . . . . 130—132
Katz B.:. . . . . . . . . . 56
Kaunitz, Fürst . . . . . . . 114
Kazimirović Radoslav, Dr. 104, 105, 129
Kekule von Stradonitz, Dr. . . . 69
„Kelet", Zeitschrift . . . . 68, 82
Kelle . . . . . . . . . 22, 23
Keller Ludwig, Br.:. . . . . . 186
Kellermann, Marschall . . . . . 87
Kettenspruch . . . . . . . . 74
Kinder der Witwe . . . . . . 51
„King Salomon", Loge . . . . . 79
Kinsky Josef, Graf . . . . . . 113
Kirchenbann . . . . . . . . 42
Kirsch, Alfred Meister vom Stuhl, s. Tabelle (S. 189)
Kitchener, Lord . . . . . . . 141
Klapka . . . . . 69, 83, 125, 126
Klemens XII., Papst . . . . . 42
Klerikalismus . . . . . . 72, 169
Kloß, Br.:. . . . . . . . . 115
Köln . . . . . . . . . . . 178
„Kölnische Volkszeitung" . . 57, 180
König Rudolf, Meister vom Stuhl, s. Tabelle (S. 189)
„König David", Loge . . . . . 60
„König Salomon", Loge . . . . 60
„König Saul", Loge . . . . . . 60
„König Eduards unselige Erben" (Loeb) . . . . . . . . . 177
Königliche Kunst . . . 13, 102, 128
Kohler Josef, Dr., Professor . . . 105
Kohn Karl, Br.:. . . . . . . 53
Kohn, Großmeister 59, 65, 66, 109, 112, 155, 157, 190
Koller Karl, Br.:. . . . . 54, 68
„Koloman der Bücherkundige", Loge 68
Kolonien, englische . . . 139, 175
„Komitee für Fortschritt und Wahrheit" . . . . . . . . . . 133
Kongreß des schottischen Ritus in Lausanne . . . . . . . . 27
Kongreß in Nancy . . . . . . 34
Konservative Idee . . . . . . 163
Konstituierende Nationalversammlung 86
„Konstitutionelle" . . . . . . 133
Konstitution „In eminenti" . . 42
Konstitutionsbuch . . . 13, 37, 51, 52
s. auch Anderson
Konto E . . . . . . . . 140, 176
Konversationslexikon von Mayer . 134
Konzentrationslager . . . . . 141
Kopeczky Felix, Meister vom Stuhl, s. Tabelle (S. 189)
Kopfpreis . . . . . . . . 43, 141
Kortum, v. . . . . . . . . . 53
Kosmanowski Salomon, s. Eisner
„Kosmos", Loge . . . . . 55, 70
s. Tabelle (S. 189)
Kossuth, Br.:. 69, 83, 90, 91, 92, 125, 126
Kostarika . . . . . . . . . 5
Kotzebue, Staatsrat . . . . . 133
Kramarsch . . . . . 10, 168, 186
Kramarschbuch . . . . . . . 186
Kriegserklärung Amerikas . . . 181
Kriegshetze . . . . . 77, 175, 179
Kriegsziele der Entente . . . . 175
Krieg von 1866 . . . . . . . 127
Künstler als Stuhlmeister . . . 155
Kundgebung des obersten Rates des franz. Großorients . . . . 184
Kundgebungen in Lissabon . . . 174
Kupffer Hugo, v., Br.:. . . . 39

## L.

„Labor et Lux“, Loge . . . . . 100
„Labour Leader“ . . . . . . . . 177
„L'affaire des fiches“ . . . . . 77
Lafayette . . . . . . . . 6, 83, 86
Lafontaine, Senator . . . 178, 179
Lammasch, Prof. . . . . . . . . 9
„La Franche Maçonne“ . . . . . 160
„La Franc-Maçonnerie démasquée“ 97, 111
Landesloge, s. Große L.
Landeszeitung, Hessische . . . . 141
„L'Angleterre Juive“ . . . . . 60
Lansing . . . . . . . . . . . . 5
„Latomia“ 18, 26, 29, 49, 115, 172, 187
Laurenceau, Präsident . . . . . 187
„L'avant Garde“, Loge . . . . 76
Lederer Isidor, Dr. med., Meister vom Stuhl; s. Tabelle
Legisfeld . . . . . . . . . . . 116
Lehrart, englische . . . . . . . 50
Lehrart, schottische 3, 33, 58, 59, 81
Lehrart, schwedische 28, 33, 67, 130, 147
Lehrlingskatechismus . . . . . 52
Lemmi Adriano . . . . 91, 92, 154
Lenin . . . . . . . . . . . . . 188
Leo XII., Papst . . . . . . . . 42
Leo XIII., Papst . . . . . 42, 45
Leopold II., Kaiser . . . 87, 116, 117
Le problème de l'heure présente 47
Lerroux Alexander, Br. ∴ . . . . 173
„Les amis réunis“, Loge . . . . 85
Les Franc-Maçons écrasés . . . 160
„Les neufs Soeurs“, Loge . . 84, 85
„Les Rothschild“ . . . . . . . 61
„Lessing zu den drei Ringen“, Loge 70, 71 s. Tabelle
Le Temps . . . . . . . . . . . 101
„Le tombeau de Jacques Molay“ . 146
„Le Travail“ . . . . . . . . . 174
Levin Willy, Dr. . . . . . . . 53
Levy Max, Dr. . . . . . . . . . 53
Lewis Br. ∴ . . . . . 117, 118, 119
Liberalismus . . . 72, 73, 121, 152
Liberia . . . . . . . . . . 5, 144
Licht Adam . . . . . . . . . . 79
Licht v., Dr. . . . . . . . . . 71
Lichter . . . . . . . . . . . . 21
Lichtsuchender . . . . . . 13, 17
Liebknecht . . . . . . . . . . 59
„Liga pelos alliados“ . . . . . 182
Lima Sebastiao de Magalhães Dr. 5, 8, 83, 97, 99, 111, 128, 142, 171
Limousin von l'Acacia Br ∴ 40, 75
„Lit. Geselligkeitsklub“ . . . . 70
Lodge . . . . . . . . . . . . . 12
Loeb M. . . . . . . . . . . . . 177
Loge . . . . . . . . . . 2, 20, 49
Logenarbeit . . . 71, 74, 121, 125
Logen, blaue . . . . . . . . . 25
Logen echte (gerechte), s. dort
Logen, rote . . . . . . . . . . 25
Logensaal . . . . . . . . . 49, 51
„Lord Rothschild“, Loge . . . . 60
Lorenza . . . . . . . . . . . . 131
Losungsworte . . . . . . . . . 51
Louis Philipp, Herzog von Orleans 84
Löwenhaar Moriz Br ∴ . . . . . 53
Lüge . . . 143, 144, 175, 177, 182
Lugano . . . . . . . . . . . . 172
Ludwig XVI., König . . . 84, 146
Ludwig XVIII., König . . . . 87, 88

## M.

„Macedonia“, Loge . . . 56, 100, 102
Mackensen . . . . . . . . . . . 173
Madame de Thebes . . . . . . . 108
Maeterlinck Br ∴ . . . . . . . 123
Magdeburg . . . . . . . . . . 149
Magnan, Marschall . . . . . . . 88
Mahmud II., Sultan . . . . . . 100
Mahomed Orphi Pascha . . . . . 103
Mailänder A. . . . . . . . . . 78
Maître acassais . . . . . . . . 26
Maître écossais . . . . . . . . 26
Mallet Br ∴ . . . . . . . . . . 80
Mambrette Br ∴ . . . . . . . . 172
Mammonsdienst . . . . . . . . 64
Manuel, König 98, s. Entthronung
Marchione Br ∴ . . . . . . . . 103
Marcuse Dr. Br ∴ . . . . . . . 55
Maria Antoinette . 87, 113, 114, 116
Marie Louise, Erzherzogin . . . 118
Marinismus . . . . . . . . . . 185
Mark Master Masons . . . . . . 137
Marrat . . . . . . . . . . . . 85
Martinitz Guidobald, Graf . . . 113
Martinovic Br ∴ . . . . . . 69, 117
Marquis de Morès . . . . . . . 187
Masaryk Br ∴ . . . . . . . . . 168
Masonic Juris prudence . . . . 83
Massena . . . . . . . . . . . . 87
Massenhinrichtungen in der Türkei 103
Maßstab . . . . . . . . . . . . 22
Makay A. G. Br ∴ . . . . . . . 83
Mattison Chas . . . . . . . . . 78
Maurer, angenommene . . . . . 12
„ fiktive . . . . . . . . 12
„ freie . . . . . . . . . 12
Maurerei, blaue . . . . . . . . 25
„ rote . . . . . . . . . 25
Maurerfürsten s. auch Fürst . 181, 188
Mautner Raimund Br ∴ . . . . . 72
Max v. Mexiko, Kaiser . . . . . 120
Mayer Harry Br ∴ . . . . . . . 79

Mayer John F. . . . . . . . 79
Mazzini Br.·. 6, 42, 48, 57, 75, 89, 90, 90—91, 92, 93, 94, 123, 127, 162, 163, 176, 186
Mazzini-Denkmal . . . . . 47, 94
„Mazzini, Freimaurerei und Weltrevolution" (Gruber) . . . . 163
M. V. . . . . . . . . . . . 34
Mecklenburgisches Logenblatt . . 69
Medgyes Simon Dr. Br.·. . . 54
Mehmed Djavid Bey Br.·. . . 103
Meißel . . . . . . . . . . . 22
Meister, geheime . . . . . . . 26
Meistergrad, Mysterium des . . . 23
Meistergriff . . . . . . . . 74
Meisterkatechismus . . . . . . 22
Meister, vollkommene . . . . . 26
Meister vom Stuhl 25, 33, 41, s. Tabelle
Meistertempel . . . . . . . . 39
Meisterwort, altes . . . . . 34, 52
„ neues . . . . . 34, 52
Meline Br.·. . . . . . . . . 89
Mensdorf Paul Br.·. . . . . . 33
Menschheitstempel . . . . 49, 185
Mesureur . . . . . . . . . . 157
Meuchelmord 133, 140, s. auch Morde
Mezei Moriz Br.·. . . . . . 54
Milano Agesilas . . . . . . . 93
Milbitz v. Br.·. . . . . . 48, 75
Milim Br.·. . . . . . . . 16, 40
Militarismus . 10, 68, 181, 184, 186
Militärbeamte als Meister v. Stuhl 156
Militär, deutsches . . . . . . 182
Millerand Br.·. . . . 10, 80, 89
Mimikry-Standpunkt . . . . . 155
„Minerva zu den drei Palmen", Loge . . . . . . . . 33, 55
Mirabeau . . . . . . . . 84, 85
Misera contribuens plebs . . . . 40
Misraim-Orden . . . . . . . 59
Mithraskult . . . . . . . . 11
Molay Jakob, Großmeister . . 26, 81
Molter John Br.·. . . . . . . 78
Monarchie . . . . . . . . 82, 94
Monarchische Gesinnung 149, 150, 151, 156
Monarchisten . . . . . . . 44
Montefiore Moses . . . . . 61, 62
Montesquieu Br.·. . . . . . 84
„Mont Sinai", Loge . . . . . . 126
Monza . . . . . . . . . . 93
Moral, christliche . . . . . . 64
Moral and Dogma . . . . 30, 153
Morayta Br.·. . . . . . . 95, 97
Mord 97, 98, 168, s. auch Morde
Mordabteilung . . . . . . . 141
Morde und Anschläge:
auf Alexander I. . . . . . . 133
auf Alfons XIII. . . . . . . 96
auf Carlos von Portugal . 97, 111
auf Casement Sir Roger . . . 141
auf Franz Ferdinand 1, 104, 112, 141, 155, 167
auf Ferdinand, König d. Bulgar. 141
auf Gustav III. von Schweden . 146
auf Humbert II. von Italien . 93
auf Jaurès . . . . . . . . 141
auf Ludwig XVI., König von Frankreich . . . . . . . 84
auf Paul I., Zar . . . . . . 132
auf Stolzipin, Minister . . . . 135
auf Witte, Graf, Minister . . 141
Morgan William . . . . . . . 187
Morin Etienne . . . . . . . 58
Morral, Anarchist . . . . . . 96
Mosaische Stiftshütte . . . . . 50
Moses, Bücher . . . . . . . 63
Moses Br.·. . . . . . . 111, 112
Müffelmann Ludwig Dr. 75, 76, 161, 162, 169, 170
Müller Henry . . . . . . . . 79
Murad V., Sultan . . . . . . 100
Murat . . . . . . . . . . 87
Murawew Nikita . . . . . . . 134
Musivisches Pflaster . . . . . 50
Mustapha IV., Sultan . . . . . 100

## N.

Nächstenliebe . . . . . . . . 119
Naphthali . . . . . . . . . 51
Napoleon I. . . . . 6, 85, 88, 118
Napoleon III. . . . . . . 88, 127
Napoleon Josef . . . . . . . 87
Napoleon Ludwig . . . . . 87, 88
„Narodna Odbrana" . . 104, 105, 109
Nathan Ernesto Br.·. 6, 45, 58, 75, 94
Nationalismus . . . . . . 56, 72
Nationalitätengrundsatz . . . . 185
Nationalkomitee ungarisches . . . 127
Neudörfl an der Leitha . . . . 121
„Neue Freie Presse" . 94, 102, 103
Neuenburg . . . . . . . . . 171
Neuslavische Bewegung . . . . 186
Newspaperman . . . . . . . 60
„Nicht politischer Verein Einigkeit an der Donau" . . . . . . 70
Nikolaus I. . . . . . . . . 134
Normann Br.·. . . . . . . . 37
Northcliffepresse . . . . 143, 177
Notzeichen . . . . . 4, 33, 35, 51

## O.

Oberdank Wilhelm . . . . . . 92
Oberster Rat, s. Suprème C.
Öffentlichkeit der Friedensverhandlungen . . . . . . . . 183

Österreicher S. Br.·. 70
Official Bulletin, Charleston 48
Offiziere als Freimaurer und Meister vom Stuhl 101, 149, 156, 157, 179
Ohr Wilhelm Br.·. 17, 37, 41, 44, 67, 77, 82, 154—155, 160, 161, 164, 166, 177, 178
Oligarchie 161
Oppenheimer Max Br.·. 53
Orangistische Maurerei 136
Ordensrat, französischer 44, 82
Ordensrat, italischer 92, 161
„Orient", Zeitschrift 38, 69, 84
Orient, ewiger 20
Orient, innerer 55
Orleanisten 85
Ornstein Karl, Dr. Meister vom Stuhl 55
s. Tabelle (S. 189)
Orsinibomben 88
Oskar II., König von Schweden 147
Osten 51
Ostindien 144

## P.

Painlevé Br.·. 80
Palermo 91, 131
Palmer Br.·. 48
Palmerston 140, 176
Papst, protestantischer 147
„Parfait Union", Loge 85
Parlament, englisches 138
Paßworte 34, 51, 101
Patron 138
Pau 147
Paul I., Zar 132
Payne George 52
Pazifisten 10, 166
Pentagramm 22, 50
Pernerstorfer Br.·. 73
Perrin Br.·. 82
„Perseveranza", Loge 100
Pestel Br.·. 134
Peter der Große, Zar 130
Petroni, Großmeister 152, 154
Pflichten, maurerische 2, 83, 126
Pharos, Professor 105
„Phenix", Loge 14
„Philantropischer Verein" 70
„Philippos", Loge 100
Pichon Stephan Br.·. 80
Piemont 93, 127
Pike A. Br.·. 30, 48, 81, 82, 152
Pimento Castro, General 174
„Pionier", Loge 55, 70, 71, 74
s. Tabelle S. 189)
Pius VII., Papst 42
Pius VIII., Papst 42
Pius IX., Papst 42
Poincaré Br.·. 6, 10, 80, 89
Politik 66—88
Politische Ziele der Freimaurer 6—7
Portal Felix Br.·. 85
Posen 164
Prätorius 120
Prandstetter 117
Premušić v., Dr. 106
Preßburg 3, 122
Presse 181
Presse, englische 176
s. auch Northcliffe
Pressefeldzug 182
Presse, liberale 123
„Prinz von Preußen zu den drei Schwertern", Loge 149
„Prinz vom königlichen Geheimnis" 160
Princip 107, 108
Profane 30
Programm von Belleville 59
Pro-Grand-Master 60, 147, 177
„Progressio", Loge 54
Promemoria des Prof. Hoffmann 116
Prophezeiung der Madame de Thebes 108
Provinzial-Großloge, englische 137
Provinziallogen, englische 131
Provinziallogen, schwedische 131
Prozeß von Sarajewo 104, 105, 110
Pulßky 125, 128
Pythagoräische Zahlenlehre 11

## Q.

Quartier la Tente, Großmeister 5, 6, 8, 164, 171
Quarto 170
Quensel Chas, A. Br.·. 79
Queretaro 120
Quesde Br.·. 80

## R.

Rache 81
Rachegrad 27, 59
Radek 188
Radikale (demokratische) Partei 74
Rappaport (d'Annunzio) 170
Rasumowsky, Graf 133
Rathenow 149
Recht auf Empörung 2, 81
Redakteure als Meister vom Stuhl 156
Redlich, Professor 71
Reinbeck, Hofrat 131
„Reisen" 14, 16

Reiß Adalbert, Meister vom Stuhl, s. Tabelle
Reitzenstein, Frh. Br. . . . . . . 75
Religion . . . . . 37, 40, 41, 42, 52
Religionspolitik . . . . . . . . 45
Religionsunterricht . . . . . . 45, 57
Renaud Br. . . . . . . . . 171, 172
Renaudel Br. . . . . . . . . . 80
Renoult René Br. . . . . . 80, 165
Rens Raphael . . . . . . . . . 97
Rentner als Meister vom Stuhl . . 156
Repräsentantenhaus, amerik. . 78, 180
Republik . . . . . . . . . . 3, 89
Republik, deutsch-österreichische . . . 188
Republikenpyramide . . . . . . 185
République Universelle . . . . . 164
Revanchegedanke . . . . . . . . 77
Resna . . . . . . . . . . . 102
Reuß Br. . . . . . . . . . . 59
Revolution, deutsche . . . . . . 164
Revolution, englische (1688) . . . 159
Revolution, französische 82, 83—87, 132, 146, 162, 163, 174
Revolution, portugiesische . 97—98, 111
Revolution, russische . . . . . . 135
Revolution, türkische . . . . 100—103
Revolution von 1848 . . 118, 119, 125
„Revue maçonnique", Zeitschrift 58, 90, 96, 148, 187
Riboli Timoteo Br. . . . . . . . 48
Ricci Raphaelo, Großmeister . 57, 103
Riedel de . . . . . . . . . . 117
„Rienzi", Loge . . . . . . . 45, 75
Rio de Janeiro . . . . . . . 182
„Ritter der Sonne" . . . . . . 26
„Ritter des Purpurlandes" . . . . 29
„Ritter Kadosch-Grad . . 26, 58, 81, 160
„Ritter preußischer" . . . . . . 26
„Ritter von der ehernen Schlange" . 26
„Ritter vom Osten" . . . . . . 26
„Ritter vom Rosenkreuz" . . . . 160
„Ritter vom Westen" . . . . . . 26
Rituale, besonderes . . . . . . 138
Ritus von Memphis . . . . . . 59
Ritus von Misraim . . . 27, 28, 59
„Rivista della Massoneria Italiana" 43, 46, 91, 92, 152, 154, 163
„Rivista massonica Italiana" 110, 163, 187
Robespierre . . . . . . . . 84, 85
Röder Ad. Dr., Advokat s. Tabelle (S. 189)
Röder Oskar, Dr. phil., Großmeister 156
Röver Br. . . . . . . . . . . 39
Romeissen Br. . . . . . . . 14, 44
Ronay Hyazinth, Bischof . . . . 126
Roosevelt Theodore Br. . . . 5, 6, 180
Rosenberg E. Br. . . . . . . 53, 55
Rosenkreuzer . . . . . . . . 130
Rothschild, Baron, Br . . . . . . . 74
Rothschilds . . . . . . . . . 61
Royal Arch . . . . . . . . . 26
Royal York . . . . . . . . . 39
Rumpler N. S. Dr., Br. . . 55, 122 s. Tabelle (S. 189)

S.

Sachsen, König von . . . . . . . 76
Sachsen, Kronprinz von . . . . . 76
Sächsische Großloge, s. Große Landesloge
Säulen . . . . . . . . . . . 19
Saffi Aurelio Br. . . . . . . 91, 152
Salandi John Br. . . . . . . . 79
Salandra, Ministerpräsident, Br. . 140, 176
Salomon, König . . . 11, 29, 49, 147
Salomons Spiegel . . . . . . . 51
Salomons Thron . . . . . . . 51 s. auch Tempel
Saloniki . . . . . . . . 100, 102
San Salvador . . . . . . . . . 5
„St. Johann der Täufer", Waisenhaus 114
Sarajewo . . . . . . . . 104, 178 s. auch Prozeß, Mord
Sargsymbol . . . . . . . . . 23
„Sassoon Sir Albert", Loge . . . 60
Satan . . . . . . . . . . . 47
Satansbanner . . . . . . . . 47
Satanshymne . . . . . . . . 47
Satanskult . . . . . . . . . 47
Savage Club . . . . . . . . . 60
Savigny, Frau . . . . . . . . 108
Schauberg Br. . . . . . . . 13, 20
Schauer, R. v., Dr. . . . . . . 159
Schey Sally Br. . . . . . . . 55
Schiboleth . . . . . . . . . 51
Schick E. V., Meister vom Stuhl, . 55 s. Tabelle (S. 189)
„Schiller", Loge . . . . . . . 55, 70 s. Tabelle (S. 189)
Schiller Bernhard, Meister vom Stuhl, 55 s. Tabelle (S. 189)
Schilling Alexander, Großmeister . . 155
Schlacht bei Waterloo . . . . . 87
Schlagworte . 102, 143, 162, 182, 186
Schmiel Charles . . . . . . . 78
Schönborn Friedrich, Graf . . . . 161
Schottenlogen . . 29, 60, 67, 147, 148
Schreckensherrschaft . . . . . . 84
Schreiber Henry J., Br. . . . . . 79
Schriftsteller als Meister vom Stuhl 156
Schuhmeier Br. . . . . . . . . 73
Schuld am Weltkrieg . . . . . . 184
Schulmänner als Meister vom Stuhl 156
Schurz . . . . . . . . 32, 33, 121
Schurzfell . . . . . . . . . . 67
Schutz der kleinen Nationen . . . 175

Schwarze Kammer . . . . . . . . 13
Schwarze Messen . . . . . . . . 48
Sedré Lauro, Br. . . . . . . . . 182
Seeligmann Bernhard Br. . . . . . 53
Seher-Thoß, Graf . . . . . . . 126
Seiffert Eduard Br. . . . . . . . 54
Seitz Karl Br. . . . . . . . . 73
Selbstbeherrschung . . . . . . . 23
Selbstbestimmungsrecht . . . 164, 186
Selbsterkenntnis . . . . . . . . 23
Selim III, Sultan . . . . . . . 100
Sembat Marcell Br. . . . . . . . 80
Senat, amerikanischer . . . . 78, 180
Senkblei . . . . . . . . . . 22
Settegast Br. . . . . . . . . 56
„Shelley", Loge . . . . . . . . 60
Sicard Plauzoles Br. . . . . . . 82
Siebenarmiger Leuchter . . . . . 50
Sieben Stufen . . . . . . . . 50
Siéyès Abbé . . . . . . . . . 85
signe de détresse . . . . . . . 34
Sinnbilder . . . . . 20, 21, 35, 39
Snowden . . . . . . . . . . 176
Sörenssen . . . . . . . . . . 148
„Sokrates", Loge . . . . 55, 70, 73
  s. auch Tabelle
„Solidarité", Loge . . . . . . . 90
Solingen . . . . . . . . . . 149
Sonnenfels Br. . . . . . . . . 116
Sonnino, Minister Br. . . . . . 6
Sophie, Herzogin von Hohenberg . . 110
Souhami Jaques Br. . . . . . . 103
Souverän des Generalkapitels . . . 138
„Souveräner Fürst von Rosenkreuz" . 26
„Souveräner General-Großinspektor" 27
„Souveräner Großinspektor" . . . 160
„Souveräner Großkommandeur" . . 26
„Souveränes Sanktuarium" . . . 28
Sozialdemokratie 72—74, 163, 167, 168
Spekulative Freimaurerei . . . . 2
Spionage, politische . . . . . . 170
Sporck Johann, Graf . . . . . . 113
S-System . . . . . . . . . . 159
Staatsbeamte als Meister vom Stuhl
  115, 117, 156
Stark Br. . . . . . . . . . 83
Stein (rauher, kubischer) . . . . . 23
Stern Davids . . . . . 22, 29, 51
Stern, flammender . . . . 22, 38, 50
Stern, fünfeckiger . . . . . . . 50
Stewardsbrüder . . . . . . . . 29
Stewardsloge . . . . . . . 29, 147
Stoljipin . . . . . . . . . . 135
Stomachale . . . . . . . . . 33
Strafen . . . . . . . . . . 2
Strebertum, politisches . . . . . 75
„Strikte Observanz" . . . . . . 130
Stuarts . . . . . . . . 136, 143
stupid atheist . . . . . . . . 37
Süd-Afrika . . . . . . 137, 139, 144
Süß Wilhelm, Großmeister . . . . 156
Suezkanal . . . . . . . . . . 184
Sultan von Zanzibar . . . . . . 144
Suntag William Br. . . . . . . . 78
Sunyatsen . . . . . . . . . . 5
Suprème Conseil von Frankreich . . 58
  „ „ „ Portugal . . 155
  „ „ „ Serbien 5, 66, 79, 104, 155
Suprème conseil von der Türkei . . 103
Sursock Georges Br. . . . . . . 103
Susley, Major . . . . . . . . 141
Symbole, s. Sinnbilder
Système de la terreur . . . . 84, 93
Syveton, Abgeordneter . . . . . 189
Szekely Emmerich Br. . . . 73, 74, 116

## T.

T . . . . . . u . . . . . . . . 51
Taganrog . . . . . . . . . . 134
Taine H. . . . . . . . . . . 86
Talaat Bey . . . . . . . . . 141
Talmud . . . . . . . . . . 63
Tankošić, Major . . . 104, 108, 141
Teatro Umberto . . . . . . . . 47
Teleki Ladislaus, Graf . . . . . 127
Temesvary Rudolf, Dr. . . . . . 55
Tempel . . . . . . . . . 16, 49
Tempelritter . . . . . . . . . 28
Tempel Salomons . . . 22, 39, 49, 50
Templer . . . . . . . . 11, 138
Teppich . . . . . . . . . . 50
Testament, altes . . . . . . 52, 63
Teweles Richard, Meister vom Stuhl 55
  s. Tabelle
The American Freemason . . . . 184
„The Eye Wittness". . . . . . . 61
The Freemasons Chronicle 2, 6, 82, 83
„The Inner Sanktuary" . . . . . 81
„The jewish Question" . . . . . 61
„The New Age" . . . . . . . . 181
Theologen als Meister vom Stuhl . 156
„The Times" . . . . . . . . . 61
Thoma, Musikalienhändler . . . . 126
Thomas Albert, Br. . . . . . . . 80
Thronfolger, s. Franz Ferdinand
Tisza-Eszlarer Prozeß . . . . . 54
Todesurteile, freimaurerische . . 93, 105
Toleranz . . . . . . . . . . 44
Tourmentin, Abbé . . . . 97, 111, 12
Trauerloge . . . . . . . . 20, 152
„Travail" Loge . . . . . . . . 89
Trennung von Kirche und Staat 60, 77
„Treue", Loge . . . . . . . 55, 70
  s. Tabelle (S. 189)

Trubetzkoi Sergei, Fürst . . . 131, 134
Tschechen . . . . . . . 129, 163, 168
Türkei, Aufteilung der . . . . . 184
Türkenkrieg 1789/90 . . . . . . 116
Türr, General . . . . 83, 126, 127
Tunis . . . . . . . . . . . . 170
Turin . . . . . . . . . . 92, 126
Tutlemond W. K. . . . . . . . . 78
Tyrann . . . . 9, 81, 92, 110, 154
Tyrannei . 82, 126, 142, 143, 152, 163

## U.

U-Bootspende . . . . . . . . . 150
Uhrbach Friedrich, Großmeister . . . 157
Ultramontanismus . . . . . . . . 41
Unabhängigkeitskrieg, amerikanischer . 83
„United Brothers", Loge . . . . 79
Universalverbrüderung der Freimaurer 185
Unsterblichkeit der Seele . 37, 38, 39, 44
Unterrichtslogen . . . . . . . . 137
Uruguay . . . . . . . . . . . 183

## V.

Vaccaluzzo Br.·. . . . . . . . . 169
Valerio, Hauptmann . . . . . 187
Vandervelde Br.·. . . . . . . . 171
Varennes . . . . . . . . . . . 146
Vas Bela Br.·. . . . . . . . 68
„Vaterland" . . . . . . . . . 54
Venifelos Br.·. . . . . . . 159, 174
Verbrüderuug der Freimaurer . . . 157
„Verein deutscher Juden" . . . . 63
„Verein gegen Verarmung u. Bettelei" 71
„Verein zur Ausspeisung hungernder Schulkinder" . . . . . . . . 70
„Verein zur Erhaltung einer freien Schule" . . . . . . . . . . . 71
Vereinigte Großloge von England 4, 43, 95, 136, 137, 141, 142, 144, 147, 154, 176, 182
Vergehen, maurerische . 82, 126, 140, 142
Verhaegen Br.·. . . . . . . . . 78
Vernichtung Österreichs . . . . . 90
Vernunft . . . . . . . . 43, 46, 47
Verschwiegenheit . 2, 17, 33, 42, 115, 140
Verschwörergesellschaft. . . . 82, 115
Verschwörung der Dekabristen . . . 134
Verschwörungsprozeß von Konstantinopel . . . . . . . . . . 141
Viera Feliciano Br.·. . . . . . . 182
Vierverband . . . . . . . . . . 173
Vikar Salomons . . 28, 29, 49, 147
"Viktoria", Loge . . . . . . . 55
„Vilag", Zeitschrift . . . 68, 69, 129
Vilagos . . . . . . . . . . . 125
Viviani Br.·. . . . . . . . . 80, 89
Völkerbund . . . . . . . . 175, 185
Völkerverbrüderung . . . . 157, 181
Voja Tankosić, Major . . . . . 106
Volgo ignaro e corrotto . . . . 163
„Volna Myšlenka" . . . . . . . 101
Voltaire Br.·. 6, 41, 83, 84, 143, 175, 176
Vorbereitender Br.·. . . . . . 14, 15
Vorcell Stanislaus . . . . . . . 90

## W.

Waffenausfuhr aus Amerika . . . 180
Wagner Adalbert, Großmeister . . 156
Wagner Bruno Alwin, Dr. phil., Großmeister . . . . . . 156, 157
Wahrmann Moriz . . . . . . 62
Walther Dr. . . . . . . . . . 187
Washington Georges Br.·. . . . 6, 83
Wasserwage . . . . . . . . . 22
Weinert Viktor Br.·. . . . . . . 55
Weisheit, Stärke und Schönheit . . 18
„Weiße Ameise" 109, 132; s. „Formiga Bianca"
Wekerle, Baron . . . . . . . . 68
Welden Frh. v. . . . . . . 118, 119
Weltbaumeistersymbol . . . 142, 154
Weltbund, freimaurerischer 7, 9, 171, 185
Weltfreimaurerei 78, 80, 97, 142, 165, 186
Weltfriede . . . . . . . . . 9, 91
Weltgeschäftsstelle, freimaurerische 164, 171
Weltgeschichte . . . 31, 134, 170, 182
Weltgroßloge . . . . . . . . . 4
Weltherrschaft . . . . 139, 142, 143
Weltkette . . . . . . . . . . 7
Weltkonferenz, freimaurerische, in Antwerpen . . . . . . . . . . 96
Weltkrieg . . 144, 149, 166—182, 183
Weltpolitik, freimaurerische . . . 31, 78
Weltrepublik 7, 9, 158—165, 168, 171, 175, 177, 183, 185
Weltrevolution 123, 128, 158—165, 166, 168, 177, 183
Weltverbrüderung . . . . . 162, 164
Wendeltreppe . . . . . . . . . 50
Werkmaurerei . 1, 11, 13, 49, 136, 159
Werkmaurerzünfte . . . . . . . 37
Werkzeuge . . . . . . . . . . 21
Wertheimer Max Br.·. . . . . . 53
„Wiener Journal für Freimaurer" . 123
Wiener Logen; s. Tabelle
„Wiener Volkszeitung" . . . . 119
Wiesbaden . . . . . . . . . . 149
Wilhelm I., deutscher Kaiser 43, 76, 110, 141, 151, 154
Wilhelm II., deutscher Kaiser . . 76, 152

Wilhelm zur ostpreußischen Treue", Loge . . . . . . . . . . . . 149
„Wilhelm zur strahlenden Gerechtigkeit", Loge . . . . . . . . . . 149
Wilhelmsbader Kongreß . . . . 26, 36
Will Friedrich Br.·. . . . . . . 40
Wilson . . . . 5, 6, 180, 183—185
Winkelmaß . . . . . . . 22, 33, 52
Winter Geza Br.·. . . . . . 54, 122
Wissende . . . . . . 138, 165, 186
Witkowski Samuel; s. Harden
Wohltätige Stiftungen . . . . . 66
Wohltätigkeit, freimaurerische 99, 143, 66—74
Wohltätigkeitsanstalten . . . . . 121
Wohltätigkeitsziele . . . . . . . 136
Wrbna Norbert, Graf . . . . . 113
Württemberg, König von . . . . 76
Württemberg, Kronprinz von . . . 76

## Y.

Ypsilanti, Fürst . . . . . . . . . 132

## Z.

Zacharia Br.·. . . . . . . . . 46
Zamenhof, Dr. . . . . . . . . . 8
Zanardelli Br. . . . . . . . . . 75
Zeichen . . . . . . . . . 3, 18, 33
Zeitrechnung, freimaurerische . . . 36
Zenker, E. V. Br.·. . . . . . . 71, 74
Zensur . . . . . . . . . . 143, 161
Zettelaffäre . . . . . . . . . . 77
Zichy Josef, Graf . . . . . . . . 120
Ziegeldecker, Bruder . . . . . . . 20
Zinnendorf, v. . . . . . . . . . . 28
„Zirkel", Zeitschrift 21, 52, 71, 72, 73, 123
Zivilisation . . . . . . . . . 143, 175
Zola Emil Br.·. . . . . . . . . 36
„Zu den drei Kanonen", Loge . . . 114
„Zu den drei Sternen", Loge . . . 113
„Zu den drei Zedern", Loge . . . 40
„Zukunft", Loge . . . . 33, 70, 72
s. Tabelle
„Zum flammenden Stern", Loge . . 39
„Zum hl. Josef", Loge . . . . . . 118
„Zur Eintracht", Großloge . . . . 56
„Zur Freundschaft", Loge . . . . 155
„Zur Morgenröte des höhern Lichts", Loge . . . . . . . . . . . 126
„Zur Sonne", Großloge . . . . . 56
„Zur Verschwiegenheit", Loge . . . 55
„Zur Wahrheit", Loge . . 55, 70, 122
s. auch Tabelle (S. 189).

MIX
Papier | Fördert gute Waldnutzung
FSC® C083411

Zeitfracht Medien GmbH
Ferdinand-Jühlke-Straße 7
99095 Erfurt, Deutschland
produktsicherheit@kolibri360.de